BITEF (Hrsg.)

Intensivschulung Word 5.0

BITEF (HRSG.)

INTENSIV-SCHULUNG WORD 5.0

Mit 1 Diskette 5 1/4"
für IBM PC und Kompatible

Erarbeitet von
Frank Tworek, Ilsetraut Herrmann und
Heidemarie Raddatz-Löffler

Springer Fachmedien Wiesbaden GmbH

Der Verlag Vieweg ist ein Unternehmen der Verlagsgruppe Bertelsmann International.

Alle Rechte vorbehalten
© Springer Fachmedien Wiesbaden 1990
Ursprünglich erschienen bei Friedr. Vieweg & Sohn Verlagsgesellschaft mbH, Braunschweig 1990
Softcover reprint of the hardcover 1st edition 1990

Umschlaggestaltung: Schrimpf & Partner, Wiesbaden

ISBN 978-3-528-04730-6   ISBN 978-3-663-14078-8 (eBook)
DOI 10.1007/978-3-663-14078-8

VORWORT

Das vorliegende Buch richtet sich an alle, die sich intensiv mit den vielfältigen Anwendungsmöglichkeiten des Textverarbeitungsprogramms WORD 5.0 vertraut machen wollen. Ziel dieses Buches ist es, dem Leser einen sicheren und geübten Umgang mit den verschiedenen Anwendungen von WORD 5.0 zu vermitteln, um dieses Anwenderprogramm effektiv für die Bearbeitung unterschiedlicher Texte nutzen zu können.

Langjährige praktische Erfahrungen im Bereich der Aus- und Weiterbildung - speziell auf dem Gebiet der EDV-Schulungen - bestimmen das didaktische Konzept des Buches. Zum Selbststudium eignet es sich ebenso wie als begleitende Schulungsunterlage in Seminaren. Praxisbezogene Übungsbeispiele leiten den Nutzer von der einfachen Texterfassung hin zur anspruchsvollen Textgestaltung und -bearbeitung. Anhand von Aufgabenstellungen werden die wesentlichen Befehle und Funktionen des Programms schrittweise erarbeitet. Dieses exemplarische Lernen ermöglicht Ihnen, WORD 5.0 gezielt für die eigene Textbearbeitung anzuwenden. Es wurde Wert darauf gelegt, nicht den gesamten Befehlsvorrat und Funktionsumfang von WORD 5.0 einfach aufzulisten. Unsere Schulungserfahrungen bestätigen, daß nicht das Auswendiglernen von Befehlsfolgen, sondern erst das Begreifen von Zusammenhängen zum kenntnisreichen Einsatz des Programms befähigt. Anwender, deren Ansprüche über eine normale Einführung in die Textverarbeitung hinausgehen, finden in der INTENSIVSCHULUNG WORD 5.0 ein bewährtes Hilfsmittel.

Hinweise zum Arbeiten mit dem Buch

Ohne eigene Übungen wird sich der Lernerfolg nicht einstellen. Insbesondere in bezug auf Computer-Anwenderprogramme bestätigt sich diese Erfahrung immer wieder. Das vorliegende Buch kommt Ihnen in dieser Hinsicht besonders entgegen:

- Die Übungsbeispiele sind so beschrieben, daß sie unmittelbar am Computer nachzuvollziehen sind. Musterlösungen für jedes Übungsbeispiel finden Sie auf der beigefügten Übungsdiskette.

- Für selbständige Übungen stehen Ihnen im neunten Kapitel Aufgaben mit Musterlösungen zur Verfügung. Die Beispiele orientieren sich am Kenntnisstand der Lernkapitel. So können Sie nach jedem Übungsbeispiel des Buches zur Verfestigung des Lernstoffes auf ein Übungsbeispiel zurückgreifen, das Ihrem jeweiligen Wissensstand entspricht. Diese Übungen einschließlich deren Lösungen sind auf der beigefügten Übungsdiskette gespeichert.

Technische Bezugspunkte des Buches

Die Vielzahl der Herstellerfirmen von Personal Computern, die verschiedenen Betriebssysteme und nicht zuletzt die unterschiedlichsten Tastaturen machen es notwendig, sich vorab auf einen bestimmten Standard zu verständigen.

- Die beschriebenen Verfahren gelten für IBM Personal Computer und alle Kompatiblen. Als Gerätestandard wird von einem Diskettenlaufwerk und einer Festplatte ausgegangen. Anwender mit zwei Diskettenlaufwerken finden an den relevanten Stellen Hinweise.

- Die WORD-Anwendungen beziehen sich auf das Betriebssystem DOS. OS/2 Anwender finden im Anhang wesentliche Unterschiede vermerkt.

- Die Tastenbezeichnungen orientieren sich an der deutschen IBM-MF-Tastatur. Die Abb. 1-1 gibt Ihnen eine Übersicht über IBM-Standardtastaturen und die im Buch gewählten Bezeichnungen.

Im Buch verwendete Tastenbezeichnungen	IBM PC	IBM-MF
<Pfeiltaste rechts>	→	→
<Pfeiltaste links>	←	←
<Pfeiltaste oben>	↑	↑
<Pfeiltaste unten>	↓	↓
<Bild oben>	PgUp	Bild↑
<Bild unten>	PgDn	Bild↓
<Pos1>	Home	Pos1
<Ende>	End	Ende
<Return>	↵	↵
<Tab>	↦	↦
<Esc>	Esc	Esc
<Leertaste>		
<Rücktaste>	←	←
<Strg>	Ctrl	Strg
<Umschalt>	⇧	⇧
<Alt>	Alt	Alt
<Entf>	Del	Entf
<Einfg>	Ins	Einfg

Abb. 1-1: Übersicht Tastenbelegung

Inhaltsverzeichnis

3 Speichern Laden und Drucken von Text   49

4 Fortgeschrittene Textbearbeitung   63

9 Übungsbeispiele

Anhang

Sachwortverzeichnis

1 WORD-EINFÜHRUNG

Das erste Kapitel

- *listet auf, welche Geräteausstattung notwendig ist, um mit WORD arbeiten zu können, und gibt Hinweise zur Installation des Programms;*
- *zeigt, wie das Anwenderprogramm WORD gestartet und wieder verlassen wird, und gibt einen Überblick über den Aufbau des Word-Bildschirmes;*
- *beschreibt die Handhabung des Hauptbefehlsmenüs und die Abfolge der Befehlauswahl;*
- *gibt an, wie die HILFE-Einrichtung genutzt werden kann.*

1.1 Die Voraussetzungen schaffen

Bevor Sie beginnen, WORD 5.0 als Werkzeug zur Lösung Ihrer fachlichen Aufgaben einzusetzen, müssen Sie zunächst die Voraussetzungen dafür schaffen. Unumgänglich ist, das Programm richtig zu installieren, d.h. Geräte (Hardware) und Programm (Software) aufeinander abzustimmen, sie anzupassen. In diesem Zusammenhang sollten Sie sich vorab informieren über Fabrikat und Typ Ihres Computers, des angeschlossenen Bildschirms (einschließlich des Monitoradapters) sowie des Druckers.

Die folgenden Abschnitte leisten Ihnen Hilfestellung, die für die Anwendung von WORD notwendigen Hard- und Software-Voraussetzungen zu schaffen sowie die richtigen Einstellungen vorzunehmen.

1.1.1 System-Konfiguration

Ein Computer-System zu konfigurieren heißt, die verschiedenen hard- und softwareseitigen Komponenten (Zentraleinheit, Bildschirm, Drucker, Betriebssystem) aufeinander abzustimmen und die Kapazität des Systems (der internen und externen Speicher zum Beispiel) den Anforderungen entsprechend auszulegen.

Verwaltet wird das Zusammenspiel der einzelnen Hardwarekomponenten und der eingesetzten Anwenderprogramme durch eine Systemsoftware - das sogenannte Betriebssystem.

Welche Anwendersoftware auf welchem Computer eingesetzt werden kann, hängt unter anderem davon ab, welches Betriebssystem den Computer steuert.

Die Abstimmung der einzelnen Computer-Bestandteile übernimmt bei Anwenderprogrammen ein sogenanntes Installations- oder Setup-Programm. Dieses Programm sorgt dafür, daß sich Ihre Geräte und Programme "verstehen". Ihnen bleibt es überlassen, dem Programm die notwendigen Informationen einzugeben. Dazu gehört die Kenntnis darüber, mit welchem Monitor Ihr Computer ausgestattet ist und welches Druckermodell angeschlossen werden soll. Um Ihnen ein wenig behilflich zu sein, führt die nachfolgende Aufstellung auf, welche Ausstattung für den Einsatz von WORD in Frage kommt.

Computer: IBM PC; PS/2-Computer oder jeder dazu kompatible Rechner.

Interner Speicher: Die Mindestkapazität des verfügbaren Arbeitsspeichers muß 360KB betragen.

Externe Speicher: Der Computer muß mindestens mit zwei Diskettenlaufwerken (wahlweise 3,5 Zoll oder 5,25 Zoll) ausgerüstet sein oder über ein Disketten- und ein Festplattenlaufwerk verfügen.

Betriebssystem: WORD 5.0 ist lauffähig unter den Betriebssystemen DOS (Version 2.0 und höher) und OS/2 (Version 1 und höher) im Protected Mode.

Monitor und Monitoradapter:
Farb/Graphikadapter oder einen Enhanced Graphics Adapter (EGA) und einen 80 Spalten Monochrombildschirm, Farbbildschirm oder Enhanced Farbbildschirm.
Hercules Graphikkarte und einen IBM Personal Computer-Bildschirm.
Monochrombildschirm und Druckeradapter sowie 80-Spalten Monochrommonitor.
Eingebauter Monitor, der mit IBM - Personal Computern oder kompatiblen Personal Computern geliefert wird.
Beliebiger Graphikadapter und Monitor der IBM - Personal System/2 - Modelle.
IBM VGA-Adapter oder Kompatible, und PS/2 Monitor oder Kompatible.
IBM 8514/A Grafikadapter und 8514 Monitor.
HP Vectra Standard-Adapter und Monitor.
AT&T 6300 Standard-Adapter und Monitor.
Genius Ganzseitenmonitor und Adapter

Maus: Optional kann mit einer Maus gearbeitet werden, und zwar mit der Microsoft Maus oder kompatiblen Modellen.

Drucker: Es werden Modelle aller namhaften Hersteller unterstützt. Die Gesamtzahl der von WORD unterstützten Drucker beläuft sich auf 142.

1.1.2 WORD installieren

Die Installation des Programms wird durch ein besonderes Einrichtungsprogramm von WORD unterstützt, das sich auf der mitgelieferten Diskette Hilfsprogramme 1 (5,25" Disketten) bzw. Hilfsprogramm-/Druckerdiskette (3,5" Disketten) befindet. Bevor Sie mit der Installation beginnen, sollten Sie aus Sicherheitsgründen zuerst eine Kopie der Originaldisketten anlegen. Arbeiten Sie mit den Kopien, während Sie die Originaldisketten an einem gesicherten Ort, möglichst entfernt von magnetischen Einflüssen, verwahren.

VORGEHEN: Installation von WORD auf der Festplatte

- Schalten Sie den Computer ein.

- Auf Ihrem Bildschirm erscheint daraufhin das Bereitsschaftszeichen (Prompt) des Betriebssystems:

  C>

  Daran erkennen Sie, daß DOS bereit ist, Befehle auszuführen.

- Legen Sie die Diskette mit dem Einrichtungsprogramm in das Diskettenlaufwerk A, und schließen Sie die Verriegelung.

  Um das Installationprogramm zu starten, müssen Sie das Laufwerk wechseln.

- Geben Sie nach dem Prompt C> ein

  A: und schließen die Eingabe mit *<Return>* ab.

  Das Diskettenlaufwerk A ist das aktuelle, erkennbar an dem geänderten Prompt

  A>

- Starten Sie das Einrichtungsprogramm, indem Sie nach dem Prompt eingeben:

  SETUP

  Bestätigen Sie die Eingabe mit der Eingabetaste *<Return>*. Nach kurzer Zeit erscheint das Einschaltbild des WORD SETUP-Programms mit allgemeinen Hinweisen. Folgen Sie nun weiterhin den Bildschirmtexten des Programms.

  Das SETUP-Programm erfragt von Ihnen die zur Installation von WORD notwendigen Informationen. Erst nach Beantwortung aller Menüpunkte beginnt das Kopieren der notwendigen Dateien auf die Festplattte.

Auf einer der Disketten befindet sich die Datei INFO.TXT, die zusätzliche Informationen und Korrekturen gegenüber dem WORD-Handbuch enthält. Mit der Option *"Anzeige der Datei INFO.TXT"* können Sie diese aufrufen und lesen.

- Nachdem Sie bestätigt haben, daß WORD auf der Festplatte eingerichtet werden soll, werden Sie gefragt, ob Sie eine Neuinstallation oder eine Modifikation einer installierten Version vornehmen. Wenn Sie WORD 5.0 das erste Mal installieren, wählen Sie den Menüpunkt *"Installation von einer neuen Version von Word"*. Den Menüpunkt *"Modifizieren einer bereits installierten Version"* wählen Sie, wenn WORD 5.0 bereits installiert ist und die gewählte Ausrüstung geändert oder erweitert werden soll. Ein Beispiel ist das Kopieren eines zusätzlichen Druckertreibers auf die Festplatte.

- Anschließend werden Sie aufgefordert, das *Unterverzeichnis* auf Ihrer Festplatte zu bestimmen. Geben Sie zum Beispiel ein

  WORD5

  und bestätigen Sie mit $<$*Return*$>$. Das SETUP-Programm erstellt dieses Verzeichnis automatisch und kopiert alle notwendigen Dateien dorthin.

- Es folgen die Fragen nach dem verwendeten Computermodell und dem verwendeten Bildschirmadapter. Das Programm erkennt die gängigsten Computermodelle und Bildschirmadapter selbständig und schlägt diese automatisch zur Bestätigung vor.

- Dem Menüpunkt *"Installation von Druckertreibern"* sollten Sie besondere Aufmerksamkeit widmen, denn nur wenn WORD über die richtigen Druckerinformationen verfügt, werden später die Druckergebnisse zufriedenstellend ausfallen. Nach Wahl dieses Menüpunktes sehen Sie den Anfang der Liste der zur Verfügung stehenden Druckertreiber. Markieren Sie mit $<$*Bild oben*$>$, $<$*Bild unten*$>$, $<$*Pfeil oben*$>$, $<$*Pfeil unten*$>$ den Namen des von Ihnen verwendeten Druckermodells und fixieren Sie diesen mit $<$*Return*$>$. Bei der Auswahl von Druckertreibern kann es vorkommen, das das Druckermodell spezifiziert werden muß. Die Auswahl kann auf die beschriebene Weise vorgenommen werden. Um im SETUP-Programm fortzufahren, ist die $<$*Pos1*$>$-Taste und anschließend $<$*Return*$>$ zu betätigen.

Anschließend folgen die Menüpunkte zur Installation des Rechtschreibprogramms, des Thesaurus und des Lernprogramms.

- Den Menüpunkt *"Aktualisieren des Maustreibers"* sollten Sie nur bei Verwendung einer Microsoft-Maus wählen. Wenn Sie keine Microsoft-Maus verwenden, muß die Maus eigens installiert werden. Halten Sie sich dabei genau an die Anweisungen des für die Maus mitgelieferten Handbuchs.

- Den nächsten Menüpunkt *"Ändern der Word-Einstellungen"* wählen Sie bitte aus. Bestimmen Sie, daß WORD im *Graphikmodus* gestartet werden soll.

- Wenn Sie sich nicht sicher sind, wie Ihr Computer konfiguriert ist, sollten Sie den Menüpunkt *"Aktualisieren der Systemdateien"* nicht überspringen. Das SETUP-Programm nimmt dann Änderungen an den Systemdateien vor, die ein effektives Ausführen von WORD gewährleisten.

Nachdem der letzte Menüpunkt abgeschlossen wurde, beginnt das SETUP-Programm die WORD-Dateien in das angegebene Verzeichnis zu kopieren. Ihre Aufgabe besteht lediglich darin, die angeforderten Disketten in das Laufwerk zu legen. Die Installation ist mit dem Hinweis, daß WORD erfolgreich installiert wurde, abgeschlossen. Mit *<Return>* gelangen Sie zurück zu DOS und der Computer meldet sich mit A>.

HINWEIS:

Für den Fall, daß Sie noch nie mit Befehlen des Betriebssystems DOS gearbeitet und nun Schwierigkeiten haben, in das Unterverzeichnis WORD5 zu gelangen oder eine bestimmte Datei aufzurufen, lesen Sie bitte den Abschnitt "Die Festplatte mit Hilfe von Inhaltsverzeichnissen ordnen" im Anhang.

1.1.3 WORD starten

Nachdem Sie den Personal-Computer (PC) eingeschaltet haben und falls Sie mit einer Festplatte arbeiten, erscheint das bereits erwähnte Bereitschaftszeichen (Prompt) des Betriebssystems DOS auf dem Bildschirm:

C>

Damit befinden Sie sich automatisch auf der Ebene des Hauptverzeichnisses von DOS. Bei der Installation des Programms auf der Festplatte hatten Sie für WORD ein Unterverzeichnis, nämlich das Verzeichnis WORD5 angelegt. Um WORD nun aufzurufen, müssen Sie als erstes in dieses Unterverzeichnis gelangen und zwar mit der Eingabe:

C>cd WORD5   <Return>

Der DOS-Befehl "cd" steht für "change directory"- Wechsel des Verzeichnisses.

Jetzt können Sie das Textverarbeitungsprogramm WORD aufrufen:

C>*WORD*   *<Return>*

HINWEIS:

> Sollten Sie mit zwei Diskettenlaufwerken arbeiten, muß sich im Laufwerk A (linkes bzw. oberes Laufwerk) die Systemdiskette von WORD befinden und im Laufwerk B (rechtes bzw. unteres Laufwerk) die Arbeitsdiskette zum Speichern Ihrer Übungsdateien. Auf dem Bildschirm meldet sich DOS mit dem Prompt (A>), und der Aufruf erfolgt mit der Eingabe WORD.

1.2 Grundsätzliches zum Aufbau von Word

Haben Sie Word erfolgreich in den Arbeitsspeicher Ihres Computers geladen, erscheint nach kurzer Zeit das Einschaltbild von Word auf Ihrem Monitor. Es ist unterteilt in ein *Textfenster* (umrahmter Bereich) und den *Befehlsbereich*.

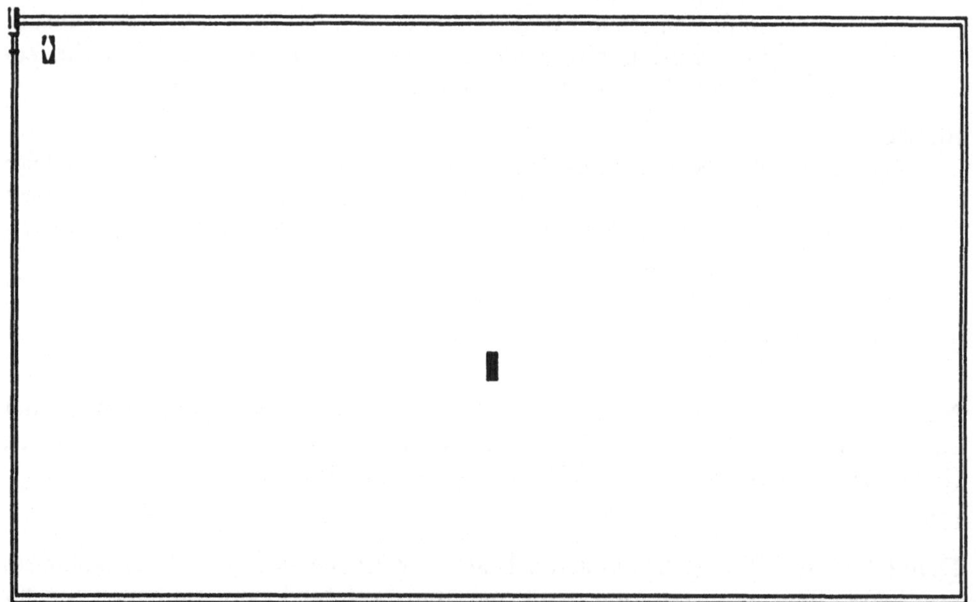

Abb. 1-2: Der WORD-Bildschirm

Sie könnten nun mit der Texteingabe beginnen. Doch zuvor sollten Sie sich mit einigen Grundsätzen des Aufbaus Ihrer neuen Textverarbeitung vertraut machen.

1.2.1 Der Word-Bildschirm

Das Textfenster

Im Textfenster erfolgt die Texteingabe und -überarbeitung. In der vom Programm vorgegebenen Standardeinstellung können innerhalb des am Bildschirm angezeigten umrahmten Textfensters maximal 19 Zeilen und 77 Zeichen pro Zeile dargestellt werden. Dabei geht es - wohlgemerkt - nur um die Darstellung auf dem Bildschirm. Ist Ihr Text länger als 19 Zeilen, so verschwinden die zuerst eingegebenen Zeilen eine nach der anderen am oberen Bildschirmrand, gehen jedoch nicht "verloren".

In der oberen linken Ecke des Textfensters befindet sich ein hell unterlegtes Rechteck, der sogenannte *Cursor*. Wann immer Sie ein Zeichen eingeben, erscheint es dort, wo der Cursor gerade steht, und der Cursor wandert um eine Position nach rechts.

An derselben Position wie der Cursor befindet sich, bevor weiterer Text eingegeben wird, die *Textendemarke* (Raute), die immer hinter dem letzten eingebenen Zeichen steht und somit das Textende anzeigt. Unterschiedliche Positionen zwischen Cursor und Textendemarkierung ergeben sich, wenn der Cursor zum Beispiel mit den *<Pfeiltasten>* im Text zurückbewegt wird.

Am unteren linken Bildschirmrand, in der *Statuszeile*, wird die Spaltenposition des Cursors (momentan Sp1) vermerkt.

Falls Sie eine Maus einsetzen, befindet sich in der Mitte des Bildschirms der *Mauszeiger*, symbolisiert durch ein leuchtendes Rechteck oder einen Pfeil. Indem Sie die Maus auf ihrer Unterlage in eine Richtung bewegen, verschiebt sich der Mauszeiger entsprechend der Bewegungsrichtung der Maus.

HINWEIS:

Sie können den Cursor mit Hilfe der *<Pfeiltasten>* oder der *Maus* nur durch einen bereits vorhandenen Text wandern lassen, und das natürlich nur bis zum Textende. Das Textende ist immer dann erreicht, wenn als letztes Zeichen die Raute erscheint.

Der Befehlsbereich

Während im Textfenster die Texteingabe bzw. Korrektur erfolgt, werden über den Befehlsbereich Anweisungen an das System gegeben, auf welche Art und Weise der Text "verarbeitet" werden soll, zum Beispiel um einen erfaßten Text zu speichern oder zu drucken. In diesem *Hauptbefehls-Menü*, das in den ersten beiden Zeilen des Befehlsbereichs aufgelistet ist, bietet Word von "Ausschnitt" bis "Zusätze" 16 Befehle zur Auswahl an, die - wenn sie aufgerufen werden- zum größten Teil noch durch Unterbefehle ergänzt werden.

Der Zeile unter dem Hauptbefehlsmenü, der *Meldungszeile*, sollten Sie besondere Aufmerksamkeit schenken. Neben allgemeinen Hinweisen zur Textbearbeitung und kurzen Erläuterungen zu der Wirkungsweise von Menübefehlen erscheinen hier auch Fehlermeldungen und Aufforderungstexte. Wann immer ein Bearbeitungsfehler auftritt oder WORD eine von Ihnen initiierte Aktion nicht durchführt, beachten und handeln Sie entsprechend der in der Meldungszeile erscheinenden Hinweise.

Die vierte und letzte Zeile des Befehlsbereichs wird *Statuszeile* genannt. In ihr finden Sie zum Beispiel Hinweise über die Seiten- und Spaltenposition des Cursors, momentan Se1 (= Seite 1) und Sp1 (= Spalte 1).

1.2.2 Bewegen des Cursors mit den Pfeiltasten oder der Maus

Das folgende Beispiel soll Ihnen erstmalig zeigen, wie Sie den Cursor mit Hilfe der *<Pfeiltasten>* oder der *Maus* im Text bewegen können. Es dient hauptsächlich dem praktischen Nachvollziehen des vorher gesagten. Im nächsten Kapitel erfahren Sie sämtliche Möglichkeiten der Cursorbewegung.

Aufgabe: Geben Sie bitte den nachfolgend abgebildeten Übungstext fortlaufend ein:

Im Gegensatz zur Schreibmaschine erfolgt die Texterfassung "fließend", d.h. erst am Ende eines Absatzes wird eine Zeilenschaltung vorgenommen.

Cursorsteuerung über die Tastatur

Die einfachste Art der Cursorsteuerung erfolgt mit Hilfe der *<Pfeiltasten>*, mit denen Sie den Cursor in Pfeilrichtung bewegen können. Betätigen Sie jetzt bitte wiederholt die *<Pfeiltaste links>*, bis der Cursor den Textanfang erreicht hat. Beachten Sie, das der Cursor bei Erreichen eines Zeilenbeginns mit dem nächsten Tastendruck an das Ende der vorhergehenden Zeile springt. Das Betätigen der *<Pfeiltaste rechts>* am Zeilenende bewirkt, daß der Cursor an den Anfang der nächsten Zeile springt. Die *<Pfeiltaste unten>* versetzt den Cursor in die folgende Zeile, die *<Pfeiltaste oben>* in die vorhergehende Zeile, wobei die Spaltenposition erhalten bleibt.

Cursorsteuerung mit Hilfe der Maus

Schneller läßt sich der Cursor mit Hilfe der Maus im Text bewegen, indem der Mauszeiger an die gewünschte Stelle im Text, z.B. auf das Z des Wortes *Zeilenschaltung*, positioniert und dann die linke Maustaste betätigt wird.

1.2.3 Aufruf von Menübefehlen

Beim erstmaligen Starten von WORD sind die standardmäßigen Voreinstellungen wirksam. Sie können diese Voreinstellungen nach Ihren eigenen Wünschen abändern. Zum Beispiel ist es möglich, über den Befehl *Zusätze* die Anzeige des Bildschirmrahmens und des Hauptmenüs auszuschalten.

Anhand dieses Beispiels lernen Sie die Handhabung des Menüs von WORD. Erklärungen und Beispiele über die Einstellmöglichkeiten des Befehls *Zusätze* finden Sie in den späteren Kapiteln.

Befehlsauswahl mit der Tastatur

Erfolgt die Befehlsauswahl über die Tastatur, so ist zuerst das Hauptbefehlsmenü durch Betätigen der *<Esc>*-Taste zu aktivieren. Zur eigentlichen Befehlsauswahl stehen zwei Möglichkeiten zur Verfügung:

- der *Großbuchstabe* (z.B. D für Druck) des gewünschten Befehls wird eingegeben;
- der Befehlszeiger wird mit der *<Leertaste>*, der *<Tab>*-Taste oder den *<Pfeiltasten>* zum gewünschten Befehl bewegt und mit *<Return>* aufgerufen.

Soll die Ausführung eines Befehls abgebrochen werden, zum Beispiel aufgrund falscher Befehlswahl, so kann dies sowohl mit der *<Esc>*-Taste oder der Tastenkombination *<Umschalt>* + *<Esc>* erfolgen. Die erste Variante (*<Esc>*) aktiviert das Textfenster und Sie können mit der Textbearbeitung fortfahren. Die zweite Variante (*<Umschalt>* + *<Esc>*) führt zurück zum Hauptmenü.

Die zeitintensive Methode, Befehle mit Hilfe der *<Leertaste>* oder den *<Pfeiltasten>* anzusteuern, empfiehlt sich insbesondere für Einsteiger. In der sogenannten Meldungszeile erscheint ein Kommentar zum jeweiligen Befehl, der gerade im Anfangsstadium Ihrer Arbeit mit WORD durchaus hilfreich sein kann.

Befehlsauswahl mit der Maus

Soll die Befehlsauswahl mit Hilfe der Maus erfolgen, wird wie folgt vorgegangen:

- Der Mauszeiger wird auf den gewünschten Befehl bewegt. Dann klickt man mit der *linken Maustaste*, um den Befehl zur Ausführung zu bringen. Anzumerken ist hier, daß die rechte Maustaste direkt zur untersten Befehlsebene leitet; eine Technik, die Sie erst anwenden sollten, wenn Ihnen das Menü vertrauter geworden ist.

- Gleichzeitiges Klicken beider Maustasten führt zum Befehlsabbruch und zur Aktivierung des Textfensters.

Viele Befehle des Hauptmenüs eröffnen, wenn sie aufgerufen werden, eine Liste weiterer Befehle. Diese sogenannten Untermenüs werden analog zum Hauptmenü mit den gleichen Tasten gehandhabt. Die Aktivierung eines Unterbefehls führt oftmals zu Befehlsfeldern, in denen durch Eingabe in den Befehlsfeldern oder Auswahl verschiedener Optionen die Ausführung des Befehls konkretisiert werden muß.

Eingaben in Befehlsfeldern

Zur Eingabe in Befehlsfeldern muß das entsprechende Befehlsfeld angesteuert werden. Das aufgehellte Befehlsfeld ist das aktive. Das Ansteuern kann gleichfalls per Tastatur oder mit der Maus erfolgen.

A) Ansteuern von Befehlsfeldern mit der Tastatur

- Mit der *<Tab>*-Taste, der *<Pfeiltaste rechts>* oder der *<Pfeiltaste links>* bewegen Sie den Befehlszeiger von einem Befehlsfeld zum anderen. Mit der *<Pfeiltaste unten>* oder der *<Pfeiltaste oben>* wandert der Befehlszeiger zum direkt darüber- bzw. darunterliegenden Befehl. In der Meldungszeile vermerkt WORD einen Kommentar zum jeweiligen Befehlsfeld.

- Haben Sie innerhalb eines Befehlsfeldes mehrere Wahlmöglichkeiten, bewegen Sie den Befehlszeiger mittels der *<Leertaste>* auf diejenige Option, die Sie wünschen und bestätigen entweder mit *<Return>* (woraufhin Sie wieder in das Textfenster gelangen) oder markieren mit der *<Tab>*-Taste oder mittels der *<Pfeiltasten>* das nächste Befehlsfeld.

- Oftmals enthalten Befehlsfelder bereits Vorschläge von WORD. Sind Sie mit den Vorschlägen nicht einverstanden, überschreiben Sie die Angaben mit Ihren eigenen Antworten. Wenn in der Meldungszeile ein entsprechender Hinweis vermerkt ist, können Sie sich eine Liste mit möglichen Antworten durch Betätigen der Funktionstaste *<F1>* anzeigen lassen. Mit den *<Pfeiltasten>* bewegen Sie die Markierung zu der gewünschten Antwort, die gleichzeitig im Befehlsfeld eingeblendet wird. Enthält das Befehlsfeld den gewünschten Eintrag, bewegen Sie den Zeiger mit der *<Tab>*-Taste zum nächsten Befehlsfeld, oder Sie führen den Befehl mit *<Return>* aus.

B) Ansteuern von Befehlsfeldern mit der Maus

- Bei Befehlsfeldern mit Wahlmöglichkeiten zeigen Sie mit dem Mauszeiger auf die gewünschte Option und klicken die *linke Maustaste*, wodurch die Option markiert wird. Betätigen Sie die *rechte Maustaste* (woraufhin der Befehl ausgeführt wird und Sie wieder in das Textfenster gelangen) oder steuern Sie das nächste Befehlsfeld an.

Nachfolgend wird am Beispiel der Auswahl des Befehls *Zusätze* gezeigt, wie ein Befehl mit der Tastatur oder der Maus ausgewählt wird.

```
AUSSCHNITT ZUSÄTZE Ausschnitt Nr.: 1
    Verborgener Text sichtbar:(Ja)Nein              Zeilenlineal: Ja(Nein)
      Sonderzeichen sichtbar:(Nein)Teilweise Alle        Layout: Ja(Nein)
            Zeilenumbrüche: Ja(Nein)               Gliederung: Ja(Nein)
         Druckformatspalte: Ja(Nein)
ALLGEMEINE ZUSÄTZE Warnton aus: Ja(Nein)        Kurzinformation:(Ja)Nein
               Maßeinheit: Zoll(Cm)10er-Teilung 12er-Teilung Punkt
                Bildschirm: 1                   Seitenumbruch:(Auto)Manuell
                   Farben:                      Auto-speichern:
Auto-speichern mit Bestätigung: Ja(Nein)          Menü sichtbar: Ja(Nein)
           Ausschnittsrahmen: Ja Nein       Dezimaltrennzeichen: .(,)
                Zeitformat: 12(24)          Abstand Tabstopps: 1,25 cm
              Zeilennummern: Ja(Nein)        Leerzeilen zählen: Ja(Nein)
            Geschwindigkeit: 3                   Linienzeichen: (|)
          Rechtschreibung: C:\WORD5\SPELL-GE.LEX
Wählen Sie bitte eine Option!
Sel Spl            ()                    ?                    Microsoft Word
```

Abb. 1-3: Befehl Zusätze

Aufgabe: Es soll eine Einstellung vorgenommen werden, die die Anzeige der Bildschirmumrahmung und des Hauptmenüs ausschaltet.

VORGEHEN: Aufruf eines Menübefehls über die Tastatur

- Betätigen Sie die *<Esc>*-Taste, um das Hauptmenü zu aktivieren.

- Geben Sie ein Z (= *Zusätze*) ein, oder bewegen Sie den Befehlszeiger mit den *<Pfeiltasten>*, der *<Leertaste>* oder der *<Tab>*-Taste auf den Befehl *Zusätze* und schließen mit *<Return>* ab.

- Mit der *<Tab>*-Taste oder den *<Pfeiltasten>* bewegen Sie den Befehlszeiger zum Befehlsfeld *Menü sichtbar* und markieren hier mit der *<Leertaste>* die Option *Nein*.

- Mit der *<Tab>*-Taste oder *<Pfeiltaste rechts>* bewegen Sie den Befehlszeiger zum Befehlsfeld *Ausschnittrahmen* und markieren hier ebenfalls die Option *Nein*.

- Mit *<Return>* weisen Sie WORD an, den Befehl auszuführen.

Nach Ausführung des Befehls ist der Bildschirmrahmen und ebenso das Hauptbefehlsmenü nicht länger sichtbar. Allein die Statuszeile bleibt eingeblendet. Diese Einstellung kann jederzeit zurückgenommen werden.

Aufgabe: Machen Sie die eben vorgenommenen Einstellungen wieder rückgängig.

VORGEHEN: Aufruf eines Menübefehls mit der Maus.

- Positionieren Sie den Mauszeiger im Hauptbefehlsmenü auf den Befehl *Zusätze* und klicken Sie die *linke Maustaste*.

- Positionieren Sie den Mauszeiger im Befehlsfeld *Menü sichtbar* auf der Option *Ja,* und klicken Sie die *linke Maustaste*.

- Positionieren Sie den Mauszeiger im Befehlsfeld *Ausschnittrahmen* auf der Option *Ja,* und klicken Sie die *recht Maustaste*. Die Option wird markiert und gleichzeitig erfolgt die Befehlsausführung.

1.3 Arbeiten mit den Hilfetexten von Word

Wenn Sie schnelle Informationen zu einem gerade aufgetretenen Problem benötigen, dann benutzen Sie am besten die Hilfetexte von Word. Sie enthalten kurze Hinweise zu einzelnen Befehlen, der Tastatur, der Maus und einigen

Techniken der Textbearbeitung. Es gibt zwei Möglichkeiten, die Hilfsinformation abzurufen:

- Über den Befehl *Hilfe* im Hauptbefehlsmenü kann das Hilfemenü aufgerufen werden. Hier lassen sich über ein Register gezielt Informationen über bestimmte Befehle und Themen abrufen.

- Über die kontextbezogene Hilfe können gezielt Informationen zu einzelnen Befehlen abgefragt werden, ohne das Hilfemenü aufrufen zu müssen.

1.3.1 Abruf von Hilfetexten über das Hilfemenü

Am Beispiel der Auswahl des Hilfetextes zur Texteingabe soll die Handhabung des Hilfemenüs verdeutlicht werden.

Aufgabe: Rufen Sie das Hilfemenü auf.

VORGEHEN: Aufruf des Hilfemenüs

- Betätigen Sie die *<Esc>*-Taste, um das Hauptbefehlsmenü zu aktivieren.

- Geben Sie *H* für Hilfe ein oder bewegen Sie mit den *<Pfeiltasten>* oder der *<Leertaste>* oder der *<Tab>*-Taste den Befehl *Hilfe* an und betätigen Sie die *<Return>*-Taste.

  Nach Aufruf der Hilfe erscheint das Hilfemenü auf dem Bildschirm sowie die erste Seite diesbezüglicher Grundbegriffe. Die Seiten der Hilfsinformation sind so aufgebaut, daß zu Beginn das Hilfethema und die Anzahl der zu diesem Thema bestehenden Bildschirmseiten angezeigt wird.

- Durch Eingabe von *N* (= *Nächste Seite*) oder Betätigen der *<Bild unten>*-Taste erscheint die nächste Seite des Hilfetextes auf dem Bildschirm. Zur vorherigen Seite gelangen Sie durch Eingabe von *V* (= *Vorherige Seite*) oder betätigen der *<Bild oben>*-Taste.

- Bewegen Sie den Befehlszeiger auf den Befehl *Wiederaufnahme* und bestätigen Sie mit *<Return>* oder geben Sie ein *W* ein, um die Hilfe zu verlassen und das Textfenster zu aktivieren.

```
                              Hilfe
SOFORTHILFE    Seite 1 von 3
Zu Beginn jeder Seite der Soforthilfe finden Sie den Titel des jeweiligen
Hilfe-Themas und die Anzahl der Seiten zu diesem Thema.
So fordern Sie      1. Markieren Sie mit Hilfe der RICHTUNGSTASTEN den
Hilfe zu einem         Befehl oder das Befehlsfeld, zu dem Sie Hilfe
Befehl oder            anfordern wollen.
Befehlsfeld an      2. Drücken Sie gleichzeitig die ALT-TASTE+?

So blättern Sie in  1. Drücken Sie die ESC-TASTE und dann die TASTE H.
der Soforthilfe     2. Drücken Sie N (nächste Seite) und V (vorhergehende
                       Seite), um Soforthilfe-Information einzusehen.

So rufen Sie das    1. Starten Sie die Soforthilfe (Drücken Sie die
Soforthilfe            ESC-TASTE+H oder die ALT-TASTE+?).
Register auf        2. Drücken Sie R, um Register vom Hilfe-Menü zu
                       wählen.

                    ========= Lernprogramm: Anfordern von Soforthilfe
                              Handbuch: Kapitel 6

HILFE:  Wiederaufnahme Nächste-Seite Vorhergehende-Seite Grundbegriffe
        Register Lernhilfe Tastatur Maus
Geht zur Stelle/zum Menü zurück, wo Hilfe angefordert wurde
Sel Spl               ()                                    Microsoft Word
```

Abb. 1-4: WORD-Hilfemenü

Die Abb. 1-5 enthält eine Übersicht über die Bedeutung der Hilfebefehle.

Wiederaufnahme	Ende der Hilfe und Rückkehr in das Textfenster
Nächste-Seite	Zeigt die folgende Hilfe-Seite
Vorhergehende-Seite	Zeigt die vorhergehende Hilfe-Seite
Grundbegriffe	Anzeige der Grundbegriffe zur Hilfe
Register	Anzeige einer Liste von Schlagwörtern, über die gezielt Informationen zu bestimmten Problemstellungen abgerufen werden können.
Lernhilfe	Aufruf des im Lieferumfang von Word enthaltenen Lernprogramms
Tastatur	Gibt Hinweise über die Benutzung der Tastatur wie zum Beispiel Belegung der Funktionstasten.
Maus	Abruf von Hinweisen zur Benutzung der Maus

Abb. 1-5: Befehle im WORD Hilfemenü

Aufgabe: Über das in der HILFE zur Verfügung stehende Register soll der Hilfetext zu den Befehlen abgerufen werden.

VORGEHEN: Abrufen des Hilfetextes

- Aktivieren Sie mit der *<Esc>*-Taste das Hauptbefehlsmenü.

- Rufen Sie den Befehl *Hilfe* auf.

- Aktivieren Sie den Befehl *Register*, indem Sie *R* eingeben oder den Befehlszeiger auf den Befehl positionieren und mit *<Return>* bestätigen.

- Wählen Sie im Untermenü *Hilfe Register* aus der Vorschlagsliste die Option *Befehle*, indem Sie diese mit Hilfe der *<Pfeiltasten>* ansteuern und mit *<Return>* bestätigen.

  HINWEIS: Mit <Bild unten> können Sie sich die nächste Seite des Registers anzeigen lassen.

  Die Seite 1 von insgesamt 5 Seiten der Hilfsinformation zum Thema Befehle wird anschließend am Bildschirm dargestellt.

- Geben Sie *N* (= *Nächste-Seite*) ein, oder betätigen Sie die *<Bild unten>*-Taste, bis die Seite 5 der Hilfsinformation zu den Befehlen erscheint.

- "Blättern" Sie durch Eingabe von *V* (= *Vorhergehende-Seite*) oder Betätigen der *<Bild oben>*-Taste zurück zur Seite 1 des Hilfetextes.

- Geben Sie *W* (= *Wiederaufnahme*) ein, um die HILFE zu beenden und das Hauptbefehlsmenü zu aktivieren.

1.3.2 Abruf kontextbezogener Hilfe

Wenn Sie direkte Hilfsinformationen zu einem Befehl wünschen (kontextbezogene Hilfe), können Sie sich den Umweg über das Hilfemenü und das Register sparen. Stattdessen wird der gewünschte Befehl im Hauptbefehlsmenü angesteuert und der Hilfetext zu diesem Befehl durch Eingabe der Tastenkombination *<Alt>* + *<?>* direkt abgerufen.

Aufgabe: Es soll die kontextbezogene Hilfsinformation zum Befehl *Übertragen* abgerufen werden.

VORGEHEN: Anfordern kontextbezogener Hilfe

- Positionieren Sie den Befehlszeiger auf den Befehl, über den Hilfsinformationen gewünscht werden (hier: *Übertragen*).

- Betätigen Sie die Tastenkombination *<Alt>* + *<?>*, indem Sie die *<Alt>*-Taste drücken und festhalten und dann die *<?>*-Taste drücken.

  Auf dem Bildschirm erscheint die Hilfsinformation zu dem Befehl *Übertragen*.

- "Blättern" Sie mit den Tasten *<Bild oben>*, *<Bild unten>* oder den Befehlen *Nächste-Seite, Vorhergehende-Seite* durch den Hilfetext.

- Geben Sie *W* (= *Wiederaufnahme*) ein, um das Textfenster zu aktivieren.

```
                              Hilfe
 ÜBERTRAGEN   Seite 1 von 2

 Die Befehle des Menüs übertragen betreffen das gesamte Dokument ein-
 schließlich Textbausteine und Druckformatvorlagen unter Verwendung der
 folgenden Befehle:

 Laden            - Lädt Datei von einem Datenträger in Word.
 Speichern        - Speichert Datei auf Datenträger. Gleichnamige Dateien
                    werden überschrieben.
 Bildschirm-      - Löscht die Datei im aktiven Ausschnitt. Fordert Sie mit
 löschen            einer Meldung zum Speichern der Datei auf.
 Dateilöschen     - Löscht Datei vom Datenträger. Gelöschte Dateien können
                    nicht wiederhergestellt werden.
 Zusammenführen   - Verbindet zwei Dokumente.




 ========================= Lernprogramm: Speichern
                           Handbuch: Kapitel 1 in "Word zum Nachschlagen"

 HILFE: Wiederaufnahme Nächste-Seite Vorhergehende-Seite Grundbegriffe
        Register Lernhilfe Tastatur Maus
 Geht zur Stelle/zum Menü zurück, wo Hilfe angefordert wurde
 Sel Sp1               ()                                    Microsoft Word
```

Abb. 1-6: Hilfetext zum Befehl Übertragen

1.4 Word verlassen

Um Word zu verlassen, müssen Sie den Befehl *Quitt* im Hauptbefehlsmenü wählen. Haben Sie Änderungen in Ihrem Text vorgenommen und sind diese Änderungen noch nicht gespeichert, erscheint in der Meldungszeile eine Sicherheitsabfrage, ob die Änderungen gespeichert werden sollen.

VORGEHEN: Word verlassen

- Das Hauptbefehlsmenü durch Drücken der *<Esc>*-Taste aktivieren.

- Den Buchstaben *Q* (= *Quitt*) eingeben, oder

- Den Befehl *Quitt* mit dem Befehlszeiger ansteuern und mit *<Return>* auslösen.

  In der Meldungszeile erscheint zur Sicherheit die Abfrage:

  J um Änderungen im Dokument zu speichern N wenn nicht oder unterbrechen Sie!

- Die Sicherheitsabfrage, ob der Text gespeichert werden soll, durch Eingabe von *N* verneinen, da der Text nicht weiter benötigt wird.

Nach Verlassen von Word erscheint auf dem Bildschirm der DOS-Prompt C:\WORD5.

1.5 Befehlsübersicht

cd (change directory)
>Interner DOS-Befehl zum Wechseln von Verzeichnissen.

Hilfe
>Gibt unterstützenden Hilfetext aus.

Quitt
>Beenden von Word.

Word
>Aufrufen des Textverarbeitungsprogrammes WORD.

Zusätze
>Änderung der Voreinstellung von Word.

2 Erste Texterfassung mit Word

Im zweiten Kapitel lernen Sie,

- *welche Besonderheiten bei der Texterfassung zu beachten sind;*

- *wie bei der Textkorrektur vorzugehen ist;*

- *welche Möglichkeiten einfacher Textgestaltung vorhanden sind.*

Das Ergebnis wird ein Text sein, wie er in seiner endgültigen Fassung in Abb. 2-1 gezeigt wird. Bevor Sie mit der Arbeit an diesem Übungstext beginnen, beachten Sie bitte folgende Besonderheiten beim Arbeiten mit einem Textsystem:

- Jeder Buchstabe, den Sie tippen, erscheint an der Stelle, wo der Cursor sich bei der Eingabe befindet.

- Geben Sie den Text *fortlaufend* ein, und kümmern Sie sich nicht um das Zeilenende - das erledigt Word für Sie: Paßt ein Wort nicht mehr in die aktuelle Zeile, wird es automatisch in die nächste Zeile übernommen.

- Die <Return>-Taste entspricht nicht der Wagenrücklauftaste bei einer Schreibmaschine. Sie wird bei der Texteingabe nur betätigt, wenn Sie einen Absatz abschließen oder eine Leerzeile einfügen wollen.

- Großbuchstaben erzeugen Sie, indem Sie die <Umschalt>-Taste und den gewünschten Buchstaben drücken.

Von der Schreibmaschine zum Textautomaten

Schreibmaschinen werden seit ca. hundert Jahren zum Schreiben benutzt. Mit ihrem Einsatz wird das Werkzeug zur Textproduktion eine mechanische Maschine, die es ermöglicht, Texte wesentlich schneller zu erstellen. Eine Vervielfältigung und Korrektur von Texten in einem Arbeitsgang ist aber noch nicht möglich.

Erst mit der Textautomation ist die Korrektur und Vervielfältigung der Texte in die Textproduktion integrierbar. Die elektronische Textverarbeitung vereinigt Textproduktion, Textüberarbeitung und -korrektur sowie die Textvervielfältigung.

Es lassen sich *vier Typen von Textautomation* unterscheiden:
- die elektronische Schreibmaschine
- der Textautomat
- der Mikrocomputer
- das Mehrplatzsystem

Abb. 2-1: Der korrekte und gestaltete Übungstext

2.1 Texteingabe

Geben Sie nun bitte folgenden Übungstext fortlaufend ein. Stören Sie sich dabei zunächst nicht an Fehlern, die der Text enthält. Diese Fehler werden wir später korrigieren. Am Ende jedes Absatzes betätigen Sie *zwei Mal* die <*Return*>-Taste: einmal, um den Absatz abzuschließen, das zweite Mal, um eine Leerzeile zu erzeugen.

Aufgabe: Geben Sie den in Abb. 2-2 dargestellten Text ein.

```
Von der Schreibmaschine zum TextautomatenSchreibmaschinen werden
seit ca. hundert Jahren zum Schreiben benutzt. Mit ihrem Einsatz
wird das Werkzeug zur Textproduktion eine mechanische Maschine,
die es ermöglicht, Texte wesentlich schneller herzustellen. Eine
Vervielfältigung und Korrektur von Texten in einem Arbeitsgang ist
aber noch nicht möglich.

Erst mit der Textautomation ist die Korrektur und Vervielfältigung
der Texte in die Textproduktion integrierbar.

 Die elektronische Textverarbeitung vereinigt Textproduktion,
Textüberarbeitung und -korrektur sowie die Textvervielfältigung.

Es lassen sich vier Typen von Textautomation unterscheiden:
- die elektronische Schreibmaschine
- der Textautomat- der Mikrocomputer
- der Mehrplatzsystem.]


BEFEHL: Ausschnitt Bibliothek Druck Einfügen Format Gehezu Hilfe Kopie
        Löschen Muster Quitt Rückgängig Suchen übertragen Wechseln Zusätze
Bearbeiten Sie bitte Ihren Text oder unterbrechen Sie zum Hauptbefehlsmenü!
Sel Sp22          (.)                    ?                      Microsoft Word
```

Abb. 2-2: Texteingabe

2.2 Bildlauf im Text

In Kapitel 1 haben Sie gelernt, den Cursor mittels der *<Pfeiltasten>* zeichen-
oder zeilenweise im Text zu bewegen. Zusätzlich besteht die Möglichkeit, den
Cursor durch Betätigen bestimmter Tasten oder Tastenkombinationen schneller
im Text zu bewegen.

Sie sollten die verschiedenen Möglichkeiten ausprobieren. Beachten Sie dabei,
daß eine Cursorbewegung mittels einer Tastenkombination (zum Beispiel
<Strg>+*<Pos1>*) wie folgt ausgelöst wird: Die erste Taste (*<Strg>*) wird
gedrückt und festgehalten und anschließend die zweite Taste (*<Pos1>*) betätigt. Eine Übersicht über alle Möglichkeiten der Cursorsteuerung mit Hilfe
der Tastatur sehen Sie in Abbildung 2-3.

<Pfeiltaste links>	Bewegung des Cursors um ein Zeichen nach links. Am Zeilenanfang springt der Cursor an das Ende der vorherigen Zeile.
<Pfeiltaste rechts>	Bewegung des Cursors um ein Zeichen nach rechts. Am Zeilenende springt der Cursor an den Anfang der nächsten Zeile.
<Pfeiltaste oben>	Bewegung des Cursors um eine Zeile nach oben.
<Pfeiltaste unten>	Bewegung des Cursors um eine Zeile nach unten.
<Pos1>	Bewegung des Cursors an den Anfang der aktuellen Zeile.
<Ende>	Bewegung des Cursors an das Ende der aktuellen Zeile.
<Strg>+<Pfeiltaste links>	Bewegung des Cursors an den Anfang des aktuellen Wortes.
<Strg>+<Pfeiltaste rechts>	Bewegung des Cursors an das Ende des aktuellen Wortes.
<Strg>+<Pfeiltaste oben>	Bewegung des Cursors an den Anfang des aktuellen Absatzes
<Strg>+<Pfeiltaste unten>	Bewegung des Cursors an den Anfang des nächsten Absatzes
<Strg>+<Pos1>	Bewegung des Cursors auf das Zeichen am oberen linken Rand des Textfenster.
<Strg>+<Ende>	Bewegung des Cursors auf das Zeichen am unteren linken Rand des Textfensters.
<Bild oben>	Bewegung des des Textes um eine Bildschirmseite nach oben. Der Cursor bleibt an seiner Position.
<Bild unten>	Bewegung des des Textes um eine Bildschirmseite nach unten. Der Cursor bleibt an seiner Position.
<Strg>+<Bild oben>	Bewegung des Cursors an den Anfang des Textes.
<Strg>+<Bild unten>	Bewegung des Cursors an das Ende des Textes.

Abb. 2-3: Tasten zur Cursorsteuerung

Positionierung des Cursors mit der Maus

Mit Hilfe der Maus läßt sich die Positionierung des Cursors sehr viel schneller vornehmen. Die Methode, den Mauszeiger an die gewünschte Stelle zu führen und die *linke* Maustaste zu "klicken", haben Sie bereits im vorherigen Kapitel kennengelernt.

Sie können die Maus auch nutzen, um durch den Text zu blättern. Dazu muß der Mauszeiger an den *linken* Textfensterrand bewegt werden. Der Mauszeiger verändert sein Aussehen in einen nach oben und unten gerichteten Pfeil. Durch "klicken" der *linken* Maustaste wird der Text um eine Bildschirmseite nach unten geschoben. "Klicken" der *rechten* Maustaste verschiebt den Text um eine Bildschirmseite nach oben. Der Cursor verbleibt in beiden Fällen an seiner Position im Textfenster.

2.3 Textkorrektur

Die Möglichkeit, einen einmal erfaßten Text jederzeit korrigieren zu können, macht sicherlich einen Teil der Flexibilität eines Textverarbeitungsprogrammes aus. Änderungen, und dazu gehört auch die Korrektur von Tippfehlern, können in aller Ruhe am Bildschirm vollzogen werden und haben nicht, wie bei der Verwendung einer Schreibmaschine, die erneute Eingabe eventuell der ganzen Seite zur Folge.

Für die Beseitigung von Tippfehlern gibt es zwei Möglichkeiten:

- Entfernen der fehlerhaften Zeichen und im Anschluß daran Eingabe der korrekten Zeichen.

- Überschreiben der fehlerhaften Zeichen mit den korrekten Zeichen.

Am Beispiel der Korrektur der Tippfehler in dem Übungstext sollen die unterschiedlichen Möglichkeiten aufgezeigt werden.

2.3.1 Entfernen und Einfügen von Zeichen

Zum Entfernen von Zeichen können Sie sowohl die *<Entf>*-Taste als auch die *<Rücktaste>* verwenden. Dabei ist zu beachten, daß diese beiden Tasten Zeichen auf unterschiedliche Weise löschen:

- Die *<Entf>*-Taste entfernt das Zeichen, auf dem der Cursor positioniert ist. Der Cursor bleibt an derselben Position, und alle Zeichen, die rechts vom Cursor stehen, rücken nach dem Entfernen um eine Spalte nach links.

- Die *<Rücktaste>* entfernt das Zeichen, das sich links vom Cursor befindet. Mit dem Cursor wandern alle rechts vom Cursor stehenden Zeichen um eine Spalte nach links.

Der Cursor muß also bei Verwendung der *<Entf>*-Taste *auf* und bei Verwendung der *<Rücktaste>* *rechts* von dem zu löschenden Zeichen stehen.

Um neue Zeichen in den Text einzufügen, bewegen Sie den Cursor an die Stelle im Text, an der die neuen Zeichen eingefügt werden sollen, und tippen diese ein. Der Cursor und alle Zeichen ab der Cursorposition wandern eine Spalte nach rechts.

Aufgabe: Korrigieren Sie den Tippfehler im letzen Wort des Übungstextes und den vor diesem Wort stehenden falschen Artikel.

VORGEHEN: Textkorrektur durch Löschen und Einfügen von Zeichen

- Positionieren Sie den Cursor mit den *<Pfeiltasten>* auf das "d" des Artikels "der" in der letzten Zeile.

- Entfernen Sie das Wort durch dreimaliges Betätigen der *<Entf>*-Taste.

- Geben Sie den richtigen Artikel ein: "*das*".

- Bewegen Sie den Cursor mit den *<Pfeiltasten>* oder der *Maus* auf die Textendemarkierung (Raute).

- Entfernen Sie das falsche "n" des Wortes "*Mehrplatzsysten*" durch Betätigen der *<Rücktaste>*.

- Geben Sie das richtige "*m*" ein und, der Fehler ist behoben.

```
Von der Schreibmaschine zum TextautomatenSchreibmaschinen werden
seit ca. hundert Jahren zum Schreiben benutzt. Mit ihrem Einsatz
wird das Werkzeug zur Textproduktion eine mechanische Maschine,
die es ermöglicht, Texte wesentlich schneller herzustellen. Eine
Vervielfältigung und Korrektur von Texten in einem Arbeitsgang ist
aber noch nicht möglich.

Erst mit der Textautomation ist die Korrektur und Vervielfältigung
der Texte in die Textproduktion integrierbar.

 Die elektronische Textverarbeitung vereinigt Textproduktion,
Textüberarbeitung und -korrektur sowie die Textvervielfältigung.

Es lassen sich vier Typen von Textautomation unterscheiden:
- die elektronische Schreibmaschine
- der Textautomat- der Mikrocomputer
- das Mehrplatzsystem]
```

```
BEFEHL: Ausschnitt Bibliothek Druck Einfügen Format Gehezu Hilfe Kopie
        Löschen Muster Quitt Rückgängig Suchen Übertragen Wechseln Zusätze
Bearbeiten Sie bitte Ihren Text oder unterbrechen Sie zum Hauptbefehlsmenü!
Sel Sp22          (·)                ?                        Microsoft Word
```

Abb. 2-4: Löschen und Einfügen von Zeichen

Korrigieren Sie bitte ebenfalls die Fehler, die Ihnen bei der Erfassung des Übungstextes unterlaufen sind.

2.3.2 Überschreiben von Zeichen

In manchen Fällen sind die zu ändernden Textteile so lang, daß es ineffektiv wäre, den nicht mehr benötigten Text zu löschen und anschließend den neuen Text zu erfassen. Effektiver ist es, den zu löschenden Text einfach zu überschreiben.

Bisher haben Sie im "Einfügemodus" gearbeitet, in dem alle über die Tastatur eingegeben Zeichen in den Text eingefügt werden. Wollen Sie dagegen Zeichen überschreiben, müssen Sie WORD durch Betätigen der Funktionstaste *<F5>* in den "Überschreibmodus" umschalten. In der Statuszeile erscheinen die Buchstaben ÜB als Hinweis, daß der "Überschreibmodus" aktiv ist. Nochmaliges Betätigen der Funktionstaste *<F5>* schaltet zurück in den "Einfügemodus".

Aufgabe: Überschreiben Sie in der vorletzten Zeile des ersten Absatzes das Wort "herzustellen" mit den Wörtern "zu erstellen".

VORGEHEN: Überschreiben von Zeichen

- Positionieren Sie den Cursor mit Hilfe der *<Pfeiltasten>* oder der *Maus* an die Stelle des Textes, an der der Überschreibvorgang beginnen soll (hier: auf das "h" von "herzustellen").

- Durch Betätigen der Funktionstaste *<F5>* wird der "Überschreibmodus" aktiviert.

  In der untersten Zeile des Befehlsbereichs, der sogenannten *Statuszeile*, sehen Sie nun rechts die Buchstaben *ÜB* für "Überschreiben" eingeblendet.

- Geben Sie den neuen Text *"zu erstellen"* ein.

- Betätigen Sie erneut die Funktionstaste *<F5>*, um den Einfügemodus zurückzuschalten. Zugleich verschwindet das ÜB in der Statuszeile.

```
Von der Schreibmaschine zum TextautomatenSchreibmaschinen werden
seit ca. hundert Jahren zum Schreiben benutzt. Mit ihrem Einsatz
wird das Werkzeug zur Textproduktion eine mechanische Maschine,
die es ermöglicht, Texte wesentlich schneller zu erstellen█ Eine
Vervielfältigung und Korrektur von Texten in einem Arbeitsgang ist
aber noch nicht möglich.

Erst mit der Textautomation ist die Korrektur und Vervielfältigung
der Texte in die Textproduktion integrierbar.

 Die elektronische Textverarbeitung vereinigt Textproduktion,
Textüberarbeitung und -korrektur sowie die Textvervielfältigung.

Es lassen sich vier Typen von Textautomation unterscheiden:
- die elektronische Schreibmaschine
- der Textautomat- der Mikrocomputer
- das Mehrplatzsystem◆
```

```
BEFEHL: Ausschnitt Bibliothek Druck Einfügen Format Gehezu Hilfe Kopie
        Löschen Muster Quitt Rückgängig Suchen übertragen Wechseln Zusätze
Bearbeiten Sie bitte Ihren Text oder unterbrechen Sie zum Hauptbefehlsmenü!
Sel Sp59          (·)                    ?                    üB    Microsoft Word
```

Abb. 2-5: Überschreiben von Zeichen

2.3.3 Sichtbarmachen von Sonderzeichen

Bevor wir mit der weiteren Korrektur des Übungstextes fortfahren, soll eine
Einstellung vorgenommen werden, die jemandem, der im Umgang mit einem
elektronischen Textverarbeitungssystem noch nicht vertraut ist, das Bearbeiten
des Textes erleichtert: das Sichtbarmachen von Sonderzeichen. Diese Sonderzeichen symbolisieren bestimmte Tasten oder Tastenkombinationen, die Sie
während der Texterfassung betätigen und die WORD zur Verwaltung des Textes in diesen einfügt. Zu diesen Sonderzeichen gehört zum Beispiel das Symbol
für die Absatzschaltung, das am Ende eines jeden Absatzes steht. In der Grundeinstellung von WORD ist die Anzeige der Sonderzeichen ausgeschaltet, kann
aber jederzeit aktiviert werden.

HINWEIS:
    Die Anzeige der Sonderzeichen erfolgt ausschließlich am Bildschirm.

Das Sichtbarmachen von Sonderzeichen erfolgt über den Befehl *Zusätze*, mit dem Sie bereits im vorherigen Kapitel gearbeitet haben. Im Befehlsfeld *Sonderzeichen sichtbar* legen Sie durch Markierung der Optionen *Teilweise* oder *Alle* fest, ob die Sonderzeichen teilweise oder insgesamt sichtbar sein sollen.

Aufgabe: Aktivieren Sie die Sichtbarmachung aller Sonderzeichen.

VORGEHEN: Sichtbarmachen aller Sonderzeichen

- Im Hauptbefehlsmenü wird der Befehl *Zusätze* gewählt.

- Im Befehlsfeld *Sonderzeichen sichtbar* wird die Option *Alle* markiert.

- Der Vorgang wird mit der *<Return>*-Taste abgeschlossen.

Abbildung 2-6 zeigt den Übungstext mit den zur Zeit sichtbaren Sonderzeichen. Anstelle eines Leerzeichens erscheint ein Punkt (.) und am Ende jedes Absatzes ein Zeichen, das mit einem auf dem Kopf stehenden Krug Ähnlichkeit hat.

```
Von·der·Schreibmaschine·zum·TextautomatenSchreibmaschinen·werden·
seit·ca.·hundert·Jahren·zum·Schreiben·benutzt.·Mit·ihrem·Einsatz·
wird·das·Werkzeug·zur·Textproduktion·eine·mechanische·Maschine,·
die·es·ermöglicht,·Texte·wesentlich·schneller·zu·erstellen.·Eine·
Vervielfältigung·und·Korrektur·von·Texten·in·einem·Arbeitsgang·ist·
aber·noch·nicht·möglich.¶
¶
Erst·mit·der·Textautomation·ist·die·Korrektur·und·Vervielfältigung·
der·Texte·in·die·Textproduktion·integrierbar.¶
¶
·Die·elektronische·Textverarbeitung·vereinigt·Textproduktion,·
Textüberarbeitung·und·-korrektur·sowie·die·Textvervielfältigung.¶
¶
Es·lassen·sich·vier·Typen·von·Textautomation·unterscheiden:¶
-·die·elektronische·Schreibmaschine¶
-·der·Textautomat-·der·Mikrocomputer¶
-·das·Mehrplatzsystem¶
```

```
BEFEHL: Ausschnitt Bibliothek Druck Einfügen Format Gehezu Hilfe Kopie
        Löschen Muster Quitt Rückgängig Suchen Übertragen Wechseln Zusätze
Bearbeiten Sie bitte Ihren Text oder unterbrechen Sie zum Hauptbefehlsmenü!
Sei Sp22           (·)                    ?               Microsoft Word
```

Abb. 2-6: Text mit Sonderzeichen

2.3.4 Absatzschaltungen einfügen und löschen

Hinsichtlich der Absatzgestaltung weist der von Ihnen erfaßte Übungstext noch einige Unzulänglichkeiten auf. Die Überschrift ist nicht vom übrigen Text abgesetzt, und in der vorletzten Zeile stehen zwei Typen von Textautomaten in einer Zeile. Die Ursache dafür: Sie haben "vergessen", an den entsprechenden Stellen eine Absatzschaltung vorzunehmen, oder anders ausgedrückt, die *<Return>*-Taste zu betätigen.

Absatzschaltungen einfügen

Um nachträglich Absatzschaltungen in einen Text einzufügen, ist der Cursor an die gewünschte Stelle zu positionieren, zum Beispiel an das Ende der Überschrift, und anschließend die *<Return>*-Taste zu betätigen. Das Ergebnis ist die Erzeugung eines neuen Absatzes, wobei Text, der sich rechts und/oder unterhalb des Cursors befindet, um eine Zeile nach unten versetzt wird.

Aufgabe: Die Überschrift "Von der Schreibmaschine zum Textautomaten" ist durch Einfügen von Absatzschaltungen vom übrigen Text zu lösen und die Zeichenfolge "- der Microcomputer" soll allein in einer Zeile stehen.

VORGEHEN: Absatzschaltungen einfügen

- Bewegen Sie den Cursor in die erste Zeile des Textes durch Betätigen von *<Strg>* + *<Bild oben>*.

- Positionieren Sie den Cursor mit der *<Pfeiltaste rechts>* auf das "S" des Wortes "Schreibmaschinen".

- Drücken Sie zweimal die *<Return>*-Taste.

  Damit steht die Überschrift in einem separaten Absatz und ist zusätzlich durch eine Leerzeile vom folgenden Text getrennt.

- Positionieren Sie den Cursor auf den Spiegelstrich (-) hinter dem Wort "Textautomat".

- Durch Betätigen der *<Return>*-Taste wird dem nachfolgenden Text, "- der Microcomputer", ebenfalls ein eigener Absatz zugewiesen.

```
Von·der·Schreibmaschine·zum·Textautomaten¶
¶
Schreibmaschinen·werden·seit·ca.·hundert·Jahren·zum·Schreiben·
benutzt.·Mit·ihrem·Einsatz·wird·das·Werkzeug·zur·Textproduktion·
eine·mechanische·Maschine,·die·es·ermöglicht,·Texte·wesentlich·
schneller·zu·erstellen.·Eine·Vervielfältigung·und·Korrektur·von·
Texten·in·einem·Arbeitsgang·ist·aber·noch·nicht·möglich.¶
¶
Erst·mit·der·Textautomation·ist·die·Korrektur·und·Vervielfältigung·
der·Texte·in·die·Textproduktion·integrierbar.¶
¶
·Die·elektronische·Textverarbeitung·vereinigt·Textproduktion,·
Textüberarbeitung·und·-korrektur·sowie·die·Textvervielfältigung.¶
¶
Es·lassen·sich·vier·Typen·von·Textautomation·unterscheiden:¶
-·die·elektronische·Schreibmaschine¶
-·der·Textautomat¶
■·der·Mikrocomputer¶
-·das·Mehrplatzsystem◆


BEFEHL: Ausschnitt Bibliothek Druck Einfügen Format Gehezu Hilfe Kopie
        Löschen Muster Quitt Rückgängig Suchen übertragen Wechseln Zusätze
Bearbeiten Sie bitte Ihren Text oder unterbrechen Sie zum Hauptbefehlsmenü!
Sel Spl              (.)                    ?                    Microsoft Word
```

Abb. 2-7: Absatzschaltungen einfügen

Absatzschaltungen löschen

Von der Schreibmaschine her sind viele neue Benutzer eines Textverarbeitungssystems die ständige Betätigung der *<Return>*-Taste (als Wagenrücklauftaste) am vermuteten Zeilenende gewöhnt. Sie benutzen daher diese Taste, die Absätze schaltet, zu oft und stehen vor dem Problem, unerwünschte Absätze später wieder löschen zu müssen.

Eine Absatzschaltung kann, wie jedes andere Zeichen auch, mittels der *<Entf>*-Taste oder der *<Rücktaste>* entfernt bzw. gelöscht werden. Bei Verwendung der *<Entf>*-Taste muß sich der Cursor auf der zu löschenden Absatzschaltung befinden. Bei Verwendung der *<Rücktaste>* ist die Positionierung umgekehrt: Der Cursor wird unmittelbar hinter die zu löschende Absatzschaltung gesetzt. Das Entfernen einer Absatzschaltung bewirkt, daß Text, der sich rechts und/oder unterhalb des Cursors befindet, um eine Zeile nach oben versetzt wird.

Aufgabe: Löschen Sie den Absatz bzw. die Absatzschaltung zwischen dem zweiten und dritten Textblock.

VORGEHEN: Absatzschaltungen löschen

- Bewegen Sie den Cursor mit den *<Pfeiltasten>* oder der Maus in das Ende des zweiten Absatzes.

- Betätigen Sie zweimal die *<Entf>*-Taste. Resultat: Die Absatzschaltungen zwischen dem zweitem und dritten Absatz sind aufgehoben .

Abb. 2-8: Absatzschaltungen löschen

2.4 Textformatierung

Der Textformatierung, d.h. Textgestaltung, kommt zentrale Bedeutung innerhalb der Textverarbeitung zu, denn hierüber wird letztendlich das Aussehen
bzw. die *Form* bestimmt, in der der Text auf dem Papier erscheint. WORD
stellt für die Textgestaltung eine Vielzahl an Formatierungsbefehlen zur Verfügung, die sich in drei Kategorien unterteilen lassen:

* Zeichenformatierung
* Absatzformatierung
* Seiten/Bereichsformatierung

Der Begriff *Zeichenformatierung* meint das Hervorheben einzelner Zeichen,
Wörter, ganzer Sätze oder Absätze im laufenden Text gegenüber dem übrigen
Satzbild. Der typographische Terminus für diesen Vorgang heißt *Aus-
zeichnung*. Zu den Auszeichnungsschriften gehören unter anderem KAPITÄL-
CHEN, <u>Unterstreichungen</u>, sowie die **Fett-** und *Kursivschrift*. Über die *Ab-
satzformatierung* hingegen wird das Absatzformat, das heißt die Einzüge, die
Absatzabstände und die Ausrichtung, bestimmt. Die *Seitenformatierung* be-
stimmt, durch das Festlegen von Seitenrändern, der Seitenlänge und -breite, das
Seitenlayout, d.h. die Anordnung des Textes auf einer Seite.

2.4.1 Textstellen markieren

Bevor Sie Text formatieren können, müssen Sie den zu formatierenden Text
kennzeichnen, "markieren" genannt. *Der Text ist markiert, wenn er hell hervorgehoben erscheint.*

Im Prinzip wenden Sie diese Technik ständig an, nämlich immer dann, wenn
Sie den Cursor im Text hin- und herwandern lassen. Das Zeichen, auf dem der
Cursor steht, erscheint aufgehellt. In diesem Fall ist dieses *eine* Zeichen markiert. Das Markieren größerer Textteile, wie Worte, Zeilen, Sätze, Absätze
oder auch des gesamten Textes, kann über die Tastatur oder mit der Maus erfolgen.

Textmarkierung über die Tastatur

Die Textmarkierung über die Tastatur erfolgt durch Betätigen von Funktionstasten allein oder in Kombination mit der *<Umschalt>*-Taste. Die Abb. 2-9
gibt eine Übersicht über die Belegung der zur Textmarkierung vorgesehenen
Funktionstasten.

<F7>	markiert das Wort links vom Cursor, wenn dieser auf dem Leerzeichen zwischen zwei Worten steht. Andernfalls wird das aktuelle Wort markiert.
<F8>	markiert das Wort rechts vom Cursor, wenn dieser auf dem Leerzeichen zwischen zwei Worten steht. Andernfalls wird das aktuelle Wort markiert.
<Umschalt> + *<F9>*	markiert die aktuelle Zeile.
<Umschalt> + *<F7>*	markiert den vorherigen Satz, wenn der Cursor auf dem Leerzeichen zwischen zwei Sätzen steht. Andernfalls wird der aktuelle Satz markiert. Satzendekriterium ist der Punkt oder das Absatzende.
<Umschalt> + *<F8>*	markiert den folgenden Satz, wenn der Cursor auf dem Leerzeichen zwischen zwei Sätzen steht. Andernfalls wird der aktuelle Satz markiert. Satzendekriterium ist der Punkt oder das Absatzende.
<F9>	markiert den aktuellen oder den vorherigen Absatz.
<F10>	markiert den aktuellen oder den nächsten Absatz.
<Umschalt> + *<F10>*	markiert den gesamten Text.
<F6>	stellt den Erweiterungsmodus ein/aus.

Abb. 2-9: Funktionstasten zur Textmarkierung

Bewegen Sie jetzt den Cursor hinter das Wort "Schreibmaschinen" im zweiten Absatz. Betätigen Sie zuerst die Funktionstaste *<F7>* und danach die Funktionstaste *<F8>*. Wie Sie sehen, wird im ersten Fall das Wort links vom Cursor, im anderen Fall das Wort rechts vom Cursor markiert. Probieren Sie alle weiteren in Abb. 2-9 dargestellten Möglichkeiten.

Markieren im Erweiterungsmodus

Wenn Sie nicht nur ein Wort, eine Zeile, einen Satz, einen Absatz oder den gesamten Text, sondern mehrere einzelne Zeichen, mehrere Worte usw. markieren wollen, ist über die Funktionstaste *<F6>* der *Erweiterungsmodus* einzuschalten. In der Statuszeile erfolgt mit der Anzeige des Kürzels *"ER"* ein entsprechender Hinweis. In diesem Fall wird zu einer bereits bestehenden Markierung die neue Markierung hinzugefügt, oder anders gesagt: die alte Markierung wird um die neue Markierung erweitert. Erneutes Betätigen der Funktionstaste *<F6>* oder die Durchführung einer Formatierung schaltet den Erweiterungsmodus aus.

Das folgende Beispiel demonstriert einige zur Verfügung stehenden Möglichkeiten.

Aufgabe: Nehmen Sie einige Markierungen im Erweiterungsmodus vor.

VORGEHEN: Markieren im Erweiterungmodus

- Positionieren Sie den Cursor mit *<Strg>* + *<Bild oben>* an den Anfang des Übungstextes.

- Schalten Sie mit der Funktionstaste *<F6>* den Erweiterungsmodus ein. Daraufhin erscheint in der Statuszeile das Kürzel ER.

- Markieren Sie die nächsten zwei Zeichen durch zweimaliges Betätigen der *<Pfeiltaste rechts>*.

- Markieren Sie die nächsten zwei Worte durch zweimaliges Betätigen der Funktionstaste *<F8>*.

- Markieren Sie, als Abschluß dieser Übung, die nächsten zwei Absätze durch dreimaliges Betätigen der Funktionstaste *<F10>*.

- Schalten Sie den Erweiterungsmodus durch erneutes Betätigen der Funktionstaste *<F6>* wieder aus, und betätigen Sie eine der *<Pfeiltasten>*, um die Markierung aufzuheben.

Textmarkierung mit Hilfe der Maus

Auch mit der Maus bestehen verschiedene Möglichkeiten, Textmarkierungen vorzunehmen. Um ein Wort zu markieren, zeigen Sie mit dem Mauszeiger auf das gewünschte Wort und "klicken" die *rechte* Maustaste. Einen Satz markieren Sie, indem Sie mit dem Mauszeiger auf den entsprechenden Satz zeigen und *beide* Maustasten gleichzeitig "klicken".

Markierungen, die sich mit den beschriebenen Methoden nicht erreichen lassen, lassen sich folgendermaßen durchführen:

- Der Cursor wird mit der Maus auf den Anfang des zu markierenden Textes positioniert, mittels der Funktionstaste *<F6>* ist der Erweiterungsmodus einzuschalten, und durch Anklicken des letzten Zeichens des zu markierenden Textes wird die Markierung vollzogen.

- Der Mauszeiger wird auf das erste Zeichen des zu markierenden Textes geführt. Die Markierung wird an das Ende des zu markierenden Textes "gezogen", das heißt die linke Maustaste wird gedrückt und festgehalten und der Mauszeiger an das Ende des zu markierenden Textes bewegt.

2.4.2 Formatierung von Zeichen

Zeichenformatierung bedeutet, einen Teil des Textes mit bestimmten Merkmalen auszustatten, so daß sich dieser vom übrigen Text abhebt. Gegenüber dem Ausgangsbeispiel weist der von Ihnen eingegebene Text noch nicht die Hervorhebungen des Ausgangstextes aus. Die Überschrift ist nicht fett dargestellt, im zweiten Absatz fehlt die Unterstreichung und im dritten Absatz fehlen die Hervorhebungen in Fett- und Kursivschrift.

Das folgende Beispiel beschreibt das Vorgehen der Zeichenformatierung über das Befehlsmenü. Daran anschließend wird eine schnellere Möglichkeit der Formatierung gezeigt.

Zeichenformatierung über das Befehlsmenü

Der erste Schritt bei der Zeichenformatierung ist die Markierung des zu formatierenden Textes. Anschließend wird im Hauptbefehlsmenü der Befehl *Format* und im Format-Menü der Befehl *Zeichen* aktiviert. In den Befehlsfeldern werden die gewünschten Einstellungen vorgenommen und mit der *<Return>*-Taste dem markierten Text zugewiesen.

Aufgabe: Die Überschrift soll mit der Schriftart *Fett* ausgezeichnet werden.

VORGEHEN: Zeichenformatierung über das Befehlsmenü

- Der Cursor wird an den Beginn des zu formatierenden Textes positioniert (hier: *an den Textanfang*).

  Hinweis: Am schnellsten gelangen Sie in die Überschrift mit der Tastenkombination *<Strg> + <Bild oben>* (= *Textanfang*).

- Der zu formatierenden Text wird mit der Funktionstaste *<F10>* (= *Absatz markieren*) markiert.

- Im Hauptbefehlsmenü wird der Befehl *Format* und im Befehlsmenü Format der Befehl *Zeichen* gewählt.

- Mit der *<Tab>*-Taste oder den *<Pfeiltasten>* wird das Befehlsfeld *Fett* angesteuert und mit der *<Leertaste>* oder durch Eingabe von *J* die Option *Ja* markiert.

- Die Auszeichnung wird mit der *<Return>*-Taste dem markierten Text zugewiesen.

```
Von·der·Schreibmaschine·zum·Textautomaten¶
¶
Schreibmaschinen·werden·seit·ca.·hundert·Jahren·zum·Schreiben·
benutzt.·Mit·ihrem·Einsatz·wird·das·Werkzeug·zur·Textproduktion·
eine·mechanische·Maschine,·die·es·ermöglicht,·Texte·wesentlich·
schneller·zu·erstellen.·Eine·Vervielfältigung·und·Korrektur·von·
Texten·in·einem·Arbeitsgang·ist·aber·noch·nicht·möglich.¶
¶
Erst·mit·der·Textautomation·ist·die·Korrektur·und·Vervielfältigung·
der·Texte·in·die·Textproduktion·integrierbar.·Die·elektronische·
Textverarbeitung·vereinigt·Textproduktion,·Textüberarbeitung·und·
–korrektur·sowie·die·Textvervielfältigung.¶
¶
Es·lassen·sich·vier·Typen·von·Textautomation·unterscheiden:¶
–·die·elektronische·Schreibmaschine¶
–·der·Textautomat¶
```

```
FORMAT ZEICHEN Fett: Ja Nein           Kursiv: Ja(Nein)  Unterstrichen: Ja(Nein)
 Durchgestrichen: Ja(Nein)      Großbuchstaben: Ja(Nein)     Kapitälchen: Ja(Nein)
 Doppelt unterstrichen: Ja(Nein)      Position:(Normal)Hochgestellt Tiefgestellt
 Schriftart: Courier_LQ          Schriftgrad: 12                  Farbe: Schwarz
 Verborgen: Ja(Nein)
Wählen Sie bitte eine Option!
Sel Sp42          ()              ?                          Microsoft Word
```

Abb. 2-10: Zeichenformatierung

Bewegen Sie den Cursor in die darunterliegende Zeile. Sie sehen, daß der ausgezeichnete Text in einer vom übrigen Text abgehobenen Form dargestellt wird. Die Darstellungsform ist abhängig von der eingestellten Betriebsart. Wenn Sie den Installationshinweisen in Kapitel 1 gefolgt sind, arbeitet WORD jetzt in der Betriebsart "Grafik", und die Überschrift wird auf dem Bildschirm fett dargestellt; andernfalls ist die Betriebsart "Text" aktiv, und die Überschrift erscheint aufgehellt.

Welche Unterschiede zwischen beiden Betriebsarten bestehen und wie zwischen diesen gewechselt werden kann, erfahren Sie im nächsten Abschnitt. Vorerst soll der Übungstext weiter ausgezeichnet werden.

Aufgabe: Der zweite Satz im zweiten Absatz soll unterstrichen werden.

VORGEHEN:

- Der Cursor wird am Satzanfang auf dem "D" positioniert und die Tastenkombination *<Umschalt>* + *<F8>* (= *folgenden Satz markieren*) betätigt.

- Aktivieren Sie die Befehlsfolge *Format Zeichen*.

- Steuern das Befehlsfeld *Unterstrichen* an und markieren Sie die Option *Ja*.

- Betätigen Sie die *<Return>*-Taste, um die Auszeichnung durchzuführen.

```
Von·der·Schreibmaschine·zum·Textautomaten¶
¶
Schreibmaschinen·werden·seit·ca.·hundert·Jahren·zum·Schreiben·
benutzt.·Mit·ihrem·Einsatz·wird·das·Werkzeug·zur·Textproduktion·
eine·mechanische·Maschine,·die·es·ermöglicht,·Texte·wesentlich·
schneller·zu·erstellen.·Eine·Vervielfältigung·und·Korrektur·von·
Texten·in·einem·Arbeitsgang·ist·aber·noch·nicht·möglich.¶
¶
Erst·mit·der·Textautomation·ist·die·Korrektur·und·Vervielfältigung·
der·Texte·in·die·Textproduktion·integrierbar.·Die·elektronische·
Textverarbeitung·vereinigt·Textproduktion,·Textüberarbeitung·und·
-korrektur·sowie·die·Textvervielfältigung.¶
¶
Es·lassen·sich·vier·Typen·von·Textautomation·unterscheiden:¶
-·die·elektronische·Schreibmaschine¶
-·der·Textautomat¶

FORMAT ZEICHEN Fett: Ja(Nein)        Kursiv: Ja(Nein)  Unterstrichen: Ja Nein
Durchgestrichen: Ja(Nein)      Großbuchstaben: Ja(Nein)      Kapitälchen: Ja(Nein)
Doppelt unterstrichen: Ja(Nein)      Position:(Normal)Hochgestellt Tiefgestellt
Schriftart: Pica               Schriftgrad: 12               Farbe: Schwarz
Verborgen: Ja(Nein)
Wählen Sie bitte eine Option!
Sel Sp42         (¶)             ?             ▌        Microsoft Word
```

Abb. 2-11: Zeichenformatierung

Zeichenformatierung über die <Alt>-Tastenkombination

Die Formatierung über das Befehlsmenü ist relativ zeitaufwendig. Schneller läßt sich die Zeichenformatierung über die Kombination der *<Alt>*-Taste mit einer weiteren Taste vornehmen. Mit Ausnahme der Einstellung der Schriftart und -größe sowie der Umschaltung auf Großbuchstaben lassen sich hierüber alle Formatierungsmöglichkeiten erreichen.

Aufgabe: Im 4. Absatz sollen die Worte "vier Typen von Textautomation" gemäß dem Beispiel im Ausgangstext die Auszeichnungsmerkmale *fett* und *kursiv* erhalten.

VORGEHEN: Zeichenformatierung mit der *<Alt>*-Tastenkombinationen

- Der Cursor wird auf das erste Zeichen des zu formatierenden Textes positioniert (hier: "v").

- Den Text markieren Sie durch Einschalten des Erweiterungsmodus mittels der Funktionstaste *<F6>* und 4maligem Betätigen der Funktionstaste *<F8>* (= *Wort rechts markieren*).

- Die Auszeichnungen *Fett* und *Kursiv* werden durch Betätigen der Tastenkombinationen *<Alt>*+*<F>* (= *Fettschrift*) und *<Alt>*+*<I>* (= *Italic-*, d.h. *Kursivschrift*) dem markierten Text zugeordnet.

```
Von·der·Schreibmaschine·zum·Textautomaten¶
¶
Schreibmaschinen·werden·seit·ca.·hundert·Jahren·zum·Schreiben·
benutzt.·Mit·ihrem·Einsatz·wird·das·Werkzeug·zur·Textproduktion·
eine·mechanische·Maschine,·die·es·ermöglicht,·Texte·wesentlich·
schneller·zu·erstellen.·Eine·Vervielfältigung·und·Korrektur·von·
Texten·in·einem·Arbeitsgang·ist·aber·noch·nicht·möglich.¶
¶
Erst·mit·der·Textautomation·ist·die·Korrektur·und·Vervielfältigung·
der·Texte·in·die·Textproduktion·integrierbar.·Die·elektronische·
Textverarbeitung·vereinigt·Textproduktion,·Textüberarbeitung·und·
-korrektur·sowie·die·Textvervielfältigung.¶
¶
Es·lassen·sich·vier·Typen·von·Textautomation·unterscheiden:¶
--die·elektronische·Schreibmaschine¶
--der·Textautomat¶
--der·Mikrocomputer¶
--das·Mehrplatzsystem◆
```

Abb. 2-12: Zeichenformatierung mit Funktionstasten

Die Abb. 2-13 zeigt die Bedeutung der einzelnen Formatierungstasten zur Auszeichnung. Bis auf einige Ausnahmen sind die Buchstaben so gewählt worden, das sie auf die Formatierungsart hinweisen.

$<Alt>+<F>$	Fettschrift
$<Alt>+<I>$	Italic-/ Kursivschrift
$<Alt>+<U>$	Unterstrichen
$<Alt>+<S>$	Durchgestrichen
$<Alt>+<K>$	Kapitälchen
$<Alt>+<H>$	Hochgestellt
$<Alt>+<T>$	Tiefgestellt
$<Alt>+<V>$	Verborgener Text
$<Alt>+<D>$	Doppelt unterstrichen
$<Alt>+<Leertaste>$	Standardformatierung
$<Alt>+<A>$	Standardformatierung unter Beibehaltung der eingestellten Schriftart und -größe

Abb. 2-13: Tastenkombinationen zur Zeichenformatierung

2.4.3 Umschalten zwischen den Betriebsarten "Text" und "Grafik"

Mit WORD kann in zwei unterschiedlichen Betriebsarten gearbeitet werden: im Text- oder im Grafikmodus. Die Möglichkeit, in den Grafikmodus zu schalten setzt allerdings voraus, daß Ihr Computer mit einem grafikfähigen Monitoradapter, einer sog. Grafikkarte ausgestattet ist, andernfalls steht Ihnen nur der Textmodus zur Verfügung.

Die Arbeit im Grafikmodus bietet den Vorteil, daß die Anzeige des Textes auf dem Bildschirm weitgehend der Ausgabe auf den Drucker entspricht. In diesem Zusammenhang wird von sogenannten WYSIWYG- (= what you see is what you get) Programmen gesprochen. Im Grafikmodus ist allerdings die Verarbeitungsgeschwindigkeit merklich reduziert, was vor allem beim "Blättern" durch einen längeren Text oftmals als störend empfunden wird.

Der Textmodus hingegen bietet den Vorteil der höheren Verarbeitungsgeschwindigkeit. Der Nachteil ist, daß Auszeichnungen (z.B. Fett- und Kursivschrift) nicht adäquat am Bildschirm darstellbar sind.

Das Umschalten zwischen den Betriebsarten können Sie über die Tastenkombination $<Alt>+<F9>$ oder über den Befehl *Zusätze* vornehmen. Dort kann im Befehlsfeld *Bildschirm* aus der mit der Funktionstaste $<F1>$ abzurufenden Liste die gewüschte Betriebsart ausgewählt werden.

Aufgabe: Schalten Sie per Menübefehl in die Betriebsart "Text" um.

VORGEHEN: Einstellen der Betriebsart per Menübefehl

- Der Befehl *Zusätze* im Hauptbefehlsmenü wird gewählt.

- Im Befehlsfeld *Bildschirm* wird mit der Funktionstaste *<F1>* die Liste der möglichen Betriebsarten abgerufen.

- Aus der angezeigten Liste wird die Position: *1 Text, 25 Linie, zwei Farben* ausgewählt und mit *<Return>* übernommen.

Das Umschalten in die Betriebsart "Text" hat bewirkt, daß der vorher fett dargestellte Text aufgehellt und der vorher unterstrichen und/oder kursiv dargestellte Text unterstrichen erscheint.

Aufgabe: Wechseln Sie in die Betriebsart "Graphik".

VORGEHEN: Umschalten in die Betriebsart "Graphik".

- Betätigen Sie die Tastenkombination *<Alt> + <F9>*.

Das Ergebnis: Die im Text vorgenommenen Auszeichnungen werden wieder angezeigt.

HINWEIS:

Die Einstellung der Betriebsart wird auch durch das Verlassen von WORD nicht tangiert. Bei einem Neustart ist die zuletzt vorgenommene Einstellung die aktive.

2.5 Formatierung von Absätzen

Die Anordnung der Absätze auf einer Seite wird durch die Absatzformatierung bestimmt. Zu den Formatierungsmerkmalen gehören unter anderem die Ausrichtung der Zeilen (Links-/Rechtsbündig, Zentriert, Blocksatz), die Festlegung der Zeilenabstände, der linke und rechte Einzug sowie der Erstzeileneinzug.

Die Abbildung 2-13 zeigt die Standardeinstellungen des Befehls *Format Absatz*. Für eine davon abweichende Formatierung bestehen grundsätzlich zwei Möglichkeiten:

- Die Änderungen erfolgen durch entsprechende Eintragungen in den Befehlsfeldern des Befehls *Format Absatz*.

- Die Änderungen erfolgen unter Anwendung von Tastenkombinationen (*<Alt> + <Taste>*).

```
FORMAT ABSATZ Ausrichtung: Links Zentriert Rechts Block
  Linker Einzug: 0 cm        Erste Zeile: 0 cm          Rechter Einzug: 0 cm
  Zeilenabstand: 1 zg        Anfangsabstand: 0 zg        Endeabstand: 0 zg
  Selbe Seite: Ja(Nein)      Nächster Absatz selbe Seite: Ja(Nein)
  Nebeneinander: Ja(Nein)
Wählen Sie bitte eine Option!
Sel Sp1              (.)                    ?              ▌ Microsoft Word
```

Abb. 2-14: Befehlsfelder Format Absatz

Am Beispiel der Überschriftzentrierung soll das Vorgehen zur Absatzformatierung mit Hilfe des Befehls *Format Absatz* verdeutlicht werden. Im Anschluß daran wird gezeigt, wie Absatzformatierung über die *<Alt>*- Tastenkombination erfolgen kann.

Absatzformatierung über Menüaufruf

Aufgabe: Der Überschrift soll die Ausrichtung *Zentriert* zugewiesen werden.

VORGEHEN: Formatieren von Absätzen über Menüaufruf

- Der Cursor wird in dem zu formatierenden Absatz positioniert (hier: *in der Überschrift*).

- Im Hauptbefehlsmenü wird der Befehl *Format* und im Formatmenü der Befehl *Absatz* gewählt.

- Im Befehlsfeld *Ausrichtung* wird die Option *Zentriert* markiert.

- Die Formatierung wird mit der *<Return>*-Taste ausgelöst.

HINWEIS:

Wenn nur ein Absatz formatiert werden soll, so ist eine Markierung des Absatzes nicht notwendig. Es genügt, den Cursor in den zu formatierenden Absatz zu positionieren.

Eine schnellere Absatzformatierung läßt sich, wie bei der Zeichenformatierung, über die *<Alt>*-Tastenkombination vornehmen. Die Formatierungsart ist relativ leicht zu merken, da ein Zusammenhang zwischen dem Buchstaben der Tastenkombination und der Formatierungsart besteht, z.B. *<Alt>* + *<B>* für Blocksatz.

Aufgabe: Richten Sie die beiden Absätze, die der Überschrift folgen, im Blocksatz aus.

VORGEHEN: Formatierung per *<Alt>*-Tastenkombination

* Der Cursor wird in den ersten der zu formatierenden Absätze positioniert (hier: *Absatz 1*).

* Damit die Formatierung für die beiden Absätze in einem Arbeitsgang vorgenommen werden kann, ist der Erweiterungsmodus durch betätigen der Funktionstaste *<F6>* zu aktivieren.

* Die Funktionstaste *<F10>* (= Absatz markieren) ist so oft zu betätigen, bis alle Absätze markiert sind (hier: *3mal*), da auch die Leerzeile einen Absatz darstellt.

* Die Ausrichtung der Zeilen im Blocksatz erfolgt über die Betätigung der Tastenkombination *<Alt>* + *<B>*.

Die Abb. 2-15 zeigt die Bedeutung der einzelnen Formatierungstasten zur Absatzausrichtung. Wie Sie sehen, kann über den Buchstaben auf die Formatierungsart geschlossen werden.

<Alt> + *<L>*	Linksbündig
<Alt> + *<R>*	Rechtsbündig
<Alt> + *<Z>*	Zentriert
<Alt> + *<B>*	Blocksatz
<Alt> + *<N>*	Standardabsatzformat

Abb. 2-15: <Alt>-Tastenkombinationen zur Absatzformatierung

2.6 Seiten-/Bereichsformatierung

Die dritte wichtige Formatierungsart, die über die Textgestaltung entscheidet, ist die Formatierung der Seiten. Dazu zählt unter anderem die Festlegung der Seitenränder, der Seitenlänge und -breite. Vor allem die Berücksichtigung der unterschiedlichen Papierformate ist von Bedeutung, wenn der Seitenvorschub beim Drucken korrekt erfolgen soll.

Ein Seitenumbruch, also der Beginn einer neuen Seite, erfolgt immer dann, wenn die Anzahl der druckbaren Zeilen pro Seite erreicht ist. Entspricht die Einstellung der Seitenlänge nicht der Länge des verwendeten Papiers, erfolgt beim Ausdrucken des Textes der Seitenvorschub an der falschen Stelle.

Die Standardeinstellung der Seitengröße entspricht den Abmessungen einer DIN-A4 Seite: 29,7 cm * 21 cm. Das oft verwendete sogenannte Endlospapier ist genau so breit, aber etwas länger: 30,48 cm * 21 cm.

Die Festlegung der Seiteneinteilung erfolgt über den Befehl *Format Bereich Seitenrand*. In den Befehlsfeldern sind die entsprechenden Maße einzugeben bzw. die gewünschten Optionen zu markieren. Wird die Maßeinheit nicht mit eingegeben, so erfolgt die Formatierung aufgrund der im Befehlsfeld *Maßeinheit* des Befehls *Zusätze* vorgenommenen Einstellung. Ebenso erfolgt hier die Festlegung für das Dezimaltrennzeichen im gleichnamigen Befehlsfeld. Die Standardeinstellung für die Maßeinheit ist Zentimeter (cm), das Dezimaltrennzeichen ist das Komma (,). Die Abbildung 2-15 zeigt die von Word vorgegebenen Standardeinstellungen in Zentimeter (cm).

```
FORMAT BEREICH SEITENRAND
       Oben: 2,5 cm              Unten: 2 cm
       Links: 2 cm              Rechts: 2 cm
       Seitenlänge: 29,7 cm     Breite: 21 cm      Bundsteg: 0 cm
       Abstand Kopfzeile von oben: 1,25 cm         Fußzeile von unten: 1,25 cm
       Ränder spiegeln: Ja(Nein)                   Standardbenutzung: Ja(Nein)
Geben Sie bitte das Maß ein!
Sel Spl              (.)              ?                     Microsoft Word
```

Abb. 2-16: Format Bereich Seitenrand

Die Bedeutung der Befehlsfelder des Befehls *Format Bereich Seitenrand* ist in Abbildung 2-16 dargestellt.

Oben	Abstand vom oberen Seitenrand bis zum Textanfang
Unten	Abstand vom unteren Seitenrand bis zum Textanfang
Links	Abstand vom linken Seitenrand zum linken Textrand
Rechts	Abstand vom rechten Seitenrand zum rechten Textrand
Seitenlänge	Maß der Seitenlänge
Breite	Maß der Seitenbreite
Bundsteg	Breite des Bundsteges (Rand zum Binden oder Lochen)
Abstand Kopfzeile von oben	Abstand vom oberen Seitenrand zum Beginn der Kopfzeile
Fußzeile von unten	Abstand vom unteren Seitenrand zum Beginn der Fußzeile
Ränder spiegeln	Bestimmt, ob die Einstellungen des linken und rechten Seitenrandes nach jeder gedruckten Seite getauscht werden. Diese Einstellung ist wichtig, wenn das Papier beidseitig bedruckt werden soll und die Einstellungen des linken und rechten Seitenrandes unterschiedliche Maße aufweisen.
Standardbenutzung	Legt fest, ob die Einstellungen gespeichert werden und damit bei der Neuerfassung von Texten als Standard gelten sollen.

Abb. 2-17: Befehlsfelder Seitenrand

Aufgabe: Abweichend von den Standardwerten ist der *linke Rand* auf *2,7 cm* und der *rechte Rand* auf *3 cm* einzustellen. Die Bestimmung der Seitenlänge soll abhängig von den Abmessungen des verwendeten Papiers erfolgen.

VORGEHEN: Einstellen der Seitenränder und -länge

- Wählen Sie die Befehlsfolge *Format Bereich Seitenrand* mit der Tastatur oder der Maus.

- Steuern Sie die Befehlsfelder für den linken und rechten Seitenrand mit der *<Tab>*-Taste, den *<Pfeiltasten>* oder der *Maus* an, und tragen Sie die entsprechenden Werte ein (*Links 2,7* und *Rechts 3*).

- Im Befehlsfeld *Seitenlänge* ist der entsprechende Wert einzutragen: *29,7* bei DIN-A4 Papier, *30,5* bei Endlospapier.

- Die Einstellung wird mit der *<Return>*-Taste bestätigt.

```
FORMAT BEREICH SEITENRAND
     Oben: 2,5 cm          Unten: 2 cm
     Links: 2,7            Rechts: 3
     Seitenlänge: 29,7     Breite: 21 cm         Bundsteg: 0 cm
     Abstand Kopfzeile von oben: 1,25 cm         Fußzeile von unten: 1,25 cm
     Ränder spiegeln: Ja(Nein)                   Standardbenutzung: Ja(Nein)
Geben Sie bitte das Maß ein!
Sel Sp1              ()                                    Microsoft Word
```

Abb. 2-18: Seiten/Bereichsformatierung

HINWEIS:

Die Anzahl der Zeilen pro Seite und die Anzahl der Zeichen pro Zeile kann wie folgt ermittelt werden:

Anzahl der Zeilenzahl pro Seite ermitteln

Neben dem Maß der Seitenlänge wird zur Errechnung der Zeilenanzahl pro Seite der Zeilenabstand benötigt. Der Zeilenabstand ist der Abstand vom oberen Rand eines Zeichens bis zum oberen Rand des darunter liegenden Zeichens. Die Grundeinstellung im Befehlsfeld *Zeilenabstand* des Befehls *Format Absatz* ist einzeilig. In dieser Grundeinstellung druckt ein Drucker 6 Zeilen pro Inch (6 LPI = Lines per inch). Ein Inch entspricht 2,54, cm und der Abstand pro Zeile beträgt somit 1/6 Inch bzw. 0,423 cm. Die Zeilenzahl pro Seite ist der Quotient aus Seitenlänge und Zeilenabstand: 29,7 cm / 0,423 cm = 70,213 cm. Bei einer Seitenlänge von 29,7 cm und einzeiligem Zeilenabstand passen demnach maximal 70 Zeilen auf eine Seite.

Von dieser maximalen Zeilenanzahl sind die Maße für den oberen und unteren Seitenrand (Standardeinstellung jeweils 2 cm) zu subtrahieren, so daß sich eine tatsächlich bedruckbare Fläche von 25,2 cm errechnet. Dividiert durch den Zeilenabstand (25,2 cm / 0,423 cm) ergibt sich eine tatsächlich druckbare Anzahl von 59 Zeilen pro Seite.

Ermittlung der Anzahl der Zeichen pro Zeile

Die Anzahl der Zeichen, die in einer Zeile gedruckt werden können, errechnet sich aus der Papierbreite und dem Zeichenabstand. Die Grundeinstellung des Befehlsfeldes *Schriftgrad 12* im Befehl *Format Zeichen* veranlaßt den Drucker, 10 Zeichen per Inch (10 CPI = Character per Inch) zu drucken. Die Breite des Papiers beträgt 21 cm oder 8,27 Inch (21 / 2,54). Die Zeichenzahl pro Zeile ist demnach das Produkt aus Zeilenbreite (in Inch) * Zeichen pro Inch (CPI): 8,27 * 10 = 82,7. Die maximale Anzahl der Zeichen pro Zeile beträgt aufgerundet 83 Zeichen.

Unter Einbeziehung des linken und rechten Seitenrandes von insgesamt 4 cm bzw. 1,57 Inch ergibt sich eine real zu druckende Anzahl von 67 Zeichen pro Zeile.

2.7 Manuelle Silbentrennung und automatische Trennhilfe

Der Vorteil des automatischen Zeilenumbruchs, nämlich sich nicht mehr darum
kümmern zu müssen, ob ein Wort noch in die selbe Zeile paßt, bringt auch
Nachteile mit sich. Es wurden nur ganze Worte auf die nächste Zeile übernommen, obwohl evtl. einige Silben des umbrochenen Wortes noch auf die vorhergehende Zeile Platz gehabt hätten. Ganz besonders deutlich wird dieses Manko
durch die Vergrößerung der Randeinstellung. Zwischen den einzelnen Worten
sind doch recht große Lücken entstanden, die das Aussehen des Textes nachteilig verändert haben. Das liegt an der Formatierung des Textes im Blocksatz.
Um die Zeilenenden dem rechten Rand anzupassen, hat WORD zwischen den
Worten einer Zeile eine entsprechende Anzahl von Leerzeilen eingefügt.

Dieser Mangel kann bereits bei der Eingabe eines Textes durch manuelle Silbentrennung der in Frage kommenden Worte vermieden werden. Damit wäre
jedoch der Vorteil des automatischen Zeilenumbruchs zum Teil hinfällig, da Sie
die Anzahl der Silben, die noch auf die selbe Zeile passen, auszählen müßten.
Eine effektivere Methode ist der Einsatz der in WORD zur Verfügung stehenden *Trennhilfe*, die mit hoher Genauigkeit Ihren Text an den richtigen Stellen
trennt.

Am Beispiel der Trennung des Wortes "Schreiben" im ersten Absatz des
Übungstextes soll gezeigt werden, wie Worte manuell getrennt werden können.
Im Anschluß daran lernen Sie, die Trennhilfe von WORD zu nutzen.

Manuelle Silbentrennung

Die Silbentrennung eines Wortes erfolgt durch die Eingabe eines sogenannten
wahlweisen Trennstrichs, ausgelöst durch die Tastenkombination
<Strg> + *<->*, an der gewünschten Trennstelle. Die Eingabe eines wahlweisen Trennstrichs bewirkt, daß die Silbentrennung des Wortes nur erfolgt,
wenn dieser am Zeilenende steht. An allen anderen Positionen in der Zeile, zum
Beispiel hervorgerufen aufgrund einer Neuformatierung, hat der wahlweise
Trennstrich keine Wirkung.

Eine Silbentrennung kann auch durch die Eingabe eines gewöhnliche Binde-
bzw. Trennstrichs (ohne *<Strg>*-Taste) ausgelöst werden. Zu beachten ist dabei, das ein gewöhnlicher Binde- bzw. Trennstrich, ungeachtet einer eventuel-
len Neuformatierung, an jeder Stelle im Text gedruckt wird: Innerhalb der
Zeile als Bindestrich, am Zeilenende als Trennstrich. Zur manuellen Silbentrennung sollte daher nur der wahlweise Trennstrich eingesetzt werden.

Die Silbentrennung kann sowohl während der Texterfassung als auch im nachhinein erfolgen. Erfolgt die Trennung während der Texterfassung, werden die
Silben umbrochen, d.h. an den Anfang der folgenden Zeile verschoben, die

dem Trennstrich folgen. Eine nachträglich vorgenommene Trennung dagegen hat als Ergebnis eine Verschiebung der Wortsilben bis zum Trennstrich in die vorhergehende Zeile, während die Wortsilben, die dem Trennstrich folgen, in der aktuellen Zeile verbleiben.

HINWEIS:

> Die Anzeige wahlweiser Trennstriche, die sich innerhalb der Zeilen befinden, wird unterdrückt, wenn der Befehl *Zusätze* aufgerufen und die Option des Befehlsfeldes *Sonderzeichen sichtbar* auf *Nein* gesetzt wird.

Aufgabe: Trennen Sie das Wort "Schreiben" in der 2. Zeile des ersten Absatzes.

VORGEHEN: Manuelle Silbentrennung

- Der Cursor wird auf das erste Zeichen der Silbe bewegt, die auf die nächste Zeile übernommen werden soll (hier: *auf das "b" der Silbe "ben"*).

- Die Tastenkombination *<Strg> + <->* (= *wahlweiser Trennstrich*) wird eingegeben.

Wie Sie sehen, wird die erste Silbe des Wortes "Schreiben" an das Ende der vorhergehenden Zeile verschoben.

Silbentrennung unter Verwendung der Trennhilfe

Die zeitaufwendige Methode der manuellen Silbentrennung können Sie sich sparen, indem Sie die Silbentrennung nachträglich durch Einsatz der Trennhilfe von WORD durchführen lassen. Dazu ist die Befehlsfolge *Bibliothek Trennhilfe* zu aktivieren. In dem Befehlsfeld *Trennvorschlag bestätigen* haben Sie die Wahl zwischen einer automatischen und einer halbautomatische Variante. Bei automatischer Silbentrennung trennt WORD die in Frage kommenden Worte ohne Rückfrage. Bei der halbautomatischen Variante bekommen Sie die Stelle im Wort angezeigt, an der WORD die Silbentrennung vornehmen würde. Sie können diesen Vorschlag bestätigen (durch Eingabe von *"J"*) oder die Trennstelle mit den *<Pfeiltasten>* verschieben. Eine selbst gewählte Trennstelle kann aber logischerweise nicht rechts von der von WORD vorgeschlagenen Trennstelle liegen. Anschließend ist die Trennung ebenfalls durch Eingabe von *"J"* zu bestätigen. Der Vorgang wird so oft wiederholt, bis alle Worte getrennt sind, oder mit der *<Esc>*-Taste abgebrochen. Den Abschluß des Trennvorgangs quittiert WORD mit einem Hinweis in der Meldungszeile, der Auskunft über die Anzahl der getrennten Worte gibt.

HINWEIS:

> Zu beachten ist, daß Word die Silbentrennung ab der Cursorposition durchführt. Der Cursor ist dementsprechend im Text zu positionieren.

Aufgabe: Setzen Sie die Trennhilfe ein, um im Übungstext die Silbentrennung durchzuführen.

VORGEHEN: Silbentrennung durch Einsatz der Trennhilfe

- Der Cursor wird an die Stelle im Text bewegt, ab der die Trennhilfe durchgeführt werden soll (hier: *an den Textanfang*).

- Im Hauptbefehlsmenü wird der Befehl *Bibliothek* und darin der Befehl *Trennhilfe* gewählt.

- Im Befehlsfeld *Trennvorschlag bestätigen* wird die Option *Ja* gewählt

- Die Trennhilfe wird mit der *<Return>*-Taste gestartet.

- WORD macht nun einen Trennvorschlag bei dem ersten Wort einer jeden Zeile, dessen Silbe(n) auf die vorhergehende Zeile passen würde, zu Beginn auf dem "p" von "Textproduktion".

  In der Meldungszeile erscheint die Aufforderung, den Trennvorschlag zu bestätigen, zu überspringen oder mit den Pfeiltasten eine andere Trennstelle zu markieren.

- Bestätigen Sie den ersten Trennvorschlag durch Eingabe von "*J*".

- Das nächste Wort, das WORD Ihnen zur Trennung vorschlägt, ist "Vervielfältigung". Verschieben Sie die Trennstelle mit der *<Pfeiltaste links>* auf die vorherige Silbe und bestätigen den Trennvorschlag mit "*J*".

- Die weiteren Trennvorschläge werden mit "*J*" übernommen.

- Nachdem der gesamte Text auf Trennmöglichkeiten geprüft wurde, erscheint in der Meldungszeile der Hinweis "*4 Wörter sind getrennt worden!*", und das Textfenster ist wieder aktiv.

Von·der·Schreibmaschine·zum·Textautomaten¶
¶
Schreibmaschinen·werden·seit·ca.·hundert·Jahren·zum·Schrei-
ben·benutzt.·Mit·ihrem·Einsatz·wird·das·Werkzeug·zur·Text-
produktion·eine·mechanische·Maschine,·die·es·ermöglicht,·
Texte·wesentlich·schneller·zu·erstellen.·Eine·Vervielfäl-
tigung·und·Korrektur·von·Texten·in·einem·Arbeitsgang·ist·
aber·noch·nicht·möglich.¶
¶
Erst·mit·der·Textautomation·ist·die·Korrektur·und·Verviel-
fältigung·der·Texte·in·die·Textproduktion·integrierbar.·Die·
elektronische·Textverarbeitung·vereinigt·Textproduktion,·
Textüberarbeitung·und·-korrektur·sowie·die·
Textvervielfältigung.¶
¶
Es·lassen·sich·vier·Typen·von·Textautomation·unterscheiden:¶
-·die·elektronische·Schreibmaschine¶
-·der·Textautomat¶
-·der·Mikrocomputer¶

```
BIBLIOTHEK TRENNHILFE Trennvorschlag bestätigen:(Ja)Nein
                      Großbuchstaben:(Ja)Nein
J um Trennstrich einzufügen N wenn nicht oder RICHTUNGSTASTEN zum Verschieben █
Sel Sp17          (-)                ?                        Microsoft Word
```

Abb. 2-19: Trennhilfe

2.8 Befehlsübersicht

Bibliothek Trennhilfe
> Führt nachträglich die Silbentrennung im Text durch. Es besteht die Wahlmöglichkeit zwischen automatischer und halbautomatischer - die von WORD ermittelte Trennung muß bestätigt werden - Variante.

Format Absatz Ausschließung
> Bestimmt die Absatzgestaltung, unter anderem die Ausrichtung der Zeilen im Absatz. Mögliche Optionen, linksbündig, rechtsbündig, zentriert oder Blocksatz. Die Tastenkombination *<Alt>* + *<Formatierungstaste>* der Ausrichtung führt ebenfalls zur gewünschten Formatierung.

Format Bereich Seitenrand
> Festlegung der Seitenränder, der Seitenlänge und der -breite für die Druckausgabe des Textes.

Format Zeichen
> Festlegung der Auszeichnung markierter Zeichen. Mit Ausnahme der Schriftart und -größe sowie der Umschaltung auf Großbuchstaben, lassen sich auch über die Tastenkombination *<Alt>* + *<Formatierungstaste>* der Auszeichnungsart die Formatierungen erreichen. Mögliche Optionen: Fett, KursIv, Unterstrichen, DurchgeStrichen, Großbuchstaben, Kapitälchen, Doppelt-Unterstrichen, Position (Normal, Hochgestellt, Tiefgestellt), Schriftart und Schriftgrad.

Funktionstaste <F5>
> Schaltet vom Einfügemodus, in dem Zeichen an der Cursorposition in den Text eingefügt werden, in den Überschreibmodus um und umgekehrt. Überschreibmodus bedeutet, daß die eingegebenen Zeichen einen bestehenden Text überschreiben.

Funktionstaste <F6>
> Stellt den Erweiterungsmodus zur Textmarkierung ein/aus.

3 Speichern Laden und Drucken von Text

Kapitel 3

- *zeigt, wie ein Text auf einer Diskette oder Festplatte gesichert und wieder geladen wird;*
- *erklärt, wie Pfadeinstellungen von WORD aus vorgenommen werden;*
- *führt vor, wie Text mit WORD auszudrucken ist und zeigt, welche Optionen WORD für das Ausdrucken von Texten bereitstellt;*
- *gibt Hinweise auf mögliche Fehlerquellen beim Ausdrucken von Texten.*

3.1 Speichern von Dateien

Sollten Sie noch Schwierigkeiten im Umgang mit Dateiverzeichnissen haben, lesen Sie zunächst den Abschnitt: Das Arbeiten mit MS-DOS im Anhang dieses Buches. In dieser Ergänzung wird Ihnen das Notwendigste im Umgang mit dem Betriebssystem DOS in Bezug auf die Verwaltung von Dateien gezeigt. Leser, die sich mit DOS auskennen, können mit dem Speichern von Dateien beginnen.

Der von Ihnen erfaßte Text wird, für den Benutzer unsichtbar, im Arbeitsspeicher des Computers ständig abgelegt. Allerdings bleiben die hierin gespeicherten Daten nur solange erhalten, wie der Computer mit Strom versorgt wird. Eine Unterbrechung der Stromzufuhr hat den Verlust der Daten zur Folge.

Um dieses Manko auszugleichen, verfügen Personal-Computer über externe Speichermedien, wie z. B. Disketten- und Festplattenlaufwerke, auf denen die Daten dauerhaft abgelegt (gespeichert) werden können. Von dort kann ein einmal gespeicherter Text jederzeit zum Zweck der erneuten Bearbeitung oder des Ausdruckens in den Arbeitsspeicher des Computers übertragen (geladen) werden.

Die auf einem externen Speicher abgelegten Daten werden dort in sogenannten Dateien verwaltet. Zur eindeutigen Unterscheidung bekommt jede Datei eine Bezeichnung, den Dateinamen. Dieser Dateiname besteht aus zwei Teilen, dem bis zu acht Zeichen umfassenden Namen und der bis zu drei Zeichen umfassenden Endung.

Aufgabe: Der Übungstext soll auf der Diskette im Laufwerk A unter dem Namen ÜBUNG1.TXT gespeichert werden.

HINWEIS:

Wird bei der Eingabe des Dateinamens die Endung nicht mit angegeben, ergänzt WORD den Dateinamen automatisch durch die Endung "TXT".

VORGEHEN: Erstmaliges Speichern des Textes auf der Diskette

- Aktivieren Sie die Befehlsfolge *Übertragen Speichern*.

- WORD speichert alle Dateien, wenn nichts abweichendes angegeben wird, im voreingestellten Pfad. Da der Text abweichend vom voreingestellten Laufwerk und Verzeichnis gespeichert werden soll, ist zusätzlich der Pfad (A:\) mit anzugeben:

  A:\ÜBUNG1.TXT

- Starten Sie den Speichervorgang mit der *<Return>*-Taste.

- Es erscheinen die Eingabefelder für die *Kurzinformation*, die erst im nächsten Abschnitt behandelt wird. Überspringen Sie diese durch nochmaliges Betätigen der *<Return>*-Taste.

Damit ist Ihr Text unter dem angegebenen Dateinamen im angegeben Laufwerk und Pfad gespeichert. Sie erkennen den Erfolg Ihrer Operation daran, daß rechts unten im Rahmen des Textfensters der Dateiname eingeblendet ist.

Aufgabe: Speichern Sie Ihren Text ebenfalls unter dem Namen ÜBUNG1.TXT auf der Festplatte. Es wird vorausgesetzt, daß ein Unterverzeichnis WORD5 zur Speicherung der Programmdateien und ein weiteres Unterverzeichnis SCHULUNG zur Speicherung Ihrer Übungsdateien eingerichtet worden ist.

HINWEIS:

Wenn Sie noch kein eigenes Unterverzeichnis eingerichtet haben, können Sie dies über die DOS-Schnittstelle tun, von der aus DOS-Befehle aufgerufen werden können: *Bibliothek Betriebssystem*. Der DOS-Befehl: *Command* führt Sie auf die DOS-Ebene, und Sie können dort weiterarbeiten. Der auf der DOS-Ebene eingegebene Befehl: *Exit* bringt Sie an die Stelle im Text zurück, an der Sie WORD verlassen haben.

VORGEHEN: Erstmaliges Speichern des Textes auf der Festplatte

- Aktivieren Sie die Befehlsfolge *Übertragen Speichern*.

- Geben Sie den Laufwerksnamen (C:), den Pfad (\WORD5\SCHULUNG\) und den Dateinamen (ÜBUNG1) ein:

  C:\WORD5\SCHULUNG\ÜBUNG1

- Starten Sie den Speichervorgang mit der *<Return>*-Taste.

```
ÜBERTRAGEN SPEICHERN Dateiname: ÜBUNG1█
                     Format:(Word)Nur-Text Nur-Text-mit-Zeilenumbrüchen RTF
Geben Sie bitte den Dateinamen ein!
Sel Spl              ()                    ?              Microsoft Word
```

Abb. 3-1: Übertragen/Speichern

HINWEIS:

> Sollten Sie sich bei der Eingabe des Dateinamens vertippt haben, können Sie den Fehler
> beheben, indem Sie den Cursor mit den Tasten *<F9>* oder *<F10>* nach links bzw.
> rechts bewegen. Zum Löschen von Zeichen stehen auch hier die *<Entf>*-Taste und die
> *<Rücktaste>* zur Verfügung.

Ausfüllen der Kurzinformation

Wenn Sie einen Text zum ersten Mal speichern, fordert WORD Sie auf, die
Kurzinformation auszufüllen, durch die Sie Ihren Text genauer charakterisieren
können, als es durch die Vergabe des Dateinamens möglich wäre. Sie sollten
diese Möglichkeit ständig nutzen, da Sie Ihnen z.B. das Auffinden von Texten
wesentlich erleichtert.

Aufgabe: Tragen Sie in die Kurzinformation als Titel die Überschrift des
Übungstextes und als Autor und Bearbeiter Ihren Namen ein.

VORGEHEN: Ausfüllen der Kurzinformation

- Geben Sie im Befehlsfeld *Titel* einen maximal 40 Zeichen umfassenden Titel für Ihren Text ein: *Von d. Schreibmaschine z.
  Textautomaten*

- Steuern Sie mit den *<Pfeiltasten>* und/oder der *<Tab>*-Taste
  die Befehlsfelder *Autor* und *Bearbeiter* an und tragen dort jeweils Ihren Namen ein.

- Schließen Sie die Eingabe mit der *<Return>*-Taste ab.

HINWEIS:

> Beachten Sie auch hier, daß mit den *<Pfeiltasten>* die Befehlsfelder angesteuert werden.
> Zur Bewegung des Cursors sind die Funktionstasten *<F9>* und *<F10>* zuständig.

```
KURZINFORMATION
   Titel: Von d. Schreibmaschine z. Textautomaten█ Version:
   Autor:                                          Erstellt am: 30.09.89
   Bearbeiter:                                     Überarbeitet am: 30.09.89
   Schlüsselworte:
   Kommentar:
Geben Sie bitte Text ein!
Sel Sp3            ()                 ?                          Microsoft Word
```

Abb. 3-2: Kurzinformation

Für das nochmalige Speichern derselben Datei - nachdem sie zum Beispiel zum
Überarbeiten erneut geladen wurde - kann die Angabe des Pfades entfallen, da
WORD auch den gesamten Pfad speichert. Sie müssen nur noch mit *<Return>*
bestätigen.

Aufgabe: Speichern Sie Ihren Text gleich noch einmal mit der Befehlsfolge
Übertragen Speichern.

HINWEIS:

    Sämtliche Veränderungen, die nach dem ersten Speichern am Text vorgenommen worden
sind, sind durch die erneute Speicherung nun gesichert. Vorsichtshalber legt Word jedoch
von der vorherigen Fassung des Textes eine Sicherungskopie unter demselben Dateinamen, aber mit der Erweiterung "SIK" (= Sicherungskopie) an.

Eine wesentlich schnellere Methode der Textspeicherung ist das Betätigen der
Tastenkombination *<Strg>* + *<F10>*, die den Speichervorgang direkt auslöst.

3.2 Automatisches Speichern

Für das Sichern von Texten bietet WORD ab der Version 5.0, neben den oben
beschriebenen manuellen Möglichkeiten, eine automatische Speicherfunktion
an. Durch die Bestimmung eines zeitlichen Intervalls veranlassen Sie WORD,
nach Ablauf dieses Intervalls automatisch einen Speichervorgang zu starten.
Zusätzlich können Sie bestimmen, ob die Speicherung mit oder ohne Ihre jeweilige ausdrückliche Bestätigung erfolgen soll.

Aufgabe: Legen Sie das Speicherintervall auf 15 Minuten fest.

VORGEHEN: Festlegen des automatischen Speicherintervalls.

- Aktivieren Sie im Hauptbefehlsmenü den Befehl *Zusätze*.

- Im Befehlsfeld *Auto-speichern* wird das Minuten-Intervall eingegeben, in dem gespeichert werden soll: *15*

- Im Befehlsfeld *Auto-speichern mit Bestätigung* wird die Option *Ja* markiert.

- Mit *<Return>* wird die Einstellung abgeschlossen.

```
AUSSCHNITT ZUSÄTZE Ausschnitt Nr.: 1
     Verborgener Text sichtbar:(Ja)Nein            Zeilenlineal: Ja(Nein)
       Sonderzeichen sichtbar: Nein Teilweise(Alle)      Layout: Ja(Nein)
            Zeilenumbrüche: Ja(Nein)             Gliederung: Ja(Nein)
         Druckformatspalte: Ja(Nein)
ALLGEMEINE ZUSÄTZE Warnton aus: Ja(Nein)         Kurzinformation:(Ja)Nein
            Maßeinheit: Zoll(Cm)10er-Teilung 12er-Teilung Punkt
            Bildschirm: 1                    Seitenumbruch:(Auto)Manuell
               Farben:                       Auto-speichern: 15
Auto-speichern mit Bestätigung: Ja Nein          Menü sichtbar:(Ja)Nein
         Ausschnittsrahmen:(Ja)Nein       Dezimaltrennzeichen: .(,)
               Zeitformat: 12(24)          Abstand Tabstopps: 1,25 cm
         Zeilennummern: Ja(Nein)           Leerzeilen zählen: Ja(Nein)
         Geschwindigkeit: 3                    Linienzeichen: (|)
         Rechtschreibung: C:\WORD5\SPELL-GE.LEX
Wählen Sie bitte eine Option!
Sel Spl            ()                 ?                    Microsoft Word
```

Abb. 3-3: Zusätze/Auto-speichern

Das Resultat: Von nun an wird WORD alle 15 Minuten einen Speichervorgang auslösen, vorausgesetzt, daß Änderungen am Text vorgenommen worden sind. Da Sie die Option *Bestätigen (Ja)* gewählt haben, erscheint vor der Speicherung in der Meldungszeile die Aufforderung, die Speicherung durch Eingabe eines *J* zu bestätigen oder mit *<Esc>* abzubrechen.

Bei der automatischen Speicherung legt WORD eine Datei mit dem von Ihnen vergebenen Dateinamen, jedoch mit der Endung "SVD" an. Wird WORD nicht ordnungsgemäß verlassen, kann beim erneuten Laden der Textdatei die von WORD erstellte Sicherungskopie in die manuell gespeicherte Textdatei integriert werden. WORD gibt beim Laden der Datei eine entsprechende Meldung.

HINWEIS:

Sie können das automatische Speichern aufheben, in dem Sie im Befehlsfeld: Auto-speichern eine 0 eintragen.

3.3 Laden eines gespeicherten Textes

Nachdem Sie Ihren Text gespeichert haben, könnten Sie WORD beenden und den Computer ausschalten oder mit einem anderen Programm, z. B. einem Tabellenkalkulationsprogramm weiterarbeiten. Ihre Daten sind auf dem externen Speichermedium gesichert und können bei Bedarf jederzeit in den Arbeitsspeicher des Computers übertragen (geladen) werden. Für die praktische Arbeit ist das von großer Bedeutung: Texte werden oftmals nicht in einem Arbeitsgang erstellt und müssen deshalb zur Überarbeitung oder zum Ausdrucken erneut geladen werden.

Aufgabe: Eine gespeicherte Datei (hier: die Datei ÜBUNG1.TXT) soll vom externen Speichermedium in den Arbeitsspeicher des Computers übertragen werden.

Verlassen Sie zunächst WORD mit dem Befehl *Quitt*, oder löschen Sie die Daten im Arbeitsspeicher mit der Befehlsfolge *Übertragen Bildschirmlöschen Gesamt*.

VORGEHEN: Laden eines gespeicherten Textes

- Falls Sie die Arbeit mit WORD durch den Befehl Quitt beendet haben, starten Sie das Programm erneut mit: WORD

- Aktivieren Sie die Menübefehle *Übertragen Laden*.

- Tragen Sie Pfad und Dateiname ein:

  C:\WORD5\SCHULUNG\ÜBUNG1

  oder

- lassen Sie sich mit *<F1>* eine Liste der im aktuellen Verzeichnis enthaltenen Dateien anzeigen.

  Da in diesem Verzeichnis: C:\WORD5 keine Dateien mit der Endung "TXT" gspeichert sind, erscheinen nur die Laufwerkssysmbole der an Ihrem Computer angeschlossenen Laufwerke: z.B. [A:], [C:], das Symbol für das übergeordnete Verzeichnis: [..] und die in diesem Verzeichnis angelegten Unterverzeichnisse: [SCHULUNG].

- Bewegen Sie die Markierung mit der *<Pfeiltaste rechts>* oder der *Maus* zum Verzeichnisnamen *[SCHULUNG]* und wechseln Sie mit *<Return>* in dieses Verzeichnis.

Sie bekommen die im Pfad C:\WORD5\SCHULUNG\ gespeicherten Dateien aufgelistet.

- Markieren Sie mit der *<Pfeiltaste rechts>* oder der Maus die
  gewünschte Datei ÜBUNG1.TXT.

- Mit *<Return>* wird die ausgewählte Datei von der Festplatte
  in den Arbeitsspeicher geladen und erscheint auf dem Bildschirm.

```
C:\WORD5\SCHULUNG\*.TXT
ÜBUNG1.TXT            [..]              [A:]              [C:]
```

```
ÜBERTRAGEN LADEN Dateiname: ÜBUNG1.TXT
                Schreibschutz: Ja(Nein)
Geben Sie bitte einen Dateinamen ein oder wählen Sie einen mit F1! (11194368 B)
Sel Spl              ()                 ?                      Microsoft Word
```

Abb. 3-4: Übertragen Laden über F1

3.4 Pfadeinstellungen in WORD

Ohne Angabe eines abweichenden Pfades erfolgt die Speicherung von Dateien
in dem Verzeichnis, von dem aus WORD gestartet wurde. In der Praxis werden
Sie Ihre Dateien zum überwiegenden Teil in einem bestimmten Verzeichnis

speichern (hier: \WORD5\SCHULUNG). Dieses Verzeichnis können Sie fest-legen, so daß der Pfad zum Speichern und auch zum Laden vorab bestimmt (voreingestellt) ist. Sie können bestimmen, ob diese Einstellung nur für eine "Arbeitssitzung", d. h. bis zum Verlassen von WORD Gültigkeit hat oder auch für die nächste Arbeitssitzung Bestand haben soll.

Aufgabe: Legen Sie das Verzeichnis \WORD5\SCHULUNG\ als Verzeichnis fest, in dem Ihre Dateien ständig gespeichert werden.

VORGEHEN: Voreinstellen des Verzeichnisses und Speichern zwischen den Sitzungen.

- Aktivieren Sie die Menübefehle *Übertragen Optionen*.

- Geben Sie den vollständigen Pfad ein:

  C:\WORD5\SCHULUNG

  oder

- lassen Sie sich mit *<F1>* eine Liste der vorhandenen Lauf-werke und Verzeichnisse anzeigen und bewegen Sie den Zeiger mit den *<Pfeiltasten>* oder der *Maus* auf das gewünschte Ver-zeichnissymbol: [SCHULUNG].

- Aktivieren Sie mit der *<Tab>*-Taste das Befehlsfeld: *Spei-chern zwischen den Sitzungen* und markieren mit der *<Leertaste>* die Option *Ja*.

- Mit *<Return>* werden die Einstellungen wirksam.

```
ÜBERTRAGEN OPTIONEN Laufwerk/Verzeichnis: C:\WORD5\SCHULUNG
             Speichern zwischen Sitzungen: Ja Nein
Wählen Sie bitte eine Option!
Sel Spl              ()                     ?                    Microsoft Word
```

Abb. 3-5: Übertragen Optionen

3.5 Drucken eines Textes

Nachdem Sie Ihren Text eingegeben, korrigiert, gestaltet und gespeichert ha-ben, sollten Sie ihn ausdrucken. Die Voraussetzung dafür ist ein angeschlos-sener und eingeschalteter Drucker, in dem Papier eingelegt und ausgerichtet ist.

Gedruckt werden können nur solche Texte, die sich im Arbeitsspeicher befinden.

Aufgabe: Drucken Sie Ihren Text aus.

VORGEHEN: Ausdruck eines Textes

- Lösen Sie im Hauptbefehlsmenü den Befehl *Druck* aus.

  Zur Erinnerung: Mit der *<Esc>*-Taste in den Befehlsbereich gehen, durch Betätigen der *<Pfeiltasten>* oder der *<Tab>*-Taste oder der *<Leertaste>* den Befehl markieren und die Auswahl mit *<Return>* bestätigen; oder: Anfangsbuchstaben "*D*" für Druck eingeben; oder: den Mauszeiger auf den Befehl *Druck* bewegen und die *linke Maustaste* betätigen.

- Rufen Sie im Untermenü den Befehl *Drucker* auf.

Resultat: Ihr Text wird ausgedruckt, über den Druckvorgang erhalten Sie in der Meldungszeile Nachricht.

Nachdem alle erforderlichen Daten von WORD an den Drucker übersendet wurden, erscheinen - noch während ausgedruckt wird - in der Meldungszeile die Anzahl der Zeilen und Wörter, die WORD während der Datenübertragung gezählt hat.

HINWEIS:

Sie können den Druckvorgang auch einfacher auslösen, indem Sie die Tastenkombination *<Strg>* + *<F8>* betätigen. Damit wird der Druck sofort ausgelöst. Sie begeben sich damit allerdings der in späteren Kapiteln erläuterten Möglichkeiten, im Untermenü von "Druck" wichtige Optionen auszuwählen.

3.5.1 Mögliche Probleme beim Ausdruck und deren Beseitigung

Sollte der Druck trotz Befehlsaktivierung nicht ausgelöst worden oder das Druckergebnis unbefriedigend sein, beachten Sie bitte nachfolgende Ausführungen zu möglichen Fehlerquellen und deren Beseitigung; anderenfalls können Sie an dem nächsten Punkt fortfahren.

Fehlende Druckerinformationen

Startet der Drucker nicht mit dem Ausdruck und erscheint zugleich in der Meldungszeile die Fehlermeldung:

```
DRUCK DRUCKER:

Es ist kein Druckertreiber geladen, J für Drucken oder N für Abbrechen! █
Sel Spl             ()                ?                     Microsoft Word
```

Abb. 3-6: Druck/Drucker Fehlermeldung

dann ist versäumt worden, bei der Installation von WORD die Datei mit den Druckerinformationen (sog. Druckertreiber) zu installieren.

In diesem Fall ist der Druckvorgang mit Eingabe von *N* und anschließender Betätigung der *<Esc>*-Taste abzubrechen.

Verlassen Sie nun WORD, indem Sie den Befehl *Quitt* auslösen, und wiederholen Sie den Teil der Installation, der für das Kopieren der Druckerinformationen zuständig ist.

Der Drucker ist nicht betriebsbereit

Wird nach der Befehlsaktivierung in der Meldungszeile angezeigt, daß der Drucker nicht betriebsbereit ist, können folgende Ursachen vorliegen:

- Der Drucker ist nicht eingeschaltet oder nicht richtig angeschlossen.

- Überprüfen Sie, ob der Drucker eingeschaltet ist und wenn das der Fall ist, ob er sich im online-Modus befindet. Sollte das nicht der Fall sein, machen Sie den Drucker betriebsbereit und setzen Sie den Druck durch Eingabe von *J* fort.

- Der Druckeranschluß ist WORD nicht richtig mitgeteilt worden.

- Um den Druckeranschluß zu überprüfen und gegebenenfalls zu ändern, müssen Sie den Befehl *Optionen* im *Druck*-Befehlsmenü aktivieren.

```
COM1:              ▐LPT1▌            LPT2:                    LPT3:
COM2:
```

```
DRUCK OPTIONEN Drucker: EPSONLQ2.prd      Druckeranschluß: ▐LPT1▌
  Modell: LQ-850                          Grafikauflösung: 180 dpi
  Exemplare: 1                            Konzept: Ja(Nein)
  Verborgener Text: Ja(Nein)             Kurzinformation: Ja(Nein)
  Umfang:(Alles)Markierung Seiten         Seitenzahlen:
  Absatzkontrolle:(Ja)Nein               Warteschlange: Ja(Nein)
  Papiervorschub: Endlospapier           Beidseitig: Ja(Nein)
Geben Sie bitte einen Anschluß ein oder wählen Sie einen mit F1!
Sel Spl            ()                    ?               Microsoft Word
```

Abb. 3-7: Druck/Optionen

VORGEHEN: Auswahl des Übertragungsanschlusses

- Beenden Sie mit der *<Esc>*-Taste den Druckvorgang und aktivieren Sie erneut den Befehl *Druck* und daraufhin im Druck-Menü den Befehl *Optionen*.

- Steuern Sie mit der *<Tab>*-Taste das Befehlsfeld *Druckeranschluß* an.

- Lassen Sie sich mit der Funktionstaste *<F1>* alle zur Verfügung stehenden Übertragungsanschlüsse (Schnittstellen) am Bildschirm anzeigen.

- Markieren Sie mit den *<Pfeiltasten>* bzw. mit der *Maus* denjenigen Anschluß, an der Ihr Drucker angeschlossen ist: LPTx für parallele, COMx für serielle Anschlußart.

Informieren Sie sich im Druckerhandbuch, für welche Art der Datenübertragung (parallel oder seriell) Ihr Drucker ausgerüstet ist.

- Bestätigen Sie nun mit der *<Return>*-Taste die ausgewählte Schnittstelle, und Sie befinden sich wieder im Untermenü Druck.

- Starten Sie den Druckvorgang erneut, indem Sie den Befehl *Drucker* aktivieren.

Ist die Art, wie Ihr Drucker Papier einzieht, nicht richtig eingestellt, müssen Sie ebenfalls, wie oben beschrieben, die Druck-Optionen aufrufen, um dann den Papiervorschub richtig zu bestimmen.

VORGEHEN: Festlegen des Papiereinzugs

- Aktivieren Sie die Befehle *Druck* und *Optionen*.

- Steuern Sie mit der *<Tab>*-Taste das Befehlsfeld *Papiervorschub* an, und lassen Sie sich mit Hilfe der *<F1>*-Taste die unterschiedlichen Papiereinzugs-Möglichkeiten auflisten.

- Wenn Ihr Drucker mit Endlospapier arbeitet, oder Sie über einen Einzelblatteinzug verfügen, markieren Sie die Einzugsart *Endlospapier*.

  Sollte bei Ihrem Drucker jedes Blatt Papier manuell eingelegt werden müssen, so wählen Sie die Einzugsart *"Manuell"*.

- Bestätigen Sie die Auswahl in jedem Fall mit *<Return>*, und starten Sie den Ausdruck erneut.

Unbefriedigende Druckausgabe

Sollte Ihr Drucker merkwürdige Zeichen ausgedruckt haben, so kann es sein, daß

- der falsche Druckertreiber bei der Installation ausgewählt, oder

- das Druckermodell nicht richtig eingestellt wurde.

In beiden Fällen müssen Sie durch Wahl der entsprechenden Optionen Abhilfe schaffen.

VORGEHEN: Druckermodell auswählen

- Aktivieren Sie die Befehle *Druck Optionen*.

- Steuern Sie mit der *<Tab>*-Taste das Befehlsfeld *Drucker* an, und lassen Sie sich durch Betätigen der *<F1>*-Taste eine Liste aller Druckertreiber auf dem Bildschirm anzeigen.

- Wählen Sie mit Hilfe der *<Pfeiltasten>* oder der *Maus* den für Sie in Frage kommenden Druckertreiber, und wechseln Sie zum Befehlsfeld *Druckermodell* durch Betätigen der *<Pfeiltaste unten>*.

- Betätigen Sie *<F1>*, und wählen Sie das entsprechende Druckermodell.

- Bestätigen Sie die Auswahl mit der *<Return>*-Taste.

- Starten Sie den Ausdruck erneut.

Sollte das Druckbild nun immer noch nicht so sein, wie Sie es eigentlich hätten erwarten können, so kann es auch daranliegen, daß der Drucker nicht in der Lage ist, entsprechend zu drucken.

Ein Typenraddrucker ist zum Beispiel nicht ohne weiteres in der Lage, in Kursivschrift zu drucken. Zu diesem Zweck muß der Drucker mit einem speziellen Typenrad bestückt sein.

HINWEIS:

Wenn Sie einmal durch den Unterbefehl *Optionen* im Druckermenü die richtigen Einstellungen vorgenommen haben, werden diese durch WORD automatisch gespeichert. Sie bleiben, auch wenn Sie WORD verlassen, gespeichert und bis zur erneuten Änderung Ihrerseits gültig.

3.6 Befehlsübersicht

Druck Drucker
> Aktiviert den Druckvorgang.

Druck Optionen
> Bestimmen von Druckerparametern, wie Druckertreiber, Druckeranschluß, Art des Papiertransports, etc.

Übertragen Speichern
> Speichern des im Arbeitsspeicher befindlichen Text auf ein externes Speichermedium (Festplatte, Diskette).

Übertragen Laden
> Laden eines auf einem externen Speicher abgelegten Textes in den Arbeitsspeicher.

Übertragen Optionen
> Voreinstellung des Laufwerkes/Verzeichnisses, in dem Dateien gespeichert bzw. aus dem Dateien geladen werden sollen.

Zusätze Auto-Speichern
> Festlegung eines Speicherintervalls, in dem WORD die Datei automatisch auf einem externen Speicher sichert. Der Speichervorgang muß ausdrücklich bestätigt werden, wenn im Befehlsfeld *Auto-speichern mit Bestätigung* die Option *Ja* gewählt wird.

4 Fortgeschrittene Textbearbeitung

In den seltensten Fällen ist ein einmal erfaßter, formatierter, korrigierter und schließlich ausgedruckter Text endgültig "zu den Akten" zu legen. Häufiger stellt sich heraus, daß eine Überarbeitung des Textes notwendig ist und verschiedene Textpassagen hinzugefügt, umgestellt oder gelöscht werden müssen. Auch wird oft erst angesichts der Druckfassung des Textes deutlich, daß die Gestaltung zu wünschen übrig läßt und an unterschiedlichen Stellen des Textes neue Formatierungen von Vorteil wären.

Das folgende Kapitel

- *erläutert, wie ein einmal erfaßter Text durch Umstellung von Wörtern, Sätzen oder Absätzen einfach verändert werden kann und wie Textpassagen durch andere ersetzt werden;*

- *zeigt, wie zwei Textdateien zu einem Text zusammengeführt werden können;*

- *führt Möglichkeiten vor, wie ein Text durch Bestimmen von Schriftart- und größe, von Einzügen und Zeilenabständen ansprechend gestaltet werden kann;*

- *erklärt, wie ein Text mit Kopf- und Fußzeilen sowie mit einer fortlaufenden Seitennumerierung versehen werden kann;*

- *beschreibt, wie über mehrere Seiten gehende längere Texte bereits am Bildschirm für den richtigen Seitenumbruch vorbereitet werden und wie Textpassagen ausgedruckt werden können.*

Abbildung 4-1 zeigt den formatierten und zusammengeführten Übungstext, der in den nachfolgenden Übungen bearbeitet wird, und der in der fertigen Fassung unter dem Dateinamen TEXT4-1.TXT auf der beiliegenden Übungsdiskette gespeichert ist.

Zur Geschichte der Schreibwerkzeuge   1

Von der Schreibmaschine zum Textautomaten

Schreibmaschinen werden seit ca. hundert Jahren zum Schreiben benutzt. Mit ihrem Einsatz wird das Werkzeug zur Textproduktion eine mechanische Maschine, die es ermöglicht, Texte wesentlich schneller zu erstellen. Eine Vervielfältigung und Korrektur von Texten in einem Arbeitsgang ist aber noch nicht möglich.

Erst mit der Textautomation ist die Korrektur und Vervielfältigung der Texte in die Textproduktion integrierbar. <u>Die elektronische Textverarbeitung vereinigt Textproduktion, Textüberarbeitung und -korrektur sowie die Textvervielfältigung.</u>

Es lassen sich *vier Typen von Textautomation* unterscheiden:

- die elektronische Schreibmaschine

- der Textautomat

- der Mikrocomputer

- das Mehrplatzsystem

Elektronische Schreibmaschinen haben Speicher oder in der Weiterentwicklung ein Zeilendisplay, so daß Texte korrigiert, variiert und mehrfach ausgedruckt werden können, wobei die geringe Speicherkapazität und der nicht sichtbare Text nachteilig sind.

Textautomaten dagegen verfügen über einen Bildschirm, eine Tastatur, externe Speichermöglichkeiten und einen Drucker. Sie unterscheiden sich im wesentlichen vom Mikrocomputer durch die Reduzierung auf Textverarbeitung.

Mikrocomputer bieten universelle Einsatzmöglichkeiten, je nachdem mit welchem Programm gearbeitet wird.

Wesentliche Merkmale von Textverarbeitungsprogrammen sind:

- ein einmal erfaßter Text ist vor dem Druck am Bildschirm jederzeit korrigier- und änderbar. Sie können Umstellungen, Einfügungen und Löschungen von Textteilen vornehmen.

- Texte können dauerhaft auf einem externen Speicher (Diskette oder Festplatte) abgelegt werden und bei Bedarf jederzeit neu bearbeitet und gedruckt werden.

- es ist möglich, Tabellen und Berechnungen aus anderen Programmen in Schriftstücke einzufügen und Briefe gleichen Inhalts mit hoher Auflage (Serienbriefe) zu erstellen.

- im laufenden Geschäftsbetrieb regelmäßig wiederkehrende Texte oder Textteile können als Textbausteine gespeichert und dann zu individuellen Texten neu zusammengestellt werden.

Abb. 4-1: Der formatierte, umgestellte und zusammengeführte Text

4.1 Umstellungen im Text vornehmen

Im folgenden sollen Sie einige Umstellungen in dem zweiten Teil des Textes "Von der Schreibmaschine zum Textautomaten" vornehmen. Der in Abbildung 4-1 dargestellte Text ist um einige Textpassagen erweitert. Diese Erweiterungen sind zunächst als eigenständiger Text einzugeben und werden an späterer Stelle mit dem ersten Textteil verknüpft. Bei der Eingabe sind eventuelle eigene Tippfehler zu korrigieren; vorgebene Tippfehler übernehmen Sie bitte.

Zur Erinnerung:

* *Löschen* von Zeichen: mit der *<Entf>*-Taste wird das Zeichen, *auf* dem der Cursor steht, gelöscht; die *<Rücktaste>* löscht das Zeichen *vor* dem Cursor.

* *Einfügen* von Zeichen: Positionierung des Cursors auf dem Zeichen, vor dem eingefügt werden soll.

* *Überschreiben* von Zeichen: mit der Funktionstaste *<F5>* in den Überschreibmodus wechseln und an der zu überschreibenden Textstelle die Zeichen eintippen.

Aufgabe: Erfassen Sie den in Abb. 4-2 gezeigten Text. Korrigieren Sie eigene Tippfehler sofort. Vorgegebene Schreibfehler übernehmen Sie bitte.

Textautomaten dagegen verfügen über einen Bildschirm, eine Tastatur, externe Speichermöglichkeiten und einen Drucker. Sie unterscheiden sich im wesentlichen von dem universellen Mikrocomputer durch die Reduzierung auf Textverarbeitung.

Elektronische Schreibmaschinen verfügen über einen Speicher oder in der Weiterentwicklung ein Zeilendisplay, so daß Texte korrigirt, variiert und mehrfach ausgedruckt werden können, wobei die geringe Speicherkapazität und der nicht sichtbare Text nachteilig sind.

Mikrocomputer verfügen über vielfältige Einsatzmöglichkeiten, je nachdem mit welchem Programm gearbeitet wird. Wesentliche Merkmale von Textverarbeitungprogrammen sind:

- ein einmal erfaßter Text ist am Bildschirm vor dem Druck jederzeit korrigir- und änderbar. Sie können Umstellungen, Einfügungen und Löschungen von Textteilen vornehmen.

- Texte können dauerhaft auf einem externen Speicher (Diskette oder Festplatte) abgelegt werden und bei Bedarf jederzeit neu bearbeitet oder gedruckt werden.

- es ist möglich Tabellen und Berechnungen aus anderen Programmen in Schriftstücke einzufügen und Briefe gleichen Inhalts mit hoher Auflage (Serienbriefe) zu erstellen.

- im laufenden Geschäftsbetrieb regelmäßig wiederkehrende Texte oder Textteile können als Textbausteine gespeichert und dann zu individuellen Texten neu zusammengestellt werden.

Abb. 4-2: Übungstext

4.2 Text umstellen und kopieren

Die Überarbeitung eines Textes muß nicht immer daraus bestehen, alte Passagen zu löschen und durch neue zu ersetzen. Oftmals reicht es aus Wörter, Absätze oder auch längere Textpassagen innerhalb des Textes einfach umzustellen, um die Wirkung eines Textes zu erhöhen.

4.2.1 Text umstellen

Text umstellen bedeutet, ihn von seiner momentanen Position zu entfernen und an anderer Stelle wieder einzufügen. Textpassagen, die umgestellt werden sollen, sind zunächst, analog dem Vorgehen bei der Zeichenformatierung, zu markieren und danach mit dem Befehl *Löschen* oder der *<Entf>*-Taste zunächst zu löschen. Der Löschvorgang bewirkt, daß der Text in einen als "Papierkorb" bezeichneten Zwischenspeicher übertragen wird. Im Anschluß daran ist der Cursor an die Stelle im Text zu positionieren, an der der Text eingefügt werden soll. Mittels des Befehls *Einfügen* oder der *<Einfg>*-Taste wird der Papierkorbinhalt abgerufen und in den Text übertragen.

HINWEIS:

> Der Papierkorbinhalt wird zwischen den runden Klammern () in der Statuszeile angezeigt. In diesem kann ein beliebig langer Text aufbewahrt und bei Bedarf wieder abgerufen werden. Zu beachten ist, daß jeweils nur der zuletzt gelöschte Text im Papierkorb zwischengespeichert wird.

Löschen und Einfügen von Textteilen mit Hilfe von Menübefehlen

Aufgabe: Ändern Sie im vierten Absatz des Textes die Wortreihenfolge dahingehend, daß der Satz lautet: "ein einmal erfaßter Text ist vor dem Druck am Bildschirm jederzeit korrigier- und änderbar".

VORGEHEN: Löschen und Einfügen von Textteilen über das Befehlsmenü

- Markieren Sie die Worte *am Bildschirm*. Positionieren Sie dazu den Cursor auf dem *"a"* des Wortes *"am"*, schalten Sie mit *<F6>* den Erweiterungsmodus ein und betätigen Sie zweimal die Funktionstaste *<F8>* (= Wort rechts markieren).

- Rufen Sie den Befehl *Löschen* auf. Es folgt die Abfrage *Löschen in: ()*. Durch Auslösen der *<Return>*-Taste wird der markierte Textabschnitt in den Papierkorb gelöscht. In der Statuszeile ist danach in Klammern der im Papierkorb befindliche Text dargestellt:

  (am Bildschirm).

- Bewegen Sie den Cursor an die Stelle, an der der Papierkorbinhalt eingefügt werden soll (hier: nach dem Wort *Druck*).

- Aktivieren Sie nun den Befehl *Einfügen* und bestätigen Sie die Abfrage *EINFÜGEN aus: ()* mit *<Return>*. Der im Papierkorb befindliche Text wird sofort an der Cursorposition eingefügt.

```
·ein·einmal·erfaßter·Text·ist·am·Bildschirm·vor·dem·Druck·
jederzeit·korrigier-·und·änderbar.·Sie·können·Umstellungen,·
Einfügungen·und·Löschungen·von·Textteilen·vornehmen.¶

BEFEHL: Ausschnitt Bibliothek Druck Einfügen Format Gehezu Hilfe Kopie
        Löschen Muster Quitt Rückgängig Suchen übertragen Wechseln Zusätze
Fügt Text aus dem Papierkorb oder einem Textbaustein ein. Führt Makros aus
Sel Sp45            ()                   ?                ER        Microsoft Word
```

Abb. 4-3a Löschen von Zeichen

```
*  ¶
*  -·ein·einmal·erfaßter·Text·ist·vor·dem·Druck·jederzeit·korrigier-·
   und·änderbar.·Sie·können·Umstellungen,·Einfügungen·und·Löschungen·
   von·Textteilen·vornehmen.¶
*  ¶

EINFÜGEN aus: {}

Geben Sie bitte einen Textbausteinnamen ein oder wählen Sie einen mit F1!
Sel Sp46          (am·Bildschirm·)                          Microsoft Word
```

Abb. 4-3b: Einfügen von Text

Löschen und Einfügen über die Tastatur

Auch ohne den Weg über das Hauptbefehlsmenü kann Text im Zwischenspeicher (Papierkorb) abgelegt und an anderer Stelle eingefügt werden. Dieses wird erreicht durch Anwendung der *<Entf>*- und der *<Einfg>*-Taste.

Aufgabe: Die Absätze 1 und 2 des Übungstextes sollen vertauscht werden.

VORGEHEN: Löschen und Einfügen von Textteilen über die Tastatur

- Bewegen Sie den Cursor in den *ersten* Absatz des Textes
- Markieren Sie den Absatz mit der Funktionstaste *<F10>* (= *Absatz markieren*) und betätigen Sie die *<Entf>*-Taste. Der markierte Text wird sofort in den Papierkorb gelöscht.
- Positionieren Sie den Cursor an der Stelle, an der der in den Papierkorb gelöschte Absatz eingefügt werden soll (hier: *nach dem zweiten Absatz*), und betätigen Sie die *<Einfg>-Taste.* Sofort wird der Text an der Cursorposition eingefügt.

HINWEIS:

Mit der Tastenkombination *<Umschalt>* + *<Entf>* können Sie Textpassagen unwiderruflich löschen, so daß diese gar nicht erst im Papierkorb landen.

4.2.2 Kopieren von Textteilen

Der Vorgang des Kopierens von Textteilen ist ähnlich zu der beschriebenen Methode der Textumstellung. In diesem Fall wird der vorher markierte Text nicht gelöscht, sondern mit dem Befehl *Kopie* ein Duplikat im Papierkorb abgelegt.

Wie viele andere Befehle kann auch der Kopier-Befehl mit einer Tastenkombination(hier: *<Alt> + <F3>*) aktiviert werden, so daß der Weg über das Befehlsmenü entfallen kann.

```
KOPIE in: ()

Geben Sie bitte einen Textbausteinnamen ein oder wählen Sie einen mit F1!
Sel Spl            (.)                                        Microsoft Word
```

Abb. 4-4: Kopieren von Text

Aufgabe: Probieren Sie die Wirkung des Kopierbefehls aus, indem Sie den ersten Absatz des Textes an das Textende kopieren.

VORGEHEN: Kopieren von Text

- Positionieren Sie den Cursor im ersten Absatz des Textes und markieren Sie ihn mit *<F10>*.

- Aktivieren Sie den Befehl: *Kopie* und bestätigen Sie *Kopie in:()* durch *<Return>*.

- Positionieren Sie den Cursor an das Textende durch Betätigen der Tastenkombination *<Strg> + <Bild unten>*.

- Betätigen Sie die *<Einfg>*-Taste, um den Text an dieser Stelle einzufügen.

Der Absatz besteht nun zweimal in Ihrem Text: am Textanfang und am Textende.

Aufgabe: Löschen Sie bitte den am Textende eingefügten Absatz endgültig.

VORGEHEN: Unwiderbringliches Löschen von Text

- Markieren Sie den letzten Absatz des Textes mit *<F10>*.

- Betätigen Sie *<Umschalt> + <Entf>*.

4.3 Eine Aktion rückgängig machen

Im Laufe Ihrer Arbeit mit dem Textverarbeitungsprogramm wird es Ihnen des öfteren passieren, daß Sie eine Aktion oder Befehlsfolge auslösen, die Sie gerne zurücknehmen würden. WORD bietet mit dem Befehl *Rückgängig* die Möglichkeit, die zuletzt vorgenommene Aktion rückgängig zu machen, was insbesondere bei versehentlich erfolgtem Löschen von Texten sehr hilfreich sein kann. Bei einigen Aktionen, wie beispielsweise dem Speichern des Textes, ist dies jedoch nicht möglich.

```
BEFEHL: Ausschnitt Bibliothek Druck Einfügen Format Gehezu Hilfe Kopie
        Löschen Muster Quitt Rückgängig Suchen übertragen Wechseln Zusätze
Macht die letzte Änderung des Textes oder den letzten Befehl rückgängig
Sel Spl          (.)                                        Microsoft Word
```

Abb. 4-5: Befehl Rückgängig

Aufgabe: Löschen Sie bitte den letzten Absatz Ihres Übungstextes und machen Sie im Anschluß daran die Aktion wieder rückgängig.

VORGEHEN: Die zuletzt ausgelöste Aktion rückgängig machen

- Markieren Sie den letzten Absatz mit *<F10>* und lösen Sie die Tastenkombination *<Umschalt>* + *<Entf>* aus, um den Absatz zu löschen.

- Rufen Sie den Befehl *Rückgängig* auf, und der gelöschte Absatz wird wieder an der alten Textstelle eingefügt.

Die Tastenkombination zum Befehl *Rückgängig* lautet *<Umschalt>* + *<F1>*.

4.4 Suchen und Austauschen von Textpassagen

Beim Überarbeiten und Korrigieren von Texten kann es teilweise sehr aufwendig sein, mittels der *<Pfeiltasten>* durch den Text zu wandern, um die Korrekturen auszuführen. Umständlich ist dieses Vorgehen immer dann, wenn es sich um einen immer wieder im gesamten Text auftauchenden Schreibfehler handelt, oder wenn ein bestimmter Begriff wiederholt gebraucht wurde, den man im Nachhinein gerne durch einen oder verschiedene andere Begriffe ersetzt hätte. Für solche Korrekturen liefert WORD eine effektive Hilfestellung, die nicht nur arbeitserleichternd wirkt, sondern auch die Sicherheit bietet, daß der entsprechende Schreibfehler oder der unliebsame Begriff an keiner Stelle des Textes übersehen wird.

4.4.1 Suchen von Textteilen

Mit Hilfe des Befehls *Suchen* können Zeichenfolgen im Text aufgefunden und dann nach Wunsch korrigiert werden. Die Abbildung 4-3 zeigt die Befehlsfelder des Befehls *Suchen*. Der Suchbegriff kann bis zu 40 Zeichen umfassen. Weiterhin kann im Befehlsfeld *Richtung* die Suchrichtung bestimmt werden. Die Suche erfolgt ab der Cursorposition in die angegebene Richtung. Mit der Bestimmung im Befehlsfeld *Graphie* legen Sie fest, ob bezüglich der Groß/bzw.Kleinschreibung vollständige Übereinstimmung zwischen Suchbegriff und aufgefundenen Zeichenfolgen bestehen muß. Im Befehlsfeld *Nur Wort* kann die Suche auf ausschließlich ganze Worte begrenzt werden.

```
SUCHEN Suchbegriff: verfügen über
       Richtung:(Nach-oben)Nach-unten     Graphie:(Ja)Nein     Nur Wort: Ja Nein
Wählen Sie bitte eine Option!
Sel Spl            (.)                                          Microsoft Word
```

Abb. 4-6: Befehlsfelder Suchen

Aufgabe: Lassen Sie sich mit Hilfe des Suchen-Befehls alle diejenigen Textstellen anzeigen, an denen in Ihrem Übungstext die Worte "verfügen über" vorkommen. Ersetzen Sie die zu häufig vorkommenden Begriffe per Hand an zwei Stellen, und zwar einmal durch "haben" und zum anderen durch "bieten".

VORGEHEN: Suchen im Text

- Lösen Sie den Befehl *Suchen* aus.

- Im Befehlsfeld *Suchen Suchbegriff* wird die Zeichenfolge angeben, die gesucht werden soll (hier: *verfügen über*).

- Mit der *<Tab>*-Taste zum Befehlsfeld: *Richtung* wechseln und durch Betätigen der *<Leertaste>* die Richtung wählen, in der gesucht werden soll (hier: *nach oben*).

- Das Befehlsfeld *Graphie* ansteuern und die Option *Ja* markieren.

- Im Befehlsfeld *Nur Wort* ist ebenfalls die Option *Ja* zu wählen.

- Starten Sie den Suchvorgang durch Auslösen der *<Return>*-Taste.

- Der erste gefundene Suchbegriff erscheint hell unterlegt. Löschen Sie mit der *<Entf>*-Taste den Begriff, und geben Sie den Ersatzbegriff *"bieten"* ein.

- Starten Sie den Suchvorgang erneut durch Auslösen der Tastenkombination *<Umschalt>* + *<F4>*. Wieder erscheint der Suchbegriff markiert. An dieser Stelle ist er beizubehalten.

- Starten Sie mit *<Umschalt>* + *<F4>* den Suchvorgang erneut. Löschen Sie den gefundenen Suchbegriff mit *<Entf>* und geben Sie den Ersatzbegriff *"haben"* ein.

- Wiederholen Sie den Suchvorgang solange, bis in der Meldungszeile der Hinweis erscheint: *"Suchbegriff nicht gefunden!"*

```
Elektronische·Schreibmaschinen·verfügen·über·Speicher·oder·in·der·
Weiterentwicklung·ein·Zeilendisplay,·so·daß·Texte·korrigirt,·
variiert·und·mehrfach·ausgedruckt·werden·können,·wobei·die·geringe·
Speicherkapazität·und·der·nicht·sichtbare·Text·nachteilig·sind.¶
¶
Textautomaten·dagegen·verfügen·über·einen·Bildschirm,·eine·
Tastatur,·externe·Speichermöglichkeiten·und·einen·Drucker.·Sie·
unterscheiden·sich·im·wesentlichen·vom·Mikrocomputer·durch·die·
Reduzierung·auf·Textverarbeitung.¶
¶
Mikrocomputer·bieten·universelle·Einsatzmöglichkeiten,·je·nachdem·
mit·welchem·Programm·gearbeitet·wird.·Wesentliche·Merkmale·von·
Textverarbeitungsprogrammen·sind:¶
¶
-·ein·einmal·erfaßter·Text·ist·vor·dem·Druck·am·Bildschirm·
jederzeit·korrigier-·und·änderbar.·Sie·können·Umstellungen,·
Einfügungen·und·Löschungen·von·Textteilen·vornehmen.¶
¶
-·Texte·können·dauerhaft·auf·einem·externen·Speicher·(Diskette·
```

```
BEFEHL: Ausschnitt Bibliothek Druck Einfügen Format Gehezu Hilfe Kopie
        Löschen Muster Quitt Rückgängig Suchen übertragen Wechseln Zusätze
Bearbeiten Sie bitte Ihren Text oder unterbrechen Sie zum Hauptbefehlsmenü!
Sel Sp44        (verfügen·über·)  ?                          Microsoft Word
```

Abb. 4-7: Suchen im Text

4.4.2 Eine Zeichenfolge suchen und durch eine andere ersetzen

Im vorherigen Abschnitt haben Sie einen Begriff gesucht und an unterschiedlichen Stellen "manuell" durch verschiedene andere Begriffe ersetzt. Mit dem

Befehl *Wechseln* ist es zudem möglich, eine Zeichenfolge suchen und durch eine andere maximal 255 Zeichen umfassende Zeichenfolge ersetzen zu lassen. Dabei kann bestimmt werden, ob der Wechsel automatisch erfolgen soll oder erst nach Bestätigung. Im Gegensatz zu der Richtungsoption des Befehls *Suchen* kann hier die Suchrichtung nicht bestimmt werden. Der Text wird immer ab der Cursorposition von oben nach unten durchsucht.

Aufgabe: In dem Text wurde das Wort "korrigieren" durchgängig falsch geschrieben, nämlich "korrigiren", und soll berichtigt werden.

VORGEHEN: Wechseln von Zeichenfolgen

- Bewegen Sie den Cursor an den Textanfang mit *<Strg> + <Bild oben>*.

- Den Befehl *Wechseln* aktivieren und im Befehlsfeld *Ersetze* die zu ersetzende Zeichenfolge eingeben (hier: *korrigi*).

- Im Befehlsfeld *Durch* ist der Ersatzbegriff einzugeben (hier: *korrigie*).

- Die Option *Ja* im Befehlsfeld *Mit Bestätigung* ist zu markieren.

- Im Befehlsfeld *Graphie* die Option *Nein* markieren, da keine Übereinstimmung bezüglich der Groß- und Kleinschreibung zwischen Suchbegriff und zu findendem Wort bestehen soll.

- Es soll kein abgeschlossenes Wort, sondern alle Wortkombinationen gesucht werden, in denen die gesuchte Zeichenfolge "korrigi" enthalten ist. Deshalb ist die Option: *Nein* im Befehlsfeld *Nur Wort* zu wählen.

- Starten Sie den Wechselvorgang durch Auslösen der *<Return>*-Taste.

  In der Meldungszeile erscheint bei jedem Vorkommen des Suchbegriffs *"J zum Ersetzen; N um zu belassen und fortzufahren oder unterbrechen Sie!"* Die Eingabe von *J* bewirkt den Austausch der Zeichenfolgen, *N* setzt die Suche fort ohne zu tauschen. Mit *<Esc>* kann der Vorgang unterbrochen werden. Vorherige Tauschvorgänge werden allerdings nicht zurückgenommen.

- Bestätigen Sie jeden Wechselvorgang mit *J*.

Elektronische·Schreibmaschinen·haben·Speicher·oder·in·der·
Weiterentwicklung·ein·Zeilendisplay,·so·daß·Texte·korrigiert,·
variiert·und·mehrfach·ausgedruckt·werden·können,·wobei·die·geringe·
Speicherkapazität·und·der·nicht·sichtbare·Text·nachteilig·sind.¶
¶
Textautomaten·dagegen·verfügen·über·einen·Bildschirm,·eine·
Tastatur,·externe·Speichermöglichkeiten·und·einen·Drucker.·Sie·
unterscheiden·sich·im·wesentlichen·vom·Mikrocomputer·durch·die·
Reduzierung·auf·Textverarbeitung.¶
¶
Mikrocomputer·bieten·universelle·Einsatzmöglichkeiten,·je·nachdem·
mit·welchem·Programm·gearbeitet·wird.·Wesentliche·Merkmale·von·
Textverarbeitungsprogrammen·sind:¶
¶
-·ein·einmal·erfaßter·Text·ist·vor·dem·Druck·am·Bildschirm·
jederzeit·korrigir-·und·änderbar.·Sie·können·Umstellungen,·
Einfügungen·und·Löschungen·von·Textteilen·vornehmen.¶
¶
-·Texte·können·dauerhaft·auf·einem·externen·Speicher·(Diskette·

WECHSELN Ersetze: korrigi   Durch: korrigie
 Mit Bestätigung:(Ja)Nein   Graphie: Ja(Nein)   Nur Wort: Ja(Nein)
J zum Ersetzen; N um zu belassen und fortzufahren oder unterbrechen Sie! █
Sel Sp57   (0)   ?   Microsoft Word

Abb. 4-8: Wechseln

4.5 Das Zusammenführen von Texten

Das Zusammenführen von Texten kann immer dann notwendig sein, wenn inhaltlich zusammengehörige Texte oder Textteile in verschiedenen Dateien gespeichert und zum Beispiel gemeinsam ausgedruckt werden sollen. Das Verteilen inhaltlich zusammengehöriger Texte auf verschiedene Dateien ist empfehlenswert, wenn abzusehen ist, daß der Gesamttext einen größeren Umfang erreichen wird. Zum Beispiel können die Kapitel eines Buches in verschiedenen Dateien abgelegt werden, statt diese gemeinsam in einer Datei zu verwalten. Neben dem Verlust an Übersicht wird dadurch auch eine Reduzierung der Verarbeitungsgeschwindigkeit vermieden. Liegen alle Teile des Gesamttextes in ihrer endgültigen Fassung vor, können diese zusammengeführt und gemeinsam ausgedruckt werden.

Der Vorgang des Zusammenführens von Dateien entspricht im Grunde dem Laden von Dateien, mit dem Unterschied, daß die Datei zu dem im Arbeitsspeicher bereits befindlichen Text hinzugefügt wird. Zu diesem Zweck ist die Befehlsfolge *Übertragen Zusammenführen* zu wählen. Dabei ist zu beachten, daß der "nachgeladene" Text an der Cursorposition in den aktuellen Text eingefügt wird.

ÜBERTRAGEN ZUSAMMENFÜHREN Dateiname: ÜBUNG1█

Geben Sie bitte einen Dateinamen ein oder wählen Sie einen mit F1!
Sel Spl   ()   ?   Microsoft Word

Abb. 4-9: Übertagen Zusammenführen

Aufgabe: Wie Sie sicher bemerkt haben, gehört der im ersten Kapitel erfaßte Übungstext, der in der Datei ÜBUNG1.TXT gespeichert ist, inhaltlich an den Anfang des von Ihnen gerade bearbeiteten Textes. Diese Datei soll mit dem aktuellen Text zusammengeführt werden.

VORGEHEN: Zusammenführen von Text

- Positionieren Sie mittels Tastenkombination *<Strg> + <Bild oben>* den Cursor an den Textanfang.

- Aktivieren Sie den Befehl *Übertragen Zusammenführen*.

- Sie werden aufgefordert, den Dateinamen einzugeben.

- Geben Sie den Dateinamen ÜBUNG1.TXT ein, oder rufen Sie mit *<F1>* die Dateiliste ab und markieren mit Hilfe der *<Pfeiltasten>* den Dateinamen ÜBUNG1.TXT.

- Bestätigen Sie mit *<Return>*.

Der Übungstext ÜBUNG1.TXT wird umgehend an der Cursorposition in den Ausgangstext eingefügt.

Arbeiten mit unterschiedlichen Bereichen

Es ist Ihnen sicher aufgefallen, daß zwischen dem ersten Teil des Textes, den Sie soeben mit dem neu erfaßten Text verknüpft haben, eine doppelte Punktlinie, die sogenannte Bereichsmarke, angezeigt wird. Diese Marke symbolisiert das Ende eines Bereichs. Ein Text kann demzufolge nicht nur in einen, sondern in mehrere Bereiche aufgeteilt sein, und jeder dieser Bereiche kann eine von den anderen Bereichen abweichende Formatierung enthalten. Die Aufteilung eines Textes in Bereiche ist dann notwendig, wenn beispielsweise Textpassagen mit anderen Seitenrändern gedruckt werden sollen.

Immer wenn Sie in einem Text mehrere Bereichsformatierungen vornehmen wollen, ist der Text durch eine Bereichsmarke voneinander zu trennen, die mittels *<Strg>* + *<Return>* erzeugt wird. Danach kann jeder Bereich für sich formatiert werden, in dem der Cursor in diesen Bereich positioniert und danach im Befehlsmenü *Format Bereich* mit einem der dort vorhandenen Befehle eine Bereichsformatierung vorgenommen wird (zum Beispiel die Einstellung der Randmaße für die Seite über den Befehl *Format Bereich Seitenrand*).

Aufgabe: Überprüfen Sie, welche Bereichsformatierungen für die beiden Bereiche gültig sind.

VORGEHEN: Überprüfen von Bereichsformatierungen

- Bewegen Sie den Cursor mit der *<Pfeiltaste oben>* in den Text oberhalb der Bereichsmarke.

  Die Bereichsanzeige in der Statuszeile springt auf *B1* (= Bereich 1).

- Aufruf des Befehls *Format Bereich Seitenrand*.

  Sie sehen die von Ihnen in Kapitel 2 vorgenommene Seitenformatierung für den unter dem Namen ÜBUNG1.TXT gespeicherten Text.

  Oben: 2,5cm Unten: 2cm Links: 2,7cm Rechts: 3cm, Seitenlänge: 29,7 cm oder 30,5 cm

- Unterbrechen Sie den Befehl mit *<Esc>*, und bewegen Sie den Cursor mit der *<Pfeiltaste unten>* in den neu erfaßten Übungstext unterhalb der Bereichsmarke.

  Damit ist der Bereich 2 aktiviert und die Bereichsanzeige in der Statuszeile springt auf *B2*.

- Aufruf der Befehlsfolge *Format Bereich Seitenrand*.

  Da für den neu erfaßten Text noch keine Bereichsformatierung vorgenommen wurde, ist die Standardeinstellung gültig:

  Oben: 2,5cm Unten: 2cm Links: 2cm Rechts: 2cm, Seitenlänge: 29,7 cm

- Unterbrechen Sie den Befehl mit *<Esc>*.

Wird ein Text, der in unterschiedliche Bereiche aufgeteilt ist, gedruckt, so erscheint der den einzelnen Bereichen zugewiesene Text in der für den jeweiligen Bereich gültigen Formatierung.

Bereichsmarken löschen

Soll ein Bereich aufgehoben werden, so ist die entsprechende Bereichsmarke zu löschen. Der Cursor wird auf die Bereichsmarke gestellt und mit der *<Entf>*-Taste wird diese gelöscht. Mit der Entfernung einer Bereichsmarke verschwinden auch sämtliche für diesen Bereich gültigen Formatierungen, da diese in der Bereichsmarke gespeichert sind, und die Formatierungen eines eventuell darunter liegenden Bereichs werden gültig.

Aufgabe: In dem Übungsbeispiel soll der gesamte Text nur aus einem Bereich bestehen. Löschen Sie deshalb die Bereichsmarke.

VORGEHEN: Löschen einer Bereichsmarke

- Positionieren Sie den Cursor auf der Bereichsmarke, und betätigen Sie die *<Entf>*-Taste.

Abb. 4-10: Bereichsmarke löschen

- Aktivieren Sie den Befehl *Format Bereich Seitenrand*. Die im Augenblick gültigen Standardbereichsformate ersetzen Sie durch folgende Seitenrandbestimmung: *Oben 3,5 cm, Unten 3,5 cm, Links 2,7 cm und Rechts 3 cm.*

Speichern Sie den zusammengeführten Text unter dem Dateinamen ÜBUNG2. Den Speichervorgang starten Sie mittels Befehlsfolge *Übertragen Speichern* oder per Tastenkombination *<Strg> + <F10>*.

4.6 Fortgeschrittene Textgestaltung

Im Kapitel 2 haben Sie einige einfache Möglichkeiten der Textgestaltung kennengelernt. Um die ganze Palette der weitergehenden Formatierungsmöglichkeiten effektiv einsetzen zu können, bedarf es natürlich der Übung und Routine. Darüber hinaus ist es aber auch sehr wichtig, die Formatierungssystematik von WORD wirklich verstanden zu haben. Deshalb sollen an dieser Stelle die drei wesentlichen Formatierungsarten noch einmal kurz skizziert werden:

- Die *Zeichenformatierung* (Auszeichnung) bestimmt die Gestaltung der einzelnen Zeichen des Textes. Zu der Zeichenformatierung zählen unter anderem die Festlegung von Schriftart und Schriftgrad.

- Die *Absatzformatierung* bestimmt die Anordnung der Textzeilen innerhalb der einzelnen Absätze. Die Wahl der Ausrichtung, die Festlegung des Zeilenabstands und der Randeinzüge sind Merkmale der Absatzformatierung.

- Die *Seiten/Bereichsformatierung* ist die Formatierungsart, über die unter anderem die Seitengröße, die Randmaße und die Anordnung von Kopf- bzw. Fußzeilen festgelegt werden. Zur Bereichsformatierung gehört auch die Integration von Seitenzahlen in den Text.

In den nachfolgenden Abschnitten werden Sie an die konkrete Anwendung der möglichen Optionen innerhalb der Formatierungsebenen herangeführt, die über das bisher gelernte hinausgehen. Wiederholen Sie zunächst Ihnen schon bekannte Formatierungsaktionen anhand des neu eingegebenen Textes.

Aufgabe: Der nachträglich erfaßte Text soll dergestalt formatiert werden, daß jeweils die ersten Begriffe der neu eingegebenen Absätze (Elektronische Schreibmaschinen, Textautomaten, Mikrocomputer) kursiv und fett ausgezeichnet und der gesamte Neutext in Blocksatz ausgerichtet werden.

VORGEHEN: Formatierung von Zeichen in Fett- und Kursivschrift; Ausrichtung von Absätzen im Blocksatz

- Markieren Sie den jeweils zu formatierenden Text, indem Sie entweder mit der Befehlswahl *Format Zeichen Fett:(Ja)* und *Kursiv:(Ja)* oder mit den Tastenkombinationen *<Alt>+<F>* sowie *<Alt>+<I>* den Text formatieren.

- Markieren Sie den neu eingegebenen Text mit *<F6>* (= Erweitern) und *<F10>* (= *Absatz markieren*).

- Formatiert wird entweder mit dem Befehl *Format Absatz*, Markierung der Option *Block* im Befehlsfeld *Ausrichtung* mit der *<Leertaste>* und Bestätigung mit *<Return>* oder durch durch Betätigung der Tastenkombination *<Alt>+<B>*.

4.6.1 Bestimmung von Schriftart und Schriftgrad

Ein oft verwendetes Stilmittel der Textgestaltung ist die Hervorhebung von Zeichen durch die Verwendung unterschiedlicher Schriftarten und Schriftgrö ßen. In Abhängigkeit von den Möglichkeiten des installierten Druckers steht Ihnen eine unterschiedliche Anzahl verschiedener Schriftarten zur Verfügung, z.B. Courier, Pica oder Elite.

Über die Bestimmung des Schriftgrades wird festgelegt, wie groß der einzelne Buchstabe auf dem Papier ausgegeben werden soll. Die Standardgröße der Buchstaben beträgt 12 Punkte; je größer der angegebene Schriftgrad, desto größer wird der einzelne Buchstabe dargestellt. Die Auswahlmöglichkeiten des Schriftgrades variieren je nach gewählter Schriftart und installiertem Drucker.

```
FORMAT ZEICHEN Fett: Ja(Nein)              Kursiv: Ja(Nein)  Unterstrichen: Ja(Nein)
 Durchgestrichen: Ja(Nein)        Großbuchstaben: Ja(Nein)      Kapitälchen: Ja(Nein)
 Doppelt unterstrichen: Ja(Nein)       Position:(Normal)Hochgestellt Tiefgestellt
 Schriftart: Pica                 Schriftgrad: 12                      Farbe: Schwarz
 Verborgen: Ja(Nein)
Geben Sie bitte eine Schriftartbezeichnung ein oder wählen Sie eine mit F1!
Sel Sp13          ()                                          Microsoft Word
```

Abb. 4-11: Befehlsfelder Format Zeichen

Wie bei mehreren anderen Befehlsfeldern haben Sie auch hinsichtlich Schriftart und -grad die Möglichkeit, sich die Liste der verfügbaren Zeichen mit *<F1>* anzeigen zu lassen und mittels der *<Pfeiltasten>* eine Auswahl zu treffen. Bei vielen Schriftarten kann zusätzlich die Schriftqualität bestimmt werden. Dazu müssen Sie wissen, daß die Zeichen von vielen Druckern (z.B. Nadel- bzw. Matrixdruck aus einzelnen Punkten zusammengesetzt werden. Je dichter der Drucker die Punkte bei der Erzeugung der einzelnen Zeichen setzt, desto besser ist die Schriftqualität. Der Hinweis auf die Schriftqualität läßt sich aus den, in den Schriftartnamen enthaltenen, Abkürzungen entnehmen, von denen die gebräuchlichsten in Abb. 4-12 aufgeführt sind.

HD	Die Zeichen der Schriftart werden mit hoher Dichte (High Density) gedruckt.
LQ/NLQ	Die Zeichen der Schriftart werden in Briefqualität (Letter Quality) oder fast Briefqualität (Near Letter Quality) zu Papier gebracht.
Draft	Der Drucker druckt in der geringsten, der sogenannten Entwurfsqualität.
PS	Der Drucker druckt in Proportionalschrift und mit hoher Qualität. In dieser Schriftart nehmen die einzelnen Zeichen auf dem Papier den ihrer Breite entsprechenden Platz ein.

Abb. 4-12: Schriftqualitäten

Aufgabe: Der gesamte Übungstext soll mit der Schriftart *Courier* ausgezeichnet werden. Falls Ihr Drucker nicht über diese Schriftart verfügt, wählen Sie eine der Ihnen zur Verfügung stehenden.

VORGEHEN: Bestimmen der Schriftart

- Markieren Sie den gesamten Text mit *<Umschalt> + <F10>*.

- Lösen Sie den Befehl *Format Zeichen* aus und wechseln Sie in das Befehlsfeld *Schriftart*.

- Wählen Sie aus der mit Hilfe von *<F1>* angezeigten Liste der Schriftarten die Schriftart *Courier* (oder ersatzweise eine der Ihnen zur Verfügung stehenden Schriftarten) aus, und bestätigen Sie Ihre Wahl mit *<Return>*.

Aufgabe: Formatieren Sie die Überschrift des Übungstextes mit dem Schriftgrad 14.

VORGEHEN: Bestimmung des Schriftgrades

- Markieren Sie die Überschrift mit *<F10>* (= *Absatz markieren*).

- Betätigen Sie die Tastenkombination *<Alt> + <F8>*. Das Befehlsfeld *Schriftart* ist aktiv. Wählen Sie die Schriftart *Courier*.

- Bewegen Sie den Cursor mit Hilfe der *<Tab>* oder der *<Pfeiltaste rechts>* zum Befehlsfeld *Schriftgrad*.

- Durch Auslösen der Funktionstaste *<F1>* erscheint auf dem Bildschirm eine Liste aller zur Verfügung stehen Schriftgrößen. Markieren Sie mit den *<Pfeiltasten>* die *14* oder geben Sie *14* ein.

- Bestätigen Sie mit *<Return>*.

An der Bildschirmansicht Ihres Textes hat sich nichts verändert. Erst bei Ausgabe des Textes auf dem Drucker werden Sie die Ergebnisse der Schriftart und Schriftgrad-Formatierung sehen.

4.6.2 Bestimmen des Anfangs- und Endeabstands von Absätzen

Das Standardvorgehen bei der Trennung von Absätzen ist, die Absätze durch eine zusätzliche Leerzeile mittels Absatzschaltung voneinander zu trennen. Diese Methode läßt allerdings nur ganze Zeilenabstände zwischen den Absätzen zu. Eine differenziertere Einstellung läßt sich über die Bestimmung der Anfangs- und Endeabständen von Absätzen vornehmen. Im Befehlsfeld *Anfangsabstand* wird eingetragen, wie groß der Zeilenabstand zwischen dem aktuellen und dem vorherigen Absatz sein soll. Im Befehlsfeld *Endeabstand* wird der Zeilenabstand zwischen dem aktuellen und dem folgenden Absatz festgelegt.

Im fertig formatierten Textbeispiel (Abb.4-1) sehen Sie, daß sich der Abstand zwischen den Absätzen in der Aufzählung der vier Typen von Textautomation zu den Abständen der übrigen Absätze unterscheidet. Im folgenden sollen Sie genau diese Formatierungen an Ihrem Übungstext vornehmen.

Aufgabe: Der Anfangs- und Endeabstand des Absatzes, der die Aufzählung zur Textautomation einleitet, soll auf ½zeilig eingestellt werden.

VORGEHEN: Bestimmen des Anfangs- und Endeabstands

- Positionieren Sie den Cursor in den Absatz, der mit den Worten beginnt: "Es lassen sich vier ...".

- Wählen Sie den Befehl *Format Absatz*.

- Bewegen Sie den Befehlszeiger zum Befehlsfeld *Anfangsabstand*.

- Der Zeilenabstand ist als Dezimalzahl einzugeben: *0,5 zg*.

- Bewegen Sie den Befehlszeiger zum Befehlsfeld *Endeabstand* und geben Sie ebenfalls als Abstand *0,5 zg* ein.

  Die Abkürzung für die Abstandsart zg (= zeilig) kann bei der Eingabe entfallen.

- Die Eingabe ist mit *<Return>* zu bestätigen.

```
FORMAT ABSATZ Ausrichtung:(Links)Zentriert Rechts Block
  Linker Einzug: 0 cm        Erste Zeile: 0 cm          Rechter Einzug: 0 cm
  Zeilenabstand: 1 zg        Anfangsabstand: 0,5 zg            Endeabstand: 0 zg
  Selbe Seite: Ja(Nein)      Nächster Absatz selbe Seite: Ja(Nein)
  Nebeneinander: Ja(Nein)
  Geben Sie bitte das Maß in Zeilen ein!
  Sel Spl          ()                                   Microsoft Word
```

Abb. 4-13: Anfangs- und Endeabstand von Absätzen

Das Resultat: Der Abstand zum vorherigen und zum nachfolgenden Absatz ist am Bildschirm um eine Zeile vergrößert worden. Bei der Druckausgabe wird jedoch der eingegebene Abstand eingehalten.

Aufgabe: Für die vier nachfolgenden Absätze soll der Endeabstand auf ½ zeilig gesetzt werden.

VORGEHEN: Verändern eines Absatzendeabstands

- Positionieren Sie den Cursor im ersten zu formatierenden Absatz: "- die elektronische Schreibmaschine".

- Markieren Sie diesen und die nächsten drei Absätze.

- Aktivieren Sie den Befehl *Format Absatz*, und tragen Sie im Befehlsfeld *Endeabstand* den Wert *0,5* ein.

- Bestätigen Sie mit *<Return>*.

4.6.3 Erstellen von Absatzeinzügen

Eine weitere Variante der Textgestaltung ist die Erstellung von Absatzeinzügen.

Erstellen eines Erstzeileneinzugs

Erstzeileneinzug bedeutet, daß die erste Zeile eines Absatzes, ausgehend vom linken Seitenrand, um ein bestimmtes Maß eingezogen wird. In dem fertig formatierten Text ist z.B. die erste Zeile einiger Absätze um einige Zeichen eingezogen. Diese Formatierung sollen Sie auch an Ihrem Übungstext vornehmen.

Die Festlegung des Erstzeileneinzugs wird über die Absatzformatierung (Befehl *Format Absatz)* vollzogen. Im Befehlsfeld *Erste Zeile* ist das gewünschte Einzugsmaß einzugeben.

HINWEIS:
> Die Standardmaßeinheit ist Zentimeter. Durch Aufruf des Befehls Zusätze kann im Befehlsfeld *Maßeinheit* eine andere Standardmaßeinheit verändert werden.

Aufgabe: Der Einzug für die erste Zeile der Absätze nach der Überschrift bis einschließlich des Absatzes "Wesentliche Merkmale von Textverarbeitungsprogrammen..." soll 0,5 cm betragen.

VORGEHEN: Bestimmen des Erstzeileneinzugs durch Menübefehle

- Markieren Sie die zu formatierenden Absätze.

- Wählen Sie den Befehl *Format Absatz*, und steuern Sie das Befehlsfeld *Erste Zeile* an.

- Geben Sie den gewünschten Einzug in Zentimetern ein (hier: *0,5)* und bestätigen mit *<Return>*.

Der Erfolg: Die ersten Zeilen der Absätze sind um einige Zeichen vom linken Rand eingezogen.

```
FORMAT ABSATZ Ausrichtung:(Links)Zentriert Rechts Block
  Linker Einzug: 0 cm         Erste Zeile: 0,5█        Rechter Einzug: 0 cm
  Zeilenabstand: 1 zg         Anfangsabstand: 0 zg       Endeabstand: 0 zg
  Selbe Seite: Ja(Nein)       Nächster Absatz selbe Seite: Ja(Nein)
  Nebeneinander: Ja(Nein)
Geben Sie bitte das Maß ein!
Se1 Spl            ()                ?               Microsoft Word
```

Abb. 4-14: Format Absatz

Erstellen von abgestuften Einzügen

Eine oft verwendete Art der Absatzgestaltung ist das Erstellen abgestufter Einzüge, wie sie zum Beispiel durch das Voranstellen von Spiegelstrichen (-) entstehen. Die letzten vier Absätze des Ausgangstextes weisen diese Formatierung auf. Die Textzeilen dieser Absätze stehen bündig untereinanderstehen, während die Spiegelstriche abgesetzt erscheinen.

Mit WORD kann eine Formatierung dieser Art unter Einbeziehung von zwei Optionen der Absatzformatierung erreicht werden: *Bestimmung des linken Einzugs und eines negativen Einzugs der ersten Zeile.*

Das eingegebene Maß im Befehlsfeld *Linker Einzug* bestimmt den Abstand der Zeilen eines Absatzes vom linken Rand, d.h. sämtliche Zeilen eines Absatzes werden um das eingegebene Maß nach rechts verschoben.

Wie Sie bereits wissen, hat ein Eintrag im Befehlsfeld *Erste Zeile* zur Folge, daß die erste Zeile des Absatzes um das eingebene Maß verschoben wird, und zwar nach rechts, wenn dieses Maß positiv ist. Ist das eingegebene Maß dagegen negativ (negativer Erstzeileneinzug), wird die erste Zeile um das eingegebene Maß nach links verschoben.

Zur Formatierung von Absätzen in der oben beschriebenen Weise sind zwei Werte nötig, aus denen sich der Erstzeileneinzug berechnen läßt. Dabei sei:

A = Abstand der ersten Zeile vom linken Rand
B = Maß für den linken Einzug
Einzug Erste Zeile = A - B

Für das konkrete Textbeispiel bedeutet das: Für die letzten vier Absätze des Übungstextes soll der *linke Einzug 1,25 cm* betragen. Der *Abstand der ersten Zeile* dieser Absätze vom linken Rand beträgt *0 cm*. Daraus errechnet sich ein *negativer Erstzeileneinzug von -1,25* cm (=0 cm - 1,25 cm).

WORD erlaubt die Festlegung der Einzüge sowohl per Menübefehl als auch per Tastatur (*<Alt>* + *<Taste>*). Die folgenden Beispiele zeigen das Vorgehen für beide Varianten auf und verdeutlichen schrittweise den Zusammenhang der beiden Einzugsarten für eine abgestufte Absatzformatierung.

Erstellen eines linken Einzugs

Aufgabe: Der linke Einzug der ersten beiden mit Spiegelstrichen gekennzeichneten Absätze am Textende ist auf 1,25 cm festzulegen.

VORGEHEN: Bestimmen des linken Einzugs

- Die beiden ersten mit Spiegelstrichen gekennzeichneten Absätze, die die Merkmalsaufzählung für Textverarbeitungsprogramme enthalten, werden markiert.

- Wählen Sie den Befehl *Format Absatz* und wechseln Sie zum Befehlsfeld *Linker Einzug*.

- Tragen Sie den gewünschten Einzug der Absatzzeilen vom linken Rand (hier: *1,25 cm*) und bestätigen Sie mit *<Return>*.

  Das Ergebnis: Die markierten Absätze werden eingerückt dargestellt.

Erstellen eines negativen Erstzeileneinzugs

Um die Spiegelstriche von den übrigen Zeilen abzusetzen, wird der Einzug der ersten Zeile auf das errechnete negative Maß verändert.

Aufgabe: Die eben formatierten Absätze sollen einen negativen Erstzeileneinzug von -1,25 cm erhalten.

VORGEHEN: Festlegen eines negativen Erstzeileneinzugs

- Markieren Sie die eben formatierten Absätze.

- Rufen Sie den Befehl *Format Absatz*.

- Im Befehlsfeld *Erste Zeile* wird das negative Einzugsmaß eingetragen (hier: *-1,25 cm*) und mit *<Return>* bestätigt.

```
*   Wesentliche·Merkmale·von·Textverarbeitungsprogramme·sind:¶
*   ¶·
        -·ein·einmal·erfaßter·Text·ist·vor·dem·Druck·jederzeit·
        korrigier-·und·änderbar.·Sie·können·Umstellungen,·Einfügungen·
        und·Löschungen·von·Textteilen·vornehmen.¶
        ¶
        -·Texte·können·dauerhaft·auf·einem·externen·Speicher·(Diskette·

FORMAT ABSATZ Ausrichtung:(Links)Zentriert Rechts Block
  Linker Einzug: 1,25 cm      Erste Zeile: -1,25█      Rechter Einzug: 0 cm
  Zeilenabstand: 1 zg         Anfangsabstand: 0 zg        Endeabstand: 0 zg
  Selbe Seite: Ja(Nein)       Nächster Absatz selbe Seite: Ja(Nein)
  Nebeneinander: Ja(Nein)
Geben Sie bitte das Maß ein!
Sel Sp36          ()                                    Microsoft Word
```

Abb. 4-15: Bestimmung eines negativen Erstzeileneinzugs

Das Resultat: Die erste Zeile der formatierten Absätze wird nach links verschoben, so daß diese jetzt abgesetzt von den übrigen Zeilen erscheinen.

Allerdings ist das Resultat noch nicht ganz befriedigend ausgefallen, denn die Textzeilen stehen noch nicht linksbündig. Eine Möglichkeit des Ausgleichs bestände darin, zwischen Spiegelstrich und Text Leerzeichen einzufügen. Leider passiert es in diesem Fall häufiger, daß die Bildschirmanzeige mit der Druckausgabe nicht übereinstimmt und die Zeilen nicht linksbündig gedruckt werden. Sie sollten deshalb von dieser Möglichkeit keinen Gebrauch machen.

Stattdessen sollten Sie zur Gewährleistung eines einwandfreien Druckergebnisses zwischen voranstehenden Zeichen (in diesem Fall der Spiegelstrich) und dem folgenden Text einen oder, wenn notwendig, mehrere Tabulatorschritte einfügen. Das Einfügen eines Tabulatorschritts (<Tab>-Taste) bewirkt eine Verschiebung des Textes ab der Cursorposition um einen Tabstopp nach rechts.

HINWEIS:

In der Standardeinstellung sind Tabstopps in Abständen von 1,25 cm gesetzt. Ändern können Sie diese Einstellung durch Wahl des Befehls *Zusätze* und Eingabe des Abstandmaßes im Befehlsfeld *Abstand Tabstopp*.

Aufgabe: In den letzten vier mit Spiegelstrichen gekennzeichneten Absätzen soll das Leerzeichen zwischen Spiegelstrich und Text durch einen Tabulatorschritt ersetzt werden.

VORGEHEN: Einfügen eines Tabulatorschrittes

- Löschen Sie im ersten dieser Absätze das Leerzeichen zwischen Spiegelstrich und Textbeginn.

- Betätigen Sie die *<Tab>*-Taste.

  Die erste Zeile wird um einen Tabstopp nach rechts verschoben. Da das Maß des linken Einzuges und der Tabstoppabstand gleich ist (1,25 cm), erscheinen die Zeilen dieses Absatzes linksbündig geordnet.

- Wiederholen Sie den Vorgang für die drei verbleibenden Absätze.

Erstellen von Absatzeinzügen per Tastatur

Sie können Absatzeinzüge auch mittels bestimmter Tastenkombination erstellen. Dabei ist zu beachten, daß jedes Betätigen der Formatierungstasten den Einzug kumulativ vergrößert bzw. verkleinert, und zwar um das im Befehlsfeld *Abstand Tabstopps* des Befehls *Zusätze* angegebene Maß. In Abb. 4-16 sehen Sie die per Tastenkombination erreichbaren Einzugsarten.

<Alt> + <E>	Vergrößern des Erstzeileneinzugs
<Alt> + <Y>	Erstellen eines negativen Erstzeileneinzugs
<Alt> + <G>	Vergrößern des linken Einzugs
<Alt> + <M>	Verkleinern des linken Einzugs

Abb. 4-16: Tastenkombinationen für Absatzeinzüge

Aufgabe: Für die letzten beiden noch nicht mit Einzügen versehenen Absätze soll ein negativer Erstzeileneinzug per Tastenkombination erstellt werden.

VORGEHEN: Erstellen eines negativen Erstzeileneinzugs per Tastenkombination

- Markieren Sie die letzten beiden Absätze.

- Betätigen Sie *<Alt> + <Y>*.

  Wie Sie wahrscheinlich erwartet haben, erfolgt eine Verschiebung des Textes um einen Tabstopp.

Erstellen eines rechten Einzugs

Ebenso wie der Einzug vom linken Rand läßt sich über das Absatzformat der Einzug vom rechten Rand bestimmen. Zu diesem Zweck ist im Befehlsfeld *Rechter Einzug* das gewünschte Einzugsmaß einzutragen.

Aufgabe: Ein rechter Einzug von 1 cm ist für die letzen vier Absätze vorzunehmen.

VORGEHEN: Erstellen eines rechten Einzugs

- Die zu formatierenden Absätze werden markiert.

- Rufen Sie de Befehl *Format Absatz* auf.

- Im Befehlsfeld *Rechter Einzug* wird das Maß eingegeben: *1 cm. <Return>.*

Die Absätze werden, dem eingegebenen Maß entsprechend, neu ausgerichtet.

HINWEIS:

Die Tastenkombination *<Alt>* + *<N>* stellt das Standardabsatzformat wieder her, hebt also Absatzeinzüge wieder auf.

Erstellen von Einzügen mit der Maus

Der Beginn der Formatierung wird ebenfalls mit dem Aufruf der Befehlsfolge *Format Absatz* eingeleitet. Wie Sie sicherlich bemerkt haben, wird am oberen Bildschirmrand das sogenannte Zeilenlineal eingeblendet. Zeigen Sie mit der Maus auf das entsprechende Einzugssymbol im Zeilenlineal und ziehen es an die gewünschte Stelle. Die im Zeilenlineal angezeigten Symbole und ihre Bedeutung sind in Abb. 4-17 aufgeführt.

[	Linker Einzug
]	Rechter Einzug
|	Erstzeileneinzug

Abb. 4-17: Symbole der Einzugsarten im Zeilenlineal

HINWEIS:

Wählen Sie den Befehl *Zusätze* und markieren im Befehlsfeld *Zeilenlineal* die Option *Ja*, wenn Sie eine ständige Einblendung des Zeilenlineals wünschen.

4.6.4 Seitenzahlen im Text

Insbesondere bei umfangreichen Texten, die sich über mehrere Seiten erstrecken, ist es hilfreich, wenn der gedruckte Text Seitenzahlen enthält. Wählen Sie den Befehl *Format Bereich Paginierung*, wenn Sie eine Seitennumerierung wünschen. Durch entsprechende Eingaben in den Befehlsfeldern (Abb. 4-18) bestimmen Sie Form, Position und Beginn der Seitennumerierung.

```
FORMAT BEREICH PAGINIERUNG: Ja Nein                      Abstand oben: 1,25 cm
    Abstand links: 18,5 cm      Seitenzahl:(Fortlaufend)Beginn      Bei:
    Form:(1)I i A a
Wählen Sie bitte eine Option!
Sel Spl           (.)                    ?                    Microsoft Word
```

Abb. 4-18: Format Bereich Paginierung

Eine Seitennumerierung erfolgt erst nach Markierung der Option *Ja* im Befehlsfeld *Format Bereich Paginierung*. Einträge in den Befehlsfeldern *Abstand oben* und *Abstand links* steuern die vertikale bzw. horizontale Positionierung der Seitenzahlen, ausgehend vom oberen bzw. linken Papierrand. Die Vorgabeposition beträgt 1,25 cm vom oberen und 18,5 cm vom linken Rand. Soll die Seitenangabe beispielsweise 1 cm vom unteren Seitenrand in der Mitte des Blattes (DIN-A4-Papier) plaziert werden, so ist im Befehlsfeld *Abstand links* der Wert 10,5 cm und im Befehlsfeld *Abstand oben* der Wert 28,7 cm einzutragen.

Die Seitennumerierung wird fortlaufend, beginnend mit der Zahl 1, durchgeführt, wenn im Befehlsfeld *Seitenzahl* die Option *Fortlaufend* markiert ist. Soll die Numerierung mit einer anderen Zahl beginnen, so ist die Option *Beginn* zu markieren. Der Numerierung beginnt bei der im Befehlsfeld *Bei* einzugebenden Seitenzahl.

Dazu ein praktisches Beispiel: Angenommen, Sie haben einen Text kapitelweise in mehreren Dateien gespeichert und das 1. Kapitel im Umfang von 25 Seiten bereits ausgedruckt. Beim Ausdrucken des 2. Kapitels möchten Sie natürlich, daß die Seitennumerierung mit 26 beginnt und nicht wiederum mit 1. In diesem Fall müßten Sie die Option *Beginn* markieren und im Befehlsfeld *Bei* die Zahl 26 eintragen.

Im Befehlsfeld *Form* können Sie das gewünschte Seitenzahlenformat bestimmen. Abb. 4-19 zeigt die fünf zur Verfügung stehenden Formate:

Option	Format	Beispiel
1	Arabische Ziffern	1,2,3,...
I	Römische Ziffern (groß)	I,II,III,..
i	Römische Ziffern (klein)	i,ii,iii,..
A	Alphabetisch (Großbuchstaben)	A,B,C,...
a	Alphabetisch (Kleinbuchstaben)	a,b,c,...

Abb. 4-19: Seitenzahlenformate

Aufgabe: Legen Sie für Ihren Übungstext fest, daß die ausgedruckten Seiten mit einer fortlaufenden Seitennumerierung versehen werden. Die Seitenzahlen sollen im Abstand von 2 cm vom unteren Seitenrand und in der Seitenmitte erscheinen.

VORGEHEN: Fortlaufende Numerierung von Seiten

- Wählen Sie den Befehl *Format Bereich Paginierung*.

- Im Befehlsfeld *Paginierung* markieren Sie die Option *Ja*.

- Der Abstand der Seitenzahl vom oberen Rand errechnet sich aus Seitenlänge minus Abstand. Im Befehlsfeld *Abstand oben* ist deshalb als Maß *27,7 cm* bei Verwendung von DIN-A4-Papier bzw. *28,5 cm* bei Verwendung von Endlospapier einzugeben.

- Im Befehlsfeld *Abstand links* ist als Maß *10,5 cm* einzugeben, damit die Positionierung der Seitenzahl in der Mitte der Seite erfolgt.

- Die Numerierung soll fortlaufend im arabischen Format erfolgen. Sie können deshalb die Vorgaben von WORD in den Befehlsfeldern *Seitenzahl* und *Form* übernehmen. Bestätigen Sie mit *<Return>*.

Drucken Sie jetzt bitte den Text zur Überprüfung der zuletzt vorgenommenen Formatierungen aus. Bevor Sie den Druckvorgang starten, sollten Sie Ihren Text mit *<Strg>* + *<F10>* speichern. Vergewissern Sie sich der Betriebsbereitschaft Ihres Druckers, und starten Sie den Druck mit dem Befehl *Druck Drucker* oder mittels Tastenkombination *<Strg>* + *<F8>*.

4.7 Erstellen von Kopf-/ und Fußzeilen im Text

Insbesondere bei längeren Dokumenten kann die Übersicht eines Textes verbessert werden, wenn z.B. Kapitelüberschriften auf jeder Seite erscheinen. Ein weiteres Beispiel für ständig wiederkehrenden Text sind Copyright-Vermerke am Seitenende. Indem Sie den gewünschten Text mit dem Status einer Kopf- oder Fußzeile versehen, veranlassen Sie WORD, diesen Text am Beginn (in der Kopfzeile) oder am Ende (in der Fußzeile) jeder Seite zu drucken. Bei der Erstellung von Kopf- oder Fußzeilen ist folgendes zu beachten:

- Der Text einer Kopf- oder Fußzeile muß immer in Form eines eigenen Absatzes erstellt werden, der beliebig lang sein darf. Kopf- oder Fußzeilen können aus mehreren Absätzen bestehen. Jedoch muß jeder Absatz als Kopf- oder Fußzeile deklariert werden.

- Eine Kopf- oder Fußzeile muß nicht unbedingt zu Beginn des Textes stehen. Sie muß aber immer als erster Absatz der Seite erfaßt werden, auf der sie gedruckt werden soll.

- Sie können Kopf- oder Fußzeilen wie jeden anderen Text zeichen- oder absatzweise formatieren, überarbeiten oder löschen.

Das Erstellen von Kopf-/ oder Fußzeile erfolgt über den Befehl *Format Kopf-/Fußzeile*. Markieren Sie im Befehlsfeld *Position* die Option *Oben*, um eine Kopfzeile, die Option *Unten*, um eine Fußzeile zu erstellen. Soll die Kopf- oder Fußzeile auf allen Seiten gedruckt werden, ist in den Befehlsfeldern *Ungerade Seiten*, *Gerade Seiten* und *Erste Seite* die Option *Ja* zu markieren. Im Befehlsfeld *Ausrichtung* legen Sie die horizontale Position auf dem Papier fest. Die Option *Linker Rand* läßt die Kopf-/Fußzeile am eingestellten linken Seitenrand beginnen. Die Option *Papierrand* ist einzustellen, wenn die Kopf-Fußzeile an der linken Blattkante beginnen soll. Möchten Sie eine Kopf- oder Fußzeile aufheben, markieren Sie einfach die Option *Keine*.

```
FORMAT KOPF-/FUSSZEILE Position: Oben Unten Keine
Ungerade Seiten:(Ja)Nein      Gerade Seiten:(Ja)Nein   Erste Seite: Ja(Nein)
Ausrichtung:(Linker-Rand)Papierrand
Wählen Sie bitte eine Option!
Sel Sp5           ()                              Microsoft Word
```

Abb. 4-20: Die Befehlsfelder des Befehls Format Kopf-/Fußzeile

Aufgabe: Erstellen Sie für Ihren Übungstext eine Kopfzeile folgenden Inhalts: *Zur Geschichte der Schreibwerkzeuge*

VORGEHEN: Einrichten einer Kopfzeile

- Positionieren Sie den Cursor an den Anfang des Textes (*<Strg>* + *<Seite oben>*) und fügen Sie durch Betätigen von *<Return>* einen Absatz/Leerzeile ein.

- Schreiben Sie den Text der Kopfzeile in die geschaffene Zeile: *Zur Geschichte der Schreibwerkzeuge*

- Aktivieren Sie den Befehl *Format Kopf-/Fußzeile.*

- Die Textpassage ist als Kopfzeile zu formatieren. Im Befehlsfeld *Kopf-/Fußzeile Position* ist daher die Option *Oben* zu markieren.

- Die standardmäßig aktive Option *Ja* in den Befehlsfeldern *Ungerade Seite* und *Gerade Seite* soll hier beibehalten werden. Damit ist festgelegt, daß die Kopfzeile auf geraden und ungeraden Seiten gedruckt wird.

- Die Kopfzeile soll auch auf der ersten Seite erscheinen. Setzen Sie deshalb die Option im Befehlsfeld *Erste Seite* auf *Ja*.

- Bestätigen Sie mit *<Return>*.

Aufgabe: Richten Sie eine Fußzeile ein, in der der Vermerk "*Copyright BITEF GmbH 1989*" steht.

VORGEHEN: Einrichten einer Fußzeile

- Fügen Sie unterhalb der Kopfzeile einen Absatz/Leerzeile in den Text ein. Positionieren Sie dazu den Cursor an das Ende der Kopfzeile und drücken Sie *<Return>*.

- Schreiben Sie den Text der Fußzeile in die geschaffene Zeile: *Copyright BITEF GmbH 1989*

- Aktivieren Sie den Befehl *Format Kopf-/Fußzeile.*

- Der Copyrightvermerk soll am unteren Seitenrand als Fußzeile erscheinen. Ändern Sie die Einstellung im Befehlsfeld *Position* in *Unten*.

- Schließen Sie mit *<Return>* ab, da die Optionen der übrigen Befehlsfelder richtig bestimmt sind.

HINWEIS:

Kopf-/ und Fußzeilen lassen sich ebenfalls mittels Tastenkombination erzeugen. Die Betätigung von *<Alt>* + *<F2>* deklariert einen Absatz als Fußzeile, *<Strg>* + *<F2>* dagegen als Kopfzeile.

```
^Zur·Geschichte·der·Schreibwerkzeuge¶
^Copyright·Bitef·Gmbh·1989¶
Von·der·Schreibmaschine·zum·Textautomaten¶
```

Abb. 4-21 Kopf-/Fußzeilen im Text

Identifizierung der Art von Kopf/Fußzeilen in der Druckformatspalte

WORD weist jeder Kopf- bzw. Fußzeile einen bestimmten Code zu, aus dem Sie ersehen können, um welche Art von Kopf- oder Fußzeile es sich handelt. Um den Code sichtbar zu machen, muß die *Druckformatspalte* aktiviert werden.

Aufgabe: Aktivieren Sie die Druckformatspalte.

VORGEHEN: Aktivieren der Druckformatspalte

- Wählen Sie den Befehl *Zusätze*

- Markieren Sie im Befehlsfeld *Druckformatspalte* die Option *Ja* und bestätigen mit *<Return>*.

Sie sehen in der Druckformatspalte die Codes für die Kopf- und Fußzeile. Der Code ^o (=oben) steht für eine Kopfzeile, ^u (=unten) für eine Fußzeile. Die vollständigen Codes und ihre Bedeutung sind in Abb. 4-22 aufgelistet.

Code	Bedeutung
oe	Kopfzeile Erste Seite
ou	Kopfzeile Ungerade Seite
og	Kopfzeile Gerade Seite
o	Kopfzeile Gerade und Ungerade Seite
ue	Fußzeile Erste Seite
uu	Fußzeile Ungerade Seite
ug	Fußzeile Gerade Seite
u	Fußzeile Gerade und Ungerade Seite

Abb. 4-22: Die Codes der Kopf-/Fußzeilen

4.7.1 Formatierung von Kopf-/Fußzeilen

Kopf- und Fußzeilen lassen sich genauso wie jeder andere Text formatieren. Der zu formatierende Kopf-/Fußzeilentext ist ebenfalls zu markieren, und anschließend ist die entsprechende Formatierung vorzunehmen.

Aufgabe: Weisen Sie dem Text der Kopf- und Fußzeile die Auszeichnung *Fett*, Schriftart *Courier* und Schriftgrad *12* zu. Richten Sie die Fußzeile rechtsbündig aus.

VORGEHEN: Formatieren von Kopf-/Fußzeilen

- Markieren Sie alle Zeichen der Kopf- und Fußzeile.

- Aktivieren Sie den Befehl *Format Zeichen*.

- Im Befehlsfeld *Fett* markieren Sie die Option *Ja*.

- Wechseln Sie zum Befehlsfeld *Schriftart*, drücken Sie *<F1>* und wählen Sie aus der Liste die Schriftart *Courier* in Letter Quality (LQ) aus und im Befehlsfeld *Schriftgrad 12*.

- Beenden Sie die Zeichenformatierung mit *<Return>*.

- Positionieren Sie den Cursor in der Fußzeile und betätigen Sie *<Alt> + <R>* um den Absatz rechtsbündig auszurichten.

4.7.2 Die vertikale Position der Kopf-/Fußzeilen auf der Seite bestimmen

Der Abstand, in dem Kopf- bzw. Fußzeilen vom oberen bzw. unteren Papierrand gedruckt werden, beträgt 1,25 cm. Wenn Sie das Maß ändern wollen, wählen Sie den Befehl *Format Bereich Seitenrand*.

- Das eingegebene Maß im Befehlsfeld *Abstand Kopfzeile von oben* bestimmt den Abstand einer Kopfzeile vom oberen Papierrand.

- Das eingegeben Maß im Befehlsfeld *Abstand Fußzeile von unten* bestimmt den Abstand einer Fußzeile vom unteren Papierrand.

Bei der Positionierung von Kopf- oder Fußzeilen ist darauf zu achten, daß der obere bzw. untere Rand groß genug ist, um den Text einer Kopf- bzw. Fußzeile aufzunehmen. Enthält eine Kopf- oder Fußzeile zuviele Zeilen, oder ist der Abstand der Kopf- oder Fußzeile vom oberen bzw. unteren Rand zu groß gewählt, unterdrückt WORD den Ausdruck der Kopf- oder Fußzeile. Das Abstandsmaß einer Kopf- oder Fußzeile vom oberen bzw. unteren Papierrand sollte deshalb immer mindestens 0,5 cm weniger betragen als das Abstandsmaß für den oberen bzw. unteren Seitenrand.

Aufgabe: Legen Sie den Abstand der Kopf-/Fußzeilen vom oberen bzw. unteren Seitenrand auf jeweils 1 cm fest.

VORGEHEN: Vertikale Positionierung einer Kopf-/Fußzeile.

* Aktivieren Sie den Befehl *Format Bereich Seitenrand*.

* Aktivieren Sie das Befehlsfeld *Abstand Kopfzeile von oben* und geben das Abstandsmaß ein: *1 cm*.

* Aktivieren Sie das Befehlsfeld *Abstand Fußzeile von unten* und geben ebenfalls das Abstandsmaß ein: *1 cm*.

* Bestätigen Sie die Eingaben durch *<Return>*.

HINWEIS:

Die Angaben der Bereichsformatierung haben für die Bestimmung der horizontalen Position von Kopf-/Fußzeilen nur Gültigkeit, wenn im Befehl *Format Kopf-/Fußzeile* im Befehlsfeld *Ausrichtung* die Option *Linker Rand* gewählt wurde. Im Fall der Ausrichtungswahl *Papierrand* muß die Position über die Bestimmung von Absatzeinzügen festgelegt werden.

4.7.3 Seitennumerierung in der Kopf- oder Fußzeile

Eine weitere Möglichkeit der Seitennumerierung ist die Integration der Seitenzahl in eine Kopf- oder Fußzeile. Diese Methode bietet den Vorteil, daß Ihnen sämtliche Optionen der Zeichenformatierung zur Verfügung stehen, im Gegensatz zur Seitennumerierung per Paginierungsbefehl.

Zur Integration von Seitenzahlen in eine Kopf- oder Fußzeile hält WORD einen *Platzhalter* mit dem Namen *(Seite)* bereit. Wenn Sie Ihren Text ausdrucken, fügt WORD an Stelle des Platzhalters die jeweilige Seitenzahl in den Text ein. Um den Platzhalter zu erzeugen ist wie folgt vorzugehen: Geben Sie an der gewünschten Position in einer Kopf- oder Fußzeile das Wort

Seite

ein und betätigen anschließend die Funktionstaste *<F3>*. WORD setzt augenblicklich das Wort "Seite" in Klammern.

HINWEIS:

Der Platzhalter muß in der beschriebenen Weise mit *<F3>* generiert werden. Das Wort Seite über Tastatureingaben einzuklammern führt nicht zum gewünschten Erfolg.

Wenn Sie die Seitennumerierung in einer Kopf- oder Fußzeile vornehmen, ist auf folgendes achten:

* die Paginierungsfunktion sollte unwirksam sein, andernfalls druckt WORD die Seitenzahlen zweimal. Vergewissern Sie sich, daß im Befehlsfeld *Format Bereich Paginierung* die Option *Nein* markiert ist.

- Weiterhin wirksam bleiben die Einstellungen in den Befehlsfeldern *Seitenzahl, Bei* und *Form* des *Paginierungsbefehls*. Wollen Sie beispielsweise die Seitenzahlen nicht fortlaufend drucken, so sind in den entsprechenden Befehlsfeldern die notwendigen Eingaben vorzunehmen bzw. Optionen zu markieren.

Aufgabe: In der Kopfzeile soll während des Druckens am rechten Seitenrand die Seitenzahl eingefügt werden.

VORGEHEN: Einfügen der Seitennumerierung in eine Kopfzeile.

- Deaktivieren Sie die Paginierungsfunktion. Wählen Sie hierzu den Befehl *Format Bereich Paginierung*, markieren die Option *Nein* und bestätigen mit *<Return>*.

- Positionieren Sie den Cursor an das Ende der Kopfzeile.

- Der Platzhalter für die Seitennumerierung ist zu generieren. Geben Sie *Seite* ein und betätigen Sie *<F3>*.

  Der Platzhalter ist nun eingefügt und wird beim späteren Ausdruck durch die konkrete Seitenzahl ersetzt.

- Damit die Seitenzahl am rechten Seitenrand erscheint, muß der Platzhalter entsprechend verschoben werden. Positionieren Sie zu diesem Zweck den Cursor auf die öffnende Klammer " (" und schieben den Platzhalter mit der *<Leertaste>* an den rechten Seitenrand.

Abb. 4-23: Integration der Seitenzahl in die Kopfzeile

4.8 Vorbereitung des Ausdrucks mehrseitiger Texte

Gerade beim Ausdrucken längerer Texte passiert es oft, daß das Druckergebnis nicht den eigenen Vorstellungen entspricht. Die unterstrichenen Passagen hätte man doch lieber kursiv, die Absatzeinzüge sind eigentlich überflüssig und der Seitenumbruch stimmt schon gar nicht. Die Konsequenz: der Druckvorgang muß abgebrochen und nach vollzogenen Änderungen erneut gestartet werden. Die folgenden Beispiele zeigen Ihnen, wie Sie derartige Ärgernisse weitgehend vermeiden können.

4.8.1 Verändern des Seitenumbruchs

Nicht immer entspricht der von WORD vorgenommene Seitenumbruch den Vorstellungen des Bearbeiters. Sei es, daß ein Absatz durch den Seitenwechsel auseinandergerissen oder nur eine Zeile auf der folgenden Seite gedruckt wird. In diesem Fall bietet WORD die Möglichkeit, den Seitenumbruch "manuell" zu bestimmen.

HINWEIS:

> Die Anzeige des Seitenumbruchs, symbolisiert durch eine gepunktete Linie, erfolgt automatisch, wenn im Befehlsfeld *Seitenumbruch* des Befehls *Zusätze* die Option *Automatisch* markiert ist.

Wie Sie bereits wissen, wird jede Seite vor der Ausgabe an den Drucker von WORD formatiert, d.h. WORD errechnet aufgrund der eingestellten Maße der Seitenränder, der Seitenlänge, der Absatzeinzüge, der Zeilenabstände und Schriftgrößen die Anzahl der Zeilen, die auf einer Seite Platz finden. Mit dem Befehl *Druck Umbruch_Seite* können Sie WORD veranlassen, diese Berechnungen durchzuführen, ohne daß eine Druckausgabe erfolgt. Markieren Sie im Befehlsfeld *Seitenwechsel bestätigen* die Option *Ja*, bekommen Sie das Ergebnis am Bildschirm angezeigt. Das gleiche Resultat errreichen Sie durch Eingabe von *<Strg>* + *<F9>*. Mit den *<Pfeiltasten>* können Sie dann den Seitenumbruch nach Ihren Vorstellungen gestalten.

```
DRUCK UMBRUCH-SEITE Seitenwechsel bestätigen: Ja Nein

Wählen Sie bitte eine Option!
Sel Spll            ()                              Microsoft Word
```

Abb. 4-24: Druck Umbruch-Seite

Aufagbe: Bestimmen Sie, daß die letzten zwei Absätze Ihres Übungstextes vollständig auf der zweiten Druckseite ausgegeben wird.

VORGEHEN: Bestimmen des Seitenumbruchs

- Rufen Sie den Befehl *Druck Umbruch_Seite* auf.

- Ändern Sie die standardmäßige Optionseinstellung im Befehlsfeld *Seitenwechsel bestätigen* auf *Ja* und betätigen Sie mit *<Return>*.

  WORD beginnt mit der Formatierung. Die Stelle, an der ein Seitenumbruch erfolgen würde, wird durch eine punktierte Linien angezeigt und in der Meldungszeile erscheint der Hinweis:

> *"Bestätigen Sie mit J oder Richtungstasten zum Verschieben des Seitenumbruchs!"*

- Der angezeigte Seitenumbruch ist zu verändern. Bewegen Sie den Cursor mit der *<Pfeiltaste oben>* in die erste Zeile dieses Absatzes und bestätigen mit *<J>*, daß der Seitenumbruch an dieser Stelle erfolgen soll.

  Durch eine ebenfalls gepunktete aber mit enger zusammenstehenden Punkten versehene Linie wird angezeigt, daß nun an der von Ihnen gewählten Stelle der Seitenumbruch stattfindet wird.

Wollen Sie während der Texteingabe bereits festlegen, daß an einer bestimmten Textstelle ein Seitenumbruch erfolgen soll, so betätigen Sie die Tastenkombination *<Strg>* + *<Umschalt>* + *<Return>*. Auch in diesem Fall wird der Seitenwechsel wieder durch eine Punkt-Linie angezeigt.

HINWEIS:

> Wurde ein Seitenumbruch mit dem Befehl *Druck Umbruch_Seite* durchgeführt, können Sie gezielt einzelne Textseiten ansteuern. Dazu müssen Sie den Befehl *Gehezu Bildschirmseite* aktivieren und im Befehlsfeld *Nummer* die Seitenzahl eintragen, zu der der Cursor springen soll.

4.8.2 Layoutkontrolle

Wenn Sie vorher sehen möchten, wie der Text bei der Druckausgabe auf dem Papier angeordnet sein wird, können Sie eine sogenannte *Layoutkontrolle* am Bildschirm durchführen. Im Gegensatz zur normalen Bildschirmanzeige wird Ihr Text mit allen Formatierungen in verkleinerter Form angezeigt. Wie der Name vermuten läßt, dient dieser Modus ausschließlich der Kontrolle. Änderungen am Text lassen sich in diesem Modus nicht vornehmen.

Durch Aktivierung des Befehls *Druck Layoutkontrolle* gelangen Sie in das gleichnamige Befehlsmenü. Gleichzeitig wird die aktuelle Seite Ihres Textes am Bildschirm dargestellt. Mit den Tasten *<Bild oben>*, *<Bild unten>* können Sie im Text blättern.

Das Menü *Druck Layoutkontrolle* ist ein Hauptbefehlsmenü, das ebenfalls mit der *<Esc>*-Taste aktiviert wird. Vier Befehle stehen dort zur Auswahl:

- Der Befehl *Beenden* führt Sie zurück in das Textfenster.

- Der Befehl *Gehezu* bietet die Möglichkeit, zu bestimmten Textseiten zu wechseln. Die gewünschte Seitenangabe ist nach Aktivierung des Befehls *Bildschirmseite* im Befehlsfeld *Nummer* einzugeben.

Die Aktivierung des Befehls *Optionen* führt in das Untermenü *Optionen Anzeige*. Der Befehl *Einseitig* bringt eine Textseite zur Darstellung, während mit dem Befehl *Zweiseitig* zwei aufeinanderfolgende Seiten angezeigt werden. Der Befehl *Gegenüberliegende-Seiten* zeigt nur die in einem Buch gegenüberliegenden Seiten.

- Die Wahl des Befehls *Druck* ermöglicht die Ausgabe des Textes auf dem Drucker. Die Befehle *Drucker, Platte/Diskette, Optionen* sind identisch mit den gleichnamigen Befehlen des Befehls *Druck* im Hauptbefehlsmenü.

Aufgabe: Überprüfen Sie das Layout Ihres Übungstextes am Bildschirm.

VORGEHEN: Starten der Layoutkontrolle

- Positionieren Sie den Cursor in die erste Seite des Übungstextes.

- Wählen Sie den Befehl *Druck Layoutkontrolle*.

- Die erste Seite Ihres Textes wird in Layoutform am Bildschirm angezeigt. "Blättern" Sie mit *<Bild unten>* zur nächsten Seite und mit *<Bild oben>* zurück zur ersten Seite.

- Lassen Sie sich beide Seiten gleichzeitig anzeigen. Wählen Sie den Befehl *Anzeige* und aktivieren Sie den Befehl *Zweiseitig*.

- Aktivieren Sie das Textfenster. Drücken Sie *<Esc>* und wählen Sie den Befehl *Beenden*.

4.8.3 Bestimmen, was gedruckt werden soll

In bestimmten Fällen, wenn an einen fertig korrigierten und formatierten Ursprungstext neue Textteile angefügt oder bei einem umfangreichen Text nur bestimmte Teile überarbeitet werden, ist es nicht notwendig, den gesamten Text neu zu drucken. Es genügen manchmal bestimmte Seiten oder auch nur Textabschnitte.

WORD bietet die Möglichkeit, über den Befehl *Druck Optionen* den Umfang zu bestimmen, der gedruckt werden soll.

```
DRUCK OPTIONEN Drucker: EPSONLQ          Druckeranschluß: LPT1:
  Modell: LQ-1500                        Grafikauflösung: 180 dpi
  Exemplare: 1                           Konzept: Ja(Nein)
  Verborgener Text: Ja(Nein)             Kurzinformation: Ja(Nein)
  Umfang: Alles Markierung Seiten        Seitenzahlen:
  Absatzkontrolle:(Ja)Nein               Warteschlange: Ja(Nein)
  Papiervorschub: Endlospapier           Beidseitig: Ja(Nein)
Wählen Sie bitte eine Option!
Se1 Sp11            ()                                    Microsoft Word
```

Abb. 4-25: Druck Optionen

Die einzelnen Optionen im Befehlsfeld *Umfang* bedeuten:

Alles:	Der gesamte Text wird gedruckt.
Markierung:	Nur der markierte Text wird gedruckt.
Seite:	Die im Befehlsfeld Seite angegebenen Seiten werden gedruckt. Einzelne, nicht aufeinanderfolgende Seitenzahlen werden durch Semikolon, aufeinanderfolgende Seitenzahlen durch Doppelpunkt voneinander getrennt. Gemischte Angaben sind ebenfalls möglich. Beispiele: 6;8 (Druck der Seiten 6 und 8), 2:4 (Druck der Seiten 2 bis 4), 2:4;6;8 (Druck der Seiten 2 bis vier und 7 und 8).

Drucken einzelner Seiten

Aufgabe: Die Ausgabe des Übungtextes soll nur für die Seite 2 erfolgen

VORGEHEN: Drucken einzelner Seiten

- Aktivieren Sie den Befehl *Druck Optionen*.

- Steuern Sie das Befehlsfeld *Umfang* an und markieren Sie die Option *Seiten*.

- Steuern Sie das Befehlsfeld *Seitenzahlen* an und geben Sie die Seitenzahl der zu druckenden Seit ein (hier: *2*).

- Betätigen Sie *<Return>* bestätigen und starten Sie den Druckvorgang durch Wahl des Befehls *Drucker*.

Das Ergebnis: WORD beginnt, nach abgeschlossener Formatierung, mit dem Ausdruck der zweiten Seite.

Drucken eines markierten Bereichs

Aufgabe: Drucken Sie nur den im Rahmen dieses Kapitels neu hinzugefügten Text aus.

VORGEHEN: Drucken eines markierten Bereichs

- Der zu druckende Text ist zu markieren. Bewegen Sie den Cursor an den Beginn des neu eingebenen Textes und markieren Sie diesen mit *<F6>* und *<Strg>* + *<Bild unten>*.

- Aktivieren Sie den Befehl *Druck Optionen* und steuern Sie anschließend das Befehlsfeld *Umfang* an.

- Wählen Sie die Option *Markierung* und beschließen Sie die Eingabe mit *<Return>*.

- Wählen Sie den Befehl *Drucker*, um den Druckvorgang zu starten.

HINWEIS:

Die Kopf- und Fußzeilen werden in diesem Fall nicht mit ausgedruckt. Das liegt daran, daß deren Inhalt am Textanfang erfaßt wurde und somit für den Ausdruck nicht mit markiert sind.

Drucken Sie zum Abschluß Ihren gesamten Text noch einmal aus, indem Sie den Befehl *Druck Optionen* wählen, den *Umfang* auf *Alles* zurücksetzen und den Drucker erneut aktivieren. Ihr Übungstext müßte jetzt entsprechend der vorgenommenen Formatierungen und mit Kopf- und Fußzeile ausgedruckt werden.

4.9 Befehlsübersicht

In diesem Kapitel sind folgende Befehlsfolgen und Tastenkombinationen für folgende Aktionen zum Einsatz gekommen:

Druck Drucker oder <Strg> + <F8>
Auslösen des Ausdrucks.

Druck Optionen Befehlsfeld Umfang
Festlegung auszudruckender Textbereiche.

Druck Umbruch-Seite oder <Strg> + <F9>
Start des Seitenumbruchs mit der Möglichkeit der manuellen Veränderung.

Einfügen aus () oder Taste <Einfg>
Einfügen von Textpassagen, die vorher über den Befehl Kopie oder Löschen in dem "Papierkorb" abgelegt worden sind.

Format Zeichen
Bestimmung von Formatierungsmerkmalen für Zeichen, wie Fett- und Kursivdruck, Schriftart, Schriftgrad. Ersatzweise Einsatz von Tastenkombinationen: z.B. *<Alt> + <F>* für Fett, *<Alt> + <I>* für Kursivschrift.

Format Absatz
Festlegungen über die Darstellung von Zeilen in markierten Absätzen, wie Blocksatz, linker Einzug, Einzug der ersten Zeile eines Absatzes, Abstand der Zeilen innerhalb eines Absatzes. Die meisten Formatierungen können ebenfalls per Formatierungstasten, z.B. *<Alt> + <B>* für Blocksatz, vorgenommen werden.

Format Bereich Seitenrand oder <Alt> + <F4>
Bestimmung der Papierseitenlänge und der Abstände, in denen der Text vom Seitenrand gedruckt wird; Festlegung der Positionen von Kopf- und Fußzeilen auf der Seite.

Format Bereich Paginierung
Festlegungen über fortlaufende Numerierung der Seiten

Format Kopf-/Fußzeile oder <Strg> + <F2> / <Alt> + <F2>
Definition von Absätzen als Kopf- oder Fußzeilen; Festlegungen, auf welchen Seiten diese Kopf- oder Fußzeilen ausgedruckt werden. Mit der Taste *<F3>* im Zusammenhang mit dem im Kopf-/Fußzeilenbereich eingegebenen Wort *Seite* wird eine fortlaufende Seitennumerierung erzeugt und in der Kopf- oder Fußzeile gedruckt.

Gehezu Bildschirmseite oder $<Alt> + <F5>$
> Nach Eingabe der gewünschten Seitenzahl springt der Cursor an den Anfang dieser Seite. Voraussetzung ist, daß ein Seitenumbruch erfolgt ist.

Kopieren in () oder $<Alt> + <F3>$
> Kopieren einer markierten Textpassage in den Zwischenspeicher (Papierkorb).

Löschen in () oder Taste $<Entf>$
> Löschen einer markierten Textpassage in den "Papierkorb". Endgültiges Löschen der markierten Textpassage mit Tastenkombination $<Umschalt> + <Entf>$.

Rückgängig oder $<Umschalt> + <F1>$
> Möglichkeit, die zuletzt ausgeführte Aktion zu annulieren.

Suchen
> Suche der eingebenen Zeichenfolge ab der Cursorposition in die angegebene Suchrichtung. Erneutes Starten des Suchvorgangs mit $<Umschalt> + <F4>$.

Wechseln
> Suche einer eingegebenen Zeichenfolge ab der Cursorposition nach unten. Bei erfolgreicher Suche wird der Suchbegriff durch den eingegebenen Ersatzbegriff ausgewechselt.

Übertragen Laden Zusammenführen
> Zusammenführen eines aktuellen Textes mit einem anderen, auf einem externen Speicher gesicherten Text.

Zusätze Maßeinheit
> Bestimmung der Standardmaßeinheit für die Festlegung von Zeileneinzügen, Seitenrändern usw.

5 Arbeiten mit Standard- und Serientexten

Betrachtet man einmal den Schriftverkehr eines Unternehmens, so ist festzustellen, daß sich in Geschäftsbriefen bestimmte Textpassagen oft wiederholen. Es liegt also nahe, die sich oftmals wiederholenden Passagen zu standardisieren, um diese nicht jedesmal neu erfassen zu müssen. Die Erfassung ständig wiederkehrender Textpassagen als sogenannte "Textbausteine" erhöht die ohnehin große Flexibilität elektronischer Textverarbeitungsysteme. Sind die Textbausteine einmal vorhanden, lassen sich aus diesen jederzeit neue, individuelle Texte zusammenstellen.

Eine weitere Kategorie von Texten mit dem Merkmal der ständigen Wiederholung sind die sogenannten Serienbriefe. Serienbriefe sind dadurch gekennzeichnet, daß ein Text gleichen Inhalts (zum Beispiel ein Angebotstext) an unterschiedliche Adressaten gerichtet ist. Auch in diesem Fall bietet ein Textsystem erhebliche Arbeitsersparnis, indem es die Möglichkeit bietet, den Serientext und die Daten über die Adressaten (z.B. die Anschriften) getrennt zu erfassen und zu speichern. Das "Kombinieren" der Daten zu einem vollständigen Brief übernimmt das Textsystem.

In diesem Kapitel lernen Sie, wie

- *Textbausteine erstellt werden und aus diesen ein neuer Text zusammengestellt wird,*

- *Serienbriefe erstellt werden.*

5.1 Arbeiten mit Textbausteinen

In Geschäftsbriefen oder Bewerbungsanschreiben wiederholen sich gewisse Textpassagen ständig. Auch bei der Erstellung verschiedener wissenschaftlicher Texte zu einem ausgewählten Thema kann eine bestimmte Textpassage oder ein bestimmtes Zitat immer wieder von Interesse sein.

In all diesen Fällen wird die Texterfassung und -bearbeitung mit WORD erheblich dadurch vereinfacht, daß mehrmals in unterschiedlichen Texten benötigte Passagen einmal erfaßt, als Textbausteine abgelegt und in Textbausteindateien gespeichert werden können. Bei Bedarf kann aus solchen Bausteinen ein individueller Text schnell und fehlerfrei zusammengesetzt werden.

Am Beispiel einer Angebotserstellung lernen Sie,

- *Textbausteine zu erstellen, im Arbeitsspeicher des Computers abzulegen und schließlich auf einem externen Datenträger zu speichern,*
- *Textbausteindateien zu laden, zusammenzuführen und zu drucken,*
- *aus Textbausteinen einen neuen Text zu montieren,*

In Abb. 5-1 sehen Sie ein aus Textbausteinen zusammengestelltes Angebotsschreiben.

Frau
Elisabeth Steinkühler
Lorentzweg 19

1000 Berlin 65

Berlin, den 4. März 1989

Angebot über Wein

Sehr geehrte Frau Steinkühler,

wie jedes Jahr unterbreiten wir unseren langjährigen Stammkunden ein persönliches Angebot. Diesmal können wir Ihnen besonders empfehlen:

Rotweine:
Grantschener Samtrot, Trollinger und Lemberger,	*je Fl. 4,10 DM*
Weinsberger Zeilberg, Trollinger und Lemberger,	*je Fl. 4,80 DM*
Gundelsheimer Rebenblut, Lemberger,	*je Fl. 5,00 DM*

Weißweine:
Eberstädter Zipf, Müller-Thurgau,	*je.Fl. 4,50 DM*
Grantschener Wildenberg, Riesling mit Silvaner,	*je Fl. 5,20 DM*
Lehrenheimer Bergpfad, Riesling,	*je Fl. 5,60 DM*

In den angegebenen Preisen sind 14 % Umsatzsteuer enthalten. Bei Abnahme von über 50 Flaschen gewähren wir Ihnen einen Preisnachlaß von 0,10 DM/Flasche. Die Lieferungs- und Zahlungsbedingungen entnehmen Sie bitte der beiliegenden Preisliste.

Mit freundlichen Grüßen

Abb. 5-1: Der fertigmontierte Text

5.1.1 Erfassen und Formatieren des Bausteintextes

Vor der Erfassung des Bausteintextes sollte analysiert werden, wie häufig sich bestimmte Textpassagen wiederholen, denn erst bei ausreichender Häufigkeit ist eine Standardisierung sinnvoll. Im nächsten Schritt sind die betreffenden Textpassagen zu erfassen und, wenn erforderlich, mit den notwendigen Formatierungen zu versehen.

Erfassen des Bausteintextes

Aufgabe: Geben Sie Textpassagen der Abb. 5-2 nacheinander ein.

```
-  Berlin, ·den¶
   Sehr·geehrte¶
   Mit·freundlichen·Grüßen¶
   Angebot·über·Wein¶
   Wie·jedes·Jahr·unterbreiten·wir·unseren·langjährigen·Stammkunden·
   ein·persönliches·Angebot.·Diesmal·können·wir·Ihnen·besonders·
   empfehlen:¶
   Rotweine:¶
   Grantschener·Samtrot,·Trollinger·und·Lemberger,·je·Fl.·4,10·DM¶
   Weinsberger·Zeilberg,·Trollinger·und·Lemberger,·je·Fl.·4,80·DM¶
   Gundelsheimer·Rebenblut,·Lemberger,·············je·Fl.·5,00·DM¶
   Weißweine:¶
   Eberstädter·Zipf,·Müller-Thurgau,··············je·Fl.·4,50·DM¶
   Grantschener·Wildenberg,·Riesling·mit·Silvaner,·je·Fl.·5,20·DM¶
   Lehrenheimer·Bergpfad,·Riesling,···············je·Fl.·5,60·DM¶
   In·den·angegebenen·Preisen·sind·14%·Umsatzsteuer·enthalten.¶
   Bei·Abnahme·von·über·50·Flaschen·gewähren·wir·Ihnen·einen·
   Preisnachlaß·von·0,10·DM/Flasche.¶
   Die·Lieferungs-·und·Zahlungsbedingungen·entnehmen·Sie·bitte·der·
   beiliegenden·Preisliste.¶
```

Abb. 5-2: Textpassagen zur Erstellung von Textbausteinen

HINWEIS:

Die Datei TEXT5-1.TXT, mit den notwendigen Bausteintexten befindet sich auf der Übungsdiskette.

Formatieren des Bausteintextes

Beim Anlegen von Textbausteinen ist es angebracht, die notwendigen Formatierungen sofort vorzunehmen, denn die Formatierungsmerkmale werden mit gespeichert. Bei der Textmontage ist der Text dann bereits entsprechend formatiert, und Sie vermeiden unliebsame Überraschungen, wenn zum Beispiel der Text in der falschen Schriftart gedruckt wird.

Aufgabe: Der gesamte Text soll in einer Schriftart mit Briefqualität (Letter Quality) formatiert werden.

VORGEHEN: Bestimmen der Schriftart des Bausteintextes

- Formatieren Sie den gesamten Text mit *<Alt> + <F10>*.

- Mit *<Alt> + <F8>* gelangen Sie direkt in das Befehlsfeld *Schriftart*.

- Die Liste der Schriftarten wird mit *<F1>* abgerufen und mit den *<Pfeiltasten>* eine der LQ- (= *LetterQuality*) oder NLQ- (= *NearLetterQuality*) Schriftarten ausgewählt.

- Mit *<Return>* wird die Auszeichung bestätigt.

Aufgabe: Der Absatz, der die Ortsangabe enthält, soll rechtsbündig ausgerichtet werden.

VORGEHEN: Bausteintext rechtsbündig ausrichten

- Positionieren Sie den Cursor in den entsprechenden Absatz: *Berlin, den.*

- Wählen Sie die Ausrichtung *Rechtsbündig* durch Betätigung von *<Alt> + <R>*.

Aufgabe: Die Angebotspassagen zu den Weinsorten sollen in Kursivschrift und dem Schriftgrad 10 ausgezeichnet werden.

VORGEHEN: Auszeichnung in Kursivschrift und Bestimmung der Schriftart des Bausteintextes

- Positionieren Sie den Cursor an den Beginn des Wortes *Rotwein*.

- Schalten Sie den Erweiterungsmodus mit der Funktionstaste *<F6>* ein.

- Markieren Sie den Text durch Betätigen (9mal) der Funktionstaste *<F10>*.

- Zeichnen Sie den Text mit *<Alt>* + *<I>* in Kursivschrift aus.

- Aktivieren Sie das Befehlsfeld *Schriftart* mit *<Alt>* + *<F8>*.

- Das Befehlsfeld *Schriftgrad* wird mit *<Tab>* angesteuert, der *Schriftgrad 10* eingetragen und mit *<Return>* bestätigt.

Aufgabe: Die Zeichenfolgen "Rotweine:" und "Weißweine:" sollen zusätzlich die Auszeichnung Unterstrichen erhalten.

VORGEHEN: Formatieren von Bausteintext mit der Auszeichnung Unterstrichen

- Positionieren Sie den Cursor an den Beginn des Wortes *Rotwein*.

- Markieren Sie dieses und das nächste Wort mit *<F6>* und zweimal *<F8>*.

- Betätigen Sie *<Alt>* + *<U>*, um die Worte unterstrichen auszuzeichnen.

- Positionieren Sie den Cursor an den Beginn des Wortes *Weißwein*.

- Markieren Sie mit *<F6>* und zweimal *<F8>* dieses und das nächste Wort.

- Betätigen Sie *<Alt>* + *<U>* oder *<F4>* (= *Befehl Wiederholen*), um die Auszeichnung *Unterstrichen* vorzunehmen.

Aufgabe: Die Absätze, die die Angebotspassagen der einzelnen Weinsorten enthalten, sollen einen linken Einzug von 1 cm erhalten.

VORGEHEN: Erstellen eines linken Absatzeinzugs

- Positionieren Sie den Cursor in den Absatz, der das Wort *Rotwein* enthält.

- Markieren Sie die Absätze mit *<F6>* und *<F10>*.

- Wählen Sie den Befehl *Format Absatz*.

- Geben Sie im Befehlsfeld *Linker Einzug 1 cm* ein und bestätigen Sie mit *<Return>*.

Abbildung 5-3 zeigt die vollständig formatierten Textpassagen.

Berlin, den

Sehr geehrte

Mit freundlichen Grüßen

Angebot über Wein

Wie jedes Jahr unterbreiten wir unseren langjährigen Stammkunden ein persönliches Angebot. Diesmal können wir Ihnen besonders empfehlen:

Rotweine:

Grantschener Samtrot, Trollinger und Lemberger,   *je Fl. 4,10 DM*

Weinsberger Zeilberg, Trollinger und Lemberger,   *je Fl. 4,80 DM*

Gundelsheimer Rebenblut, Lemberger,   *je Fl. 5,00 DM*

Weißweine:

Eberstädter Zipf, Müller-Thurgau,   *je.Fl. 4,50 DM*

Grantschener Wildenberg, Riesling mit Silvaner,   *je Fl. 5,20 DM*

Lehrenheimer Bergpfad, Riesling,   *je Fl. 5,60 DM*

In den angegebenen Preisen sind 14% Umsatzsteuer enthalten.

Bei Abnahme von über 50 Flaschen gewähren wir Ihnen einen Preisnachlaß von 0,10 DM/Flasche.

Die Lieferungs- und Zahlungsbedingungen entnehmen Sie bitte der beiliegenden Preisliste.

Abb. 5-3: Die formatierten Textpassagen zur Erstellung von Textbausteinen

5.1.2 Anlegen, Einfügen, Speichern und Löschen von Textbausteinen

Textbausteine werden, wie normaler Text auch, im Arbeitsspeicher des Computers abgelegt. Um Textbausteine dauerhaft nutzen zu können, müssen diese ebenfalls auf einem externen Speicher gespeichert und bei Bedarf von dort geladen werden. Meist werden Sie aber nicht alle Textbausteine benötigen, die Sie irgendwann einmal erstellt haben. Befänden sich sämtliche Textbausteine in einer Datei, würden, wenn die Textbausteindatei geladen wird, die nicht benötigten Textbausteine unnötig Platz im Arbeitsspeicher belegen. Aus diesem Grund und auch der besseren Übersichtlichkeit wegen ist es besser, Textbausteine nach inhaltlichen Kriterien anzulegen und in unterschiedlichen Dateien zu speichern.

Eine Analyse des Angebotsschreiben zeigt, das sich die für die Textbausteinablage in Frage kommenden Textpassagen hinsichtlich der Häufigkeit ihres Auftretens und ihrer Verwendung unterteilen lassen in:

- Textpassagen mit allgemeingültigen Formulierungen, wie die Ortsangabe, die Anrede und die Grußformel, die in fast jedem Geschäftsbrief, sei es ein Angebotsschreiben oder ein Werbeanschreiben, Verwendung finden können.

- Textpassagen mit speziellen Formulierungen, deren Verwendung aufgrund ihres speziellen Inhalts (z.B. Angebotsformulierungen) nur eingeschränkt verwendbar sind.

Das Anlegen der Textbausteine vollzieht sich deshalb in zwei Schritten:

- In einem ersten Schritt sollen die in Abb. 5-4 dargestellten Passagen, die allgemeine, in jedem Geschäftsbrief anwendbare Formulierungen enthalten, als Textbausteine abgelegt und auf einem externen Speicher in einer Textbausteindatei gespeichert werden.

- Anschließend erfolgt das Anlegen der Textbausteine mit den Angebotsformulierungen und deren Speicherung in einer separaten Textbausteindatei.

Anlegen von Textbausteinen

Das Anlegen von Textbausteinen ist ein einfacher Vorgang. Der erste Schritt ist das Markieren der Zeichen, die als Textbaustein abgelegt werden sollen. Haben Sie die Markierung vorgenommen, müssen Sie den markierten Text unter einem sogenannten Bausteinnamen im Arbeitsspeicher des Computers als Textbaustein ablegen. Sie können dies mit dem Befehl *Löschen* oder dem Befehl *Kopie* vornehmen, mit denen Sie bereits in den vorherigen Übungen gearbeitet haben. Dort haben Sie die beiden Befehle verwendet, um markierte Textpassagen in den "Papierkorb" zu löschen bzw. zu kopieren. Wenn Sie Textbausteine anlegen, müssen Sie zusätzlich einen Bausteinnamen angeben, unter dem der Textbaustein im Arbeitsspeicher des Computers abgelegt wird.

In Abbildung 5-4 sehen Sie die Textpassagen mit Formulierungen allgemeiner Art sowie die Bausteinnamen, unter denen diese abgelegt werden sollen.

Bausteinname	Bausteintext
Ort	Berlin, den
Anrede	Sehr geehrte
Gruß	Mit freundlichen Grüßen

Abb. 5-4: Textpassagen mit allgemeinen Formulierungen

Aufgabe: Legen Sie den Bausteintext aus Abb. 5-4 unter den dort aufgeführten Bausteinnamen als Textbausteine ab.

VORGEHEN: Anlegen von Textbausteinen

* Der Cursor wird an den Anfang des Textes bewegt, der als
  Textbaustein angelegt werden soll (hier: *Berlin, den*).

* Mit der Funktionstaste *<F10>* (= *Absatz markieren*) wird der
  Text markiert.

* Im Hauptmenü wird der Befehl *Löschen* gewählt.

  Es erscheint der Befehl und die Aufforderung, einen Textbausteinnamen einzugeben.

* *LÖSCHEN in: ()*

  *Geben Sie bitte einen Textbausteinnamen ein oder wählen Sie
  einen mit F1!*

  Zur besseren Unterscheidung und als Hinweis auf den Textbau-
  steininhalt sollte ein "sprechender" Name gewählt werden. Der
  Bausteinname darf 31 Zeichen lang sein.

* Vergeben Sie für diesen Textbaustein den Namen *Ort*.

  LÖSCHEN in: (Ort)

  Bestätigen Sie die Eingabe mit der *<Return>*-Taste.

  Als Resultat verschwindet die markierte Textpassage vom Bildschirm. Diese ist nun als Textbaustein unter dem Namen Ort im
  Arbeitsspeicher des Computers abgelegt und kann von da aus
  wieder an der von Ihnen auszuwählenden Stelle eingefügt werden.

* Legen Sie die verbleibenden Passagen ebenfalls als Textbausteine ab.

* Markieren Sie die Textpassage

  Sehr geehrte

* Wählen Sie den Befehl *Löschen*, geben als Bausteinnamen
  Anrede ein und bestätigen mit *<Return>*.

* Markieren Sie die Textpassage

  Mit freundlichen Grüßen

* Wählen Sie den Befehl *Löschen*, geben als Bausteinnamen *Gruß*
  ein und bestätigen mit *<Return>*.

```
Mit·freundlichen·Grüßen¶
Angebot·über·Wein¶
Wie·jedes·Jahr·unterbreiten·wir·unseren·langjährigen·Stammkunden·
ein·persönliches·Angebot.·Diesmal·können·wir·Ihnen·besonders·
empfehlen:¶
Rotweine:¶
Grantschener·Samtrot,·Trollinger·und·Lemberger,·je·Fl.·4,10·DM¶
Weinsberger·Zeilberg,·Trollinger·und·Lemberger,·je·Fl.·4,80·DM¶
Gundelsheimer·Rebenblut,·Lemberger,·............je·Fl.·5,00·DM¶
Weißweine:¶
Eberstädter·Zipf,·Müller-Thurgau,·..............je.Fl.·4,50·DM¶
Grantschener·Wildenberg,·Riesling·mit·Silvaner,·je·Fl.·5,20·DM¶
Lehrenheimer·Bergpfad,·Riesling,·...............je·Fl.·5,60·DM¶
In·den·angegebenen·Preisen·sind·14%·Umsatzsteuer·enthalten.¶
Bei·Abnahme·von·über·50·Flaschen·gewähren·wir·Ihnen·einen·
Preisnachlaß·von·0,10·DM/Flasche.¶
Die·Lieferungs-·und·Zahlungsbedingungen·entnehmen·Sie·bitte·der·
beiliegenden·Preisliste.¶

LÖSCHEN in: Gruß▌

Geben Sie bitte einen Textbausteinnamen ein oder wählen Sie einen mit F1!
Sel Sp24          (·)                                   Microsoft Word
```

Abb. 5-5 Löschen in ()

Einfügen von Textbausteinen

Einmal erstellte und im Arbeitsspeicher befindliche Textbausteine können jederzeit abgerufen und an einer beliebigen Stelle in den aktuellen Text eingefügt werden. Der Textbaustein steht nach Abruf natürlich weiterhin zur Verfügung, so daß der Vorgang beliebig oft wiederholbar ist.

Für das Abrufen von Textbausteinen stehen prinzipiell zwei Möglichkeiten zur Verfügung: Die erste besteht im Aufruf des Befehls *Einfügen*. Anschließend ist der Name des Textbausteins einzugeben oder in der mit der Funktionstaste *<F1>* abrufbaren Liste zu markieren und mit *<Return>* einzufügen. Bei der zweiten Möglichkeit wird der Name des Textbausteins an der Stelle im Text eingegeben, an der die Einfügung erfolgen soll. Über die Funktionstaste *<F3>* (Textbaustein einfügen) erfolgt der Abruf des Textbausteins.

Das folgende Beispiel soll Ihnen, bevor Sie mit dem Anlegen weiterer Textbausteine fortfahren, vorab zeigen, wie Textbausteine aus dem Arbeitsspeicher des Computers abgerufen wurden.

Aufgabe: Die unter dem Namen "Ort" und Anrede abgelegten Textbausteine sollen abgerufen werden.

VORGEHEN: Abrufen von Textbausteinen

- Positionieren Sie den Cursor an der Stelle im Text, an der der Textbaustein eingefügt werden soll (hier: *an den Textanfang*).

- Wählen Sie den Befehl *Einfügen*.

- Betätigen Sie die Funktionstaste *<F1>*.

  Auf dem Bildschirm erscheint die Liste der Textbausteinnamen.

- Mit den Richtungstasten oder der Maus wird der Name des einzufügenden Textbausteins (hier: *Ort*) markiert.

- Durch Betätigen der *<Return>*-Taste wird der gewählte Textbaustein an der Cursorposition eingefügt.

- Der nächste Textbaustein wird per Funktionstaste abgerufen.

- Positionieren Sie den Cursor in die Zeile unter dem eben eingefügten Textbaustein.

- Geben Sie den Bausteinnamen *Anrede* ein und drücken *<F3>*.

  Der Bausteinname wird augenblicklich durch die unter diesem Namen abgelegte Textpassage "Sehr geehrte " ersetzt.

HINWEIS:

Die Methode, einen Textbaustein per Funktionstaste abzurufen, setzt die richtige Schreibweise des Bausteinnamens voraus. Ein fehlerhaft eingegebener Bausteinname bedeutet, daß ein Baustein mit diesem Namen nicht existiert. In diesem Fall erscheint in der Meldungszeile: *"Der Eintrag der Textbausteindatei existiert nicht!"*

```
Seite                        Nächste_Seite
Datum                        Druckdatum
Zeit                         Druckzeit
Fußnote                      Anrede
Gruß                         Ort





EINFÜGEN aus: Ort

Geben Sie bitte einen Textbausteinnamen ein oder wählen Sie einen mit F1!
Sel Sp1              (r)                                      Microsoft Word
```

Abb. 5-6: Einfügen aus: ()

In der Auflistung der vorhandenen Textbausteine erscheinen, neben den von
Ihnen angelegten, stets noch die Namen der sogenannten Standardtextbausteine,
die WORD ständig zur Verfügung stellt. Den Standardtextbaustein *Seite* haben
Sie im vorherigen Kapitel, bei der Integration von Seitenzahlen in einen Text,
bereits angewendet. In der nachstehenden Liste finden Sie eine Auflistung aller
Standardtextbausteine und deren Verwendung.

Bausteinname	Verwendung
Seite	Einfügen der Seitenzahl während des Druckens
Nächste_Seite	Einfügen der nächsten Seitenzahl während des Druckens
Datum	Einfügen des Systemdatums in den Text
Druckdatum	Einfügen des Systemdatums in den Text während des Druckens
Druckzeit	Einfügen der Systemzeit in den Text während des Druckens
Fußnote	Einfügen eines Fußnotenzeichens in den Text

Speichern von Textbausteinen in einer Textbausteindatei

Wie jeder andere Text werden Textbausteine zunächst nur im Arbeitsspeicher des Computers abgelegt. Um sie dauerhaft nutzen zu können, müssen diese ebenfalls auf einem externen Speichermedium gespeichert werden.

Dabei ist zu beachten, daß WORD alle aktuell im Arbeitsspeicher befindlichen Textbausteine in einer Datei zusammenfaßt und speichert. Das unterstreicht noch einmal die Notwendigkeit, Textbausteine nach inhaltlichen Kriterien geordnet anzulegen.

Aufgabe: Die Textbausteine, die unter den Namen *Ort*, *Anrede*, und *Gruß* abgelegt wurden, sollen in einer Textbausteindatei unter dem Namen ANREDE.TBS gespeichert werden.

VORGEHEN: Speichern von Textbausteinen in einer Textbausteindatei

- Wählen Sie den Befehl *Übertragen Textbausteine Speichern*.

  Word gibt als Dateinamen STANDARD.TBS vor. Wie der Name besagt, enthält diese Datei die Standard-Textbausteine Seite, Datum, etc. Textbausteine, die Sie dieser Datei hinzufügen, bekommen dadurch den Status eines Standard-Textbausteins und werden beim Starten von WORD automatisch mitgeladen.

- Geben Sie stattdessen als Dateinamen ANREDE.TBS ein.

HINWEIS:

   Die Erweiterung ".TBS" steht für Textbausteindatei und wird, wenn hierfür keine Eingabe erfolgt, automatisch von WORD generiert. Im übrigen gelten für die Speicherung von Textbausteindateien die gleichen Bedingungen wie für das Speichern von "normalem" Text, d.h., wenn die Speicherung abweichend vom eingestellten Laufwerk und/oder Verzeichnis erfolgen soll, so ist dem Dateinamen der entsprechende Pfad voranzustellen.

- Starten Sie den Speichervorgang durch Betätigen der *<Return>*-Taste.

```
ÜBERTRAGEN TEXTBAUSTEINE SPEICHERN Dateiname: ANREDE█

Geben Sie bitte den Dateinamen ein!
Sel Spl            (r)                              Microsoft Word
```

Abb. 5-7: Übertragen Textbausteine Speichern

Textbausteine löschen

Wie bereits erwähnt, sollten Textbausteine nach inhaltlichen Kriterien angelegt und in verschiedenen Dateien gespeichert werden. Damit die Textpassagen, die die speziellen Angebotsformulierungen enthalten, in einer separaten Datei gespeichert werden können, müssen vorerst die Textbausteine mit den allgemeinen Formulierungen aus dem Arbeitsspeicher gelöscht werden.

Das Löschen von Textbausteinen aus dem Arbeitsspeicher erfolgt über den Befehl *Übertragen Textbausteine Löschen*. Im Befehlsfeld *Name* ist der Name des zu löschenden Textbausteins einzutragen, oder mit *<F1>* wird die Liste der Textbausteinnamen abgerufen, mit den *<Pfeiltasten>* der Name markiert und mit *<Return>* der Textbaustein gelöscht. Sollen mehrere Textbausteine auf einmal gelöscht werden, so sind die Namen durch Semikola zu trennen.

Aufgabe: Löschen Sie bitte die unter den Namen *Ort, Anrede, und Gruß* angelegten Textbausteine aus dem Arbeitsspeicher.

VORGEHEN: Löschen von Textbausteinen aus dem Arbeitsspeicher

- Wählen Sie den Befehl *Übertragen Textbausteine Löschen*.

  Geben Sie die Liste der Textbausteinnamen, getrennt durch ein Semikolon, ein:

  Ort;Anrede;Gruß

  oder

- Rufen Sie mit *<F1>* die Liste der Textbausteinnamen ab.

- Markieren Sie mit der Maus oder den *<Pfeiltasten>* den ersten zu löschenden Textbausteinnamen (hier: *Ort*), geben Sie ein Semikolon (;) ein und markieren den nächsten Bausteinnamen (hier: *Anrede*).

- Wiederholen Sie den Vorgang für den nächsten Namen *Gruß*.

- Bestätigen Sie mit der *<Return>*-Taste die Auswahl.

  WORD fragt sicherheitshalber nach, ob Sie die Textbausteine wirklich löschen möchten.

- Bestätigen Sie mit *J* den Löschvorgang.

HINWEIS:

    Durch den eben geübten Löschvorgang entfernen Sie die Textbausteine lediglich aus dem Arbeitsspeicher des Computers. Als Bestandteil der gespeicherten Datei ANREDE.TBS bleiben sie ebenso erhalten wie als Textpassagen im aktuellen Text.

```
ÜBERTRAGEN TEXTBAUSTEINE LÖSCHEN Name: Anrede;Ort;Gruß

Geben Sie J ein, wenn Sie den Textbaustein löschen möchten! █
Sel Spl              (r)                                        Microsoft Word
```

Abb. 5-8: Der Befehl Übertragen Textbausteine Löschen

5.1.3 Erstellen einer weiteren Textbausteindatei

Ausgehend von dem Beispieltext kann nun dazu übergegangen werden, die Textpassagen als Textbausteine zu erfassen, die spezielle Angebotsformulierungen enthalten. In Abbildung 5-9 sind die entsprechenden Passagen mit den dazugehörigen Bausteinnamen aufgelistet.

Aufgabe: Legen Sie die Textpassagen aus Abb. 5-9 unter den dort angegebenen Namen ab.

Bausteinname	Bausteintext
Betreff	Angebot über Wein
Einleitung	Wie jedes Jahr unterbreiten wir unseren langjährigen Stammkunden ein persönliches Angebot. Diesmal können wir Ihnen besonders empfehlen:
Rotwein	Rotweine: Grantschener Samtrot, Trollinger und Lemberger, je Fl. 4,10 DM Weinsberger Zeilberg, Trollinger und Lemberger, je Fl. 4,80 DM Gundelsheimer Rebenblut, Lemberger, je Fl. 5,00 DM
Weißwein	Weißweine: Eberstädter Zipf, Müller-Thurgau, je.Fl. 4,50 DM Grantschener Wildenberg, Riesling mit Silvaner, je Fl. 5,20 DM Lehrenheimer Bergpfad, Riesling, je Fl. 5,60 DM
Ust14	In den angegebenen Preisen sind 14% Umsatzsteuer enthalten.
Preisnachlaß	Bei Abnahme von über 50 Flaschen gewähren wir Ihnen einen Preisnachlaß von 0,10 DM/Flasche.
Liefbed	Die Lieferungs- und Zahlungsbedingungen entnehmen Sie bitte der beiliegenden Preisliste.

Abb. 5-9 Textbausteine für den Angebotstext

Aufgabe: Speichern Sie die Textbausteine in der Datei mit dem Namen ANGEBOT.TBS.

VORGEHEN: Speichern einer zweiten Textbausteindatei

- Wählen Sie den Befehl *Übertragen Textbausteine Speichern*.

- Geben Sie den Dateinamen ein:

  ANGEBOT.TBS.

- Bestätigen Sie mit *<Return>*.

5.1.4 Textbausteindateien laden und zusammenführen

Nachdem nun die notwendigen Textbausteindateien vorhanden sind, kann damit begonnen werden, einen oder mehrere Texte aus den Bausteinen zusammenzustellen. Um das Vorgehen von Grund auf nachzuvollziehen, soll die Ausgangssituation hergestellt werden, die Sie beim Starten von WORD vorfinden.

Bildschirm und Arbeitsspeicher löschen

Eine Möglichkeit besteht darin, WORD zu verlassen (Befehl *Quitt*) und neu zu starten. Die Alternative ist der Aufruf des Befehls *Übertragen Bildschirmlöschen Gesamt*, die bewirkt, daß nicht nur der im Arbeitsspeicher befindliche Text, sondern auch die Textbausteine gelöscht werden.

Aufgabe: Der Text und auch die Textbausteine sollen aus dem Arbeitsspeicher gelöscht werden.

VORGEHEN: Bildschirminhalt und Arbeitsspeicherinhalt löschen

- Wählen Sie die Befehl *Übertragen Bildschirmlöschen Gesamt*.

  Sobald Sie diesen Befehl mit *<Return>* bestätigen, stellt Word vorsichtshalber noch eine Sicherheitsfrage. Falls Sie Änderungen am aktuellen Text vorgenommen oder diesen noch nicht gespeichert haben, können Sie nun noch durch Eingabe von J den Text speichern, durch Eingabe von *N* eine Aktualisierung verhindern, oder den Befehl mit *<Esc>* abbrechen.

- Geben Sie *N* ein, da der Text nicht gespeichert werden soll.

HINWEIS:

> Ebenso werden Sie bei Vorhandensein von noch nicht gespeicherten Textbausteinen gefragt, ob Sie diese speichern wollen oder nicht.

Wenn Sie einen Text aus Textbausteinen zusammensetzen wollen, so müssen sich die benötigten Bausteine im Arbeitsspeicher des Computers befinden. Ist dies nicht der Fall, wie in unserem Beispiel, so ist die Datei, in der die benötigten Textbausteine gespeichert sind, zu laden. Das Laden der Textbausteindatei wird über den Befehl *Übertragen Textbausteine Dateiladen* ausgelöst. Analog zum Vorgehen beim Laden normaler Textdateien, kann mit *<F1>* die Liste der im aktuellen Pfad vorhandenen Textbausteindateien abgerufen werden und mit den *<Pfeiltasten>* der Dateiname markiert werden.

Aufgabe: Laden Sie die Textbausteindatei ANREDE.TBS, die Textbausteine mit allgemeinen Formulierungen enthält.

VORGEHEN: Laden einer Textbausteindatei

- Wählen Sie den Befehl *Übertragen Textbausteine Dateiladen*.

  Sie werden aufgefordert, den Dateinamen einzugeben oder einen mit *<F1>* zu wählen. Befindet sich die Textbausteindatei nicht im aktuellen Laufwerk und/oder Verzeichnis, so ist dem Dateinamen der entsprechende Pfad voranzustellen. Die Dateinamenerweiterung ".TBS" ist die voreingestellte und kann bei der Eingabe des Dateinamens entfallen.

- Geben Sie den Dateinamen: ANREDE.TBS ein,

  oder

- lassen Sie sich mit *<F1>* die Liste der auf dem Laufwerk vorhandenen Textbausteindateien anzeigen, und

- markieren Sie den Dateinamen mit der Maus oder den *<Pfeiltasten>*.

- Mit Betätigen der *<Return>*-Taste wird die Datei geladen.

```
ÜBERTRAGEN TEXTBAUSTEINE DATEILADEN Dateiname: ANREDE.TBS
                                 Schreibschutz: Ja(Nein)
Geben Sie bitte einen Dateinamen ein oder wählen Sie einen mit F1! (557056 B)
Sel Spl            ()                                              Microsoft Word
```

Abb. 5-10: Übertragen Textbausteine laden

Zur Textmontage im Rahmen unseres Übungsbeispiels fehlen jetzt noch die Bausteine mit den speziellen Angebotspassagen, die in der Datei ANGEBOT.TBS gespeichert sind. Dabei ist jedoch zu beachten:

Befinden sich bereits Textbausteine im Arbeitsspeicher und sollen weitere Bausteine aus einer anderen Datei hinzugefügt werden, so muß die zweite und jede weitere Datei mit dem Befehl *Übertragen Textbausteine Zusammenführen* in den Arbeitsspeicher übertragen werden. Ein "Laden" der Textbausteindatei hätte zur Folge, daß WORD die derzeit im Arbeitsspeicher stehenden Textbausteine mit den neuen Textbausteinen überschreiben würde.

Aufgabe: Übertragen Sie die Textbausteine aus der Datei: ANGEBOT.TBS in den Arbeitsspeicher.

VORGEHEN: Zusammenführen von Textbausteindateien

- Wählen Sie die Befehlsfolge *Übertragen Textbausteine Zusammenführen.*

  Sie werden ebenfalls aufgefordert, den Dateinamen einzugeben oder einen mit *<F1>* zu wählen. Auch hier gilt: Befindet sich die Textbausteindatei nicht im aktuellen Laufwerk und/oder Verzeichnis, so ist dem Dateinamen der entsprechende Pfad voranzustellen.

- Geben Sie den Dateinamen ANGEBOT.TBS ein,

  oder

- lassen Sie sich mit *<F1>* die Liste der auf dem Laufwerk vorhandenen Textbausteindateien anzeigen, und

- markieren Sie den Dateinamen.

- Starten Sie den Übertragungsvorgang mit *<Return>*.

5.1.5 Textmontage unter Verwendung von Textbausteinen

Mit den nun verfügbaren Bausteinen sind Sie in der Lage, einen Text entsprechend dem Ausgangsbeispiel zusammenzustellen, indem Sie die Textbausteine an den entsprechenden Stellen einfügen.

Zu Beginn dieses Kapitels haben Sie gelernt, einen Textbaustein unter Verwendung des Befehls *Einfügen* abzurufen. Eine andere Methode ist, den Bausteinnamen an der Stelle im Text einzugeben, an der der Baustein eingefügt werden soll, und diesen mit der Funktionstaste *<F3>* abzurufen.

Am Beispiel der Textzusammenstellung des Beispieltextes soll das Vorgehen für beide Methoden noch einmal verdeutlicht werden.

Aufgabe: Unter Verwendung der Textbausteine soll ein Text gemäß dem Ausgangsbeispiel zusammengestellt werden.

VORGEHEN: Zusammenstellen eines Textes unter Verwendung von Textbausteinen

- Positionieren Sie den Cursor an die Stelle im Text, an der der erste Textbaustein (hier: die Ortsangabe) eingefügt werden soll.

- Aktivieren Sie den Befehl *Einfügen*.

- Rufen Sie mit *<F1>* die Liste der Textbausteine ab, markieren Sie den Textbausteinnamen *Ort* und bestätigen mit *<Return>*.

  Der Textbaustein wird an der Cursorposition eingefügt.

- Erzeugen Sie mit der *<Return>*-Taste 4 Leerzeilen, um den folgenden Baustein vom Datum zu trennen.

  Der nächste Baustein *Betreff* wird mit der Funktionstaste abgerufen:

- Geben Sie den Bausteinnamen *Betreff* ein.

- Betätigen Sie die Funktionstaste *<F3>*, woraufhin der benannte Textbaustein abgerufen und an der Cursorposition eingesetzt wird.

- Komplettieren Sie den Übungstext durch Abruf der weiteren, nachfolgend dargestellten Textbausteine in der angegebenen Reihenfolge.
  Anrede
  Einleitung
  Rotwein
  Weißwein
  Ust14
  Preisnachlaß
  Lieferbed
  Gruß

Verwendung von Standardtextbausteinen

Neben der konkreten Anschrift fehlt in dem Angebotstext noch das Angebotsdatum. Damit bei jedem Ausdruck des Angebotstextes das aktuelle Datum in den Text eingefügt wird, kann der Standardtextbaustein *(Druckdatum)* verwendet werden.

Aufgabe: Der Standardtextbaustein (Druckdatum) soll hinter der Ortsangabe in den Text eingefügt werden.

VORGEHEN: Einfügen eines Standardtextbausteins

- Positionieren Sie den Cursor an das Ende des Absatzes, der die Ortsangabe enthält, und fügen Sie ein Leerzeichen ein.

  Der Textbaustein soll per Funktionstaste abgerufen werden.

  Geben Sie den Bausteinnamen *Druckdatum* ein und rufen diesen mit *<F3>* ab.

  Der Bausteinname wird in Klammern gesetzt. Bei jedem Ausdruck des Angebots wird das aktuelle Systemdatum in den Text eingefügt.

HINWEIS:

Bei einigen Computern muß das Systemdatum bei jedem Start des Computers neu gesetzt werden. Der DOS-Befehl zum Setzen des Datums lautet DATE und ist auf der DOS-Ebene einzugeben.

Aufgabe: Vervollständigen Sie den Text gemäß dem Ausgangsbeispiel in Abb. 5-1 und speichern diesen unter dem Namen ÜBUNG3.TXT. Anschließend soll der Text ausgedruckt werden.

VORGEHEN: Vervollständigen, Speichern und Drucken des Angebotstextes

- Fügen Sie eine Leerzeile am Textanfang ein, indem Sie 1mal die *<Return>*-Taste betätigen.

- Stellen Sie das Standardabsatzformat für die eingefügte Leerzeile her, indem Sie die Tastenkombination *<Alt>+<N>* betätigen.

- Geben Sie die folgende Anschrift ein:

  Frau

  Elisabeth Steinkühler

  Lorentzweg 19

  1000 Berlin 65

- Fügen Sie die, gemäß dem Ausgangsbeispiel, notwendigen Absatzschaltungen in den Text ein.

- Speichern Sie den Text, indem Sie den Befehl *Übertragen Speichern* aktivieren.

- Geben Sie den Dateinamen ÜBUNG3.TXT ein und bestätigen Sie mit *<Return>*.

- Überspringen Sie die Kurzinformation mit *<Return>*.

- Starten Sie den Druckvorgang mit dem Befehl *Druck Drucker* oder der Tastenkombination *<Strg> + <F8>*.

5.1.6 Drucken von Textbausteinen

Um einmal angelegte Bausteine auch langfristig immer wieder einmal nutzen zu können, braucht man allerdings den Überblick darüber, welche Textbaustein-dateien angelegt wurden bzw. welche Textpassagen sich hinter welchem Baustein-Dateinamen verbergen. In der Praxis werden zu diesem Zweck Texthand-bücher angelegt, in denen die Textbausteinnamen mit den dazugehörigen Texten aufgezeichnet sind. Ein erster Schritt in diese Richtung ist das Ausdrucken der Textbausteine.

Der Ausdruck von Textbausteinen erfolgt über den Befehl *Druck Textbaustein*. Der Druckvorgang wird nur ausgelöst, wenn Textbausteine im Arbeitsspeicher abgelegt sind.

VORGEHEN: Drucken von Textbausteinen

- Wählen Sie den Befehl *Druck Textbaustein*.

- Der Druckvorgang wird sofort ausgelöst.

```
DRUCK: Drucker Serienbrief sofort Platte/Diskette Optionen
       Warteschlange Umbruch-Seite Textbaustein Layoutkontrolle
Druckt den Inhalt der aktuellen Textbausteindatei
```

Abb. 5-11 Befehl Druck Textbaustein

5.2 Serienbriefe

Die Erstellung eines Serienbriefes ist immer dann von Vorteil, wenn es darum geht, einen Text gleichen Inhalts (z.B. Einladungen, Werbebriefe, Angebotsschreiben) an mehrere Personen zu versenden.

Im folgenden Abschnitt werden anhand des Fallbeispiels einer Angebotserstellung alle wesentlichen Möglichkeiten der Serienbrieferstellung aufgezeigt.

In einzelnen Schritten wird erklärt,

- *wie die variablen Textelemente erfaßt und in einer sogenannten Steuerdatei gespeichert werden;*

- *welche Voraussetzungen bei der Erfassung des Serientextes zu erfüllen sind, damit beim späteren Ausdruck Serientext und variable Textelemente kombiniert werden;*

- *wie Serienbriefe gedruckt werden können;*

- *wie Textpassagen bedingt in den Serientext eingefügt werden können.*

- *wie gezielt auf die variablen Textelemente in der Steuerdatei zugegriffen werden kann.*

5.2.1 Fallbeispiel: Angebotserstellung

Eine Weinhandlung beabsichtigt, die Angebotserstellung mit Hilfe der Textverarbeitung zu vereinfachen. Bei der Erstellung des Serienbriefes sind folgende Anforderungen zu berücksichtigen:

- in jedes Angebot muß die Kundenadresse und das Datum des Angebots eingefügt werden können,

- die Anrede muß neben dem Namen auch die entsprechende Anredeform enthalten,

- in der Angebotserstellung ist die Möglichkeit zu berücksichtigen, das Angebote von unterschiedlichen Personen unterzeichnet werden können.

Darüberhinaus ist bei der Angebotserstellung zu berücksichtigen, daß

- den Kunden in Abhängigkeit vom bisherigen Umsatz unterschiedliche Preisnachlässe eingeräumt werden,

Die Abbildungen 5-12 und 5-13 zeigen zwei Angebotsversionen.

Frau
Elisabeth Steinkühler
Lorentzweg 17

1000 Berlin 65

Berlin, den 11. Feb. 1989

Angebot über Wein

Sehr geehrte Frau Steinkühler,

wie jedes Jahr unterbreiten wir unseren langjährigen Stammkunden ein
persönliches Angebot. Diesmal können wir Ihnen besonders empfehlen:

Rotweine:
Grantschener Samtrot, Trollinger und Lemberger, je Fl. 4,10 DM
Weinsberger Zeilberg, Trollinger und Lemberger, je Fl. 4,80 DM
Gundelsheimer Rebenblut, Lemberger,   je Fl. 5,00 DM

Weißweine:
Eberstädter Zipf, Müller-Thurgau,   je.Fl. 4,50 DM
Grantschener Wildenberg, Riesling mit Silvaner,   je Fl. 5,20 DM
Lehrenheimer Bergpfad, Riesling,   je Fl. 5,60 DM

In den angegebenen Preisen sind 14 % Umsatzsteuer enthalten. Bei Abnahme
von über 50 Flaschen gewähren wir Ihnen einen Preisnachlaß von 0,10
DM/Flasche. Die Lieferungs- und Zahlungsbedingungen entnehmen Sie bitte
der beiliegenden Preisliste.

Mit freundlichen Grüßen

(Stenzel)

Abb. 5-12 Angebotsversion

Herr
Martin Lemkuhl
Weichselstr.2

1000 Berlin 44

Berlin, den 11. Feb. 1989

Angebot über Wein

Sehr geehrter Herr Lemkuhl,

wie jedes Jahr unterbreiten wir unseren langjährigen Stammkunden ein
persönliches Angebot. Diesmal können wir Ihnen besonders empfehlen:

Rotweine:
Grantschener Samtrot, Trollinger und Lemberger, je Fl. 4,10 DM
Weinsberger Zeilberg, Trollinger und Lemberger, je Fl. 4,80 DM
Gundelsheimer Rebenblut, Lemberger,   je Fl. 5,00 DM

Weißweine:
Eberstädter Zipf, Müller-Thurgau,   je Fl. 4,50 DM
Grantschener Wildenberg, Riesling mit Silvaner, je Fl. 5,20 DM
Lehrenheimer Bergpfad, Riesling,   je Fl. 5,60 DM

In den angegebenen Preisen sind 14 % Umsatzsteuer enthalten. Bei Abnahme
von über 50 Flaschen gewähren wir Ihnen einen Preisnachlaß von 0,15
DM/Flasche. Die Lieferungs- und Zahlungsbedingungen entnehmen Sie bitte
der beiliegenden Preisliste.

Mit freundlichen Grüßen

(Stenzel)

Abb. 5-13: Angebotsversion

5.2.2 Erstellen eines Serienbriefes

Serienbriefe zeichnen sich dadurch aus, daß die einzelnen Versionen gleichbleibende und variable Textelemente beinhalten. In unserem Fallbeispiel bleibt der Angebotstext für alle Kunden gleich, während sich Name, Adresse, Anrede usw. von Version zu Version ändern. Zur Erstellung eines Serienbriefes sind zwei unterschiedliche Texte notwendig, die in separaten Dateien gespeichert werden:

- Ein *Steuertext*, der die veränderlichen Textelemente, wie Name, Adresse, Anrede usw., enthält und der in einer sogenannten *Steuerdatei* gespeichert wird.

- Ein *Serientext*, der neben den konstanten Textelementen Platzhalter enthält, an deren Stelle beim Drucken des Serienbriefes die variablen Textelemente aus dem Steuertext eingefügt werden. Die Speicherung erfolgt, dem Namen entsprechend, in einer sogenannnten *Serientextdatei*.

Die erstmalige Erstellung eines Serienbriefes vollzieht sich in folgenden Schritten:

- Anlegen einer Steuerdatei mit den variablen Textelementen;

- Anlegen der Serientextdatei mit den konstanten Textelementen;

- Starten des Druckvorgangs, um die variablen Textelemente in den Serientext einzufügen.

Anlegen der Steuerdatei

Eine Steuerdatei enthält die variablen Textelemente, die beim Ausdrucken in den Serientext eingefügt werden. Zum Erstellen eines Angebots gemäß dem Fallbeispiel werden folgende Einzelinformationen pro Kunde benötigt:
Die Anrede.
Der Kundenname, getrennt in Vor- und Zuname.
Die Kundenanschrift, unterteilt in Strasse, Postleitzahl und Ort.
Der bisherige Umsatz.

Eine Steuerdatei ist im Grunde ein "elektronischer" Karteikasten, in dem die Informationen in Tabellenform gespeichert sind. Für jede Einzelinformation, die wir benötigen (Name, Vorname usw.), muß in der Steuerdatei eine Spalte angelegt und mit einem Namen bezeichnet werden. Diese Spalten- bzw. Feldnamen werden im Serientext als Platzhalter für den dort einzufügenden konkreten Text verwendet. Die Feldnamen müssen durch Semikola (;) oder Tabulatorzeichen getrennt sein. Die Gesamtheit der Feldnamen bilden den sogenannten *Steuersatz*. Der Steuersatz <u>muß</u> der erste Absatz in einer Steuerdatei sein und <u>muß</u> mit einer Absatzschaltung beendet werden. In Abb. 5-14 sehen Sie den Steuersatz für die "Kundenkartei".

```
ANREDE;VORNAME;NAME;STRASSE;PLZ;ORT;UMSATZ¶
ü
```

Abb. 5-14: Der Steuersatz für die "Kundenkartei"

HINWEIS:

> Feldnamen können Buchstaben und Ziffern enthalten, müssen jedoch mit einem Buchstaben beginnen. Die maximale Länge beträgt 64 Zeichen. Der besseren Übersicht wegen sollten "sprechende", d.h. auf den Spalteninhalt hinweisende Namen gewählt werden.

Dem Steuersatz folgen unmittelbar die konkreten Daten- bzw. Einfügesätze, d.h. zwischen den einzelnen Sätzen darf kein "Leerabsatz" erscheinen. Ein *Datensatz* besteht aus der Gesamtheit aller konkreten Einzeldaten, in unserem Beispiel bezogen auf einen Kunden. Jedes Einzeldatum (z.B. der Name des Kunden) ist in der dafür vorgesehenen Spalte einzutragen, und bildet den Inhalt eines *Feldes*. Zur Unterscheidung müssen die Einzeldaten mit dem Trennzeichen abgegrenzt werden, das in der Steuerdatei zur Abgrenzung des betreffenden Spaltennamen (Feldname) verwendet wurde. Jeder Datensatz <u>muß</u> ebenfalls mit einer Absatzschaltung beendet werden.

In Abb. 5-15 sehen Sie die vollständige Steuerdatei zur Angebotserstellung.

```
ANREDE;VORNAME;NAME;STRASSE;PLZ;ORT;UMSATZ¶
Frau;Elisabeth;Steinkühler;Lorentzweg·17;1000;Berlin·65;2544¶
Herr;Franz;Horling;Opernplatz·44;3000;Hannover;1266¶
Frau;Beate;Kunstmann;Fliederstr.·21;2000;Hamburg·2;2100¶
Herr;Robert;Lehmann;Rheinstr.·81;2000;Hamburg;3455¶
Herr;Martin;Lemkuhl;Weichselstr.2;1000;Berlin·44;5400¶
Frau;Angelika;Sommer;Ansbacher·Str.·22;2000;Hamburg;6450¶
```

Abb. 5-15: Steuerdatei zur Angebotserstellung

HINWEIS:

> Jeder Datensatz muß die gleiche Anzahl Felder enthalten, wie der Steuersatz Feldnamen enthält. Erfolgt in einem Kennfeld keine Eingabe, so muß in jedem Fall das Trennungszeichen eingegeben werden. Jeder Datensatz muß also die gleiche Anzahl Trennungszeichen aufweisen wie der Steuersatz.

Aufgabe: Erstellen Sie die Steuerdatei entsprechend der Abb. 5-15

VORGEHEN: Anlegen einer Steuerdatei

- Geben Sie als erstes den Steuersatz ein. Betätigen Sie am Ende die *<Return>*-Taste.

- Geben Sie nun die Datensätze ein.

Aufgabe: Speichern Sie nach Eingabe der Datensätze die Datei unter dem Namen KUNDEN.TXT.

VORGEHEN: Speichern einer Steuerdatei

- Starten Sie mit *<Strg>* + *<F10>* den Speichervorgang.

- Geben Sie den Dateinamen ein: KUNDEN.TXT und bestätigen mit *<Return>*.

- Die Kurzinformation können Sie mit *<Return>* überspringen.

Anlegen einer Serientextdatei

Das Anlegen einer Serientextdatei gleicht, bis auf zwei Ausnahmen, dem Anlegen einer normalen Textdatei:

- Damit WORD erkennen kann, aus welcher Steuerdatei die variablen Textelemente entnommen werden sollen, muß der erste Absatz immer aus der STEUERDATEI-Anweisung und dem Dateinamen bestehen. Die gesamte Anweisung lautet: *«STEUERDATEI Dateiname»*, wobei Dateiname für einen konkreten Steuerdateinamen steht. Sollte sich die Steuerdatei nicht im aktuellen Pfad befinden, muß dieser vorangestellt werden. Befindet sich zum Beispiel eine Steuerdatei mit dem Namen KUNDEN.TXT auf der Diskette im Laufwerk A, müßte die Anweisung folgendermaßen lauten: *«STEUERDATEI A:KUNDEN.TXT»*. Ist die Datei im Verzeichnis \WORD5\SCHULUNG der Festplatte gespeichert, ergibt sich die Anweisung: *«STEUERDATEI C:\WORD5\SCHULUNG\KUNDEN.TXT»*

  Die STEUERDATEI-Anweisung wird grundsätzlich mit dem öffnenden Steuerzeichen « eingeleitet und mit dem schließenden Steuerzeichen » beendet. Das öffnende Steuerzeichen wird mit *<Strg>* + *<A>* eingegeben, das schließende Steuerzeichen mit *<Strg>* + *<S>*.

- An den Stellen im Serientext, an denen die variablen Textelemente der Steuerdatei eingefügt werden sollen, müssen die in der Steuerdatei verwendeten Feldnamen stehen.

Aufgabe: Geben Sie die STEUERDATEI-Anweisung und den Dateinamen der Steuerdatei KUNDEN.TXT ein.

VORGEHEN: Einfügen der STEUERDATEI-Anweisung

- Bevor Sie mit dem Anlegen der Serientextdatei beginnen können, muß der Bildschirm gelöscht werden, um Platz für die neue Datei zu schaffen. Wählen Sie den Befehl *Übertragen Bildschirmlöschen Gesamt* und bestätigen mit *<Return>*.

- Positionieren Sie den Cursor an den Textanfang.

- Betätigen Sie die Tastenkombination *<Strg>* + *<A>*, um das öffnende Steuerzeichen einzugeben.

- Geben Sie ein:

  STEUERDATEI C:\WORD5\SCHULUNG\KUNDEN.TXT

- Betätigen Sie, zur Eingabe des schließenden Steuerzeichens, die Tastenkombination *<Strg>* + *<S>*.

```
«Steuerdatei ·C:\WORD5\SCHULUNG\KUNDEN.TXT»¶
```

Abb. 5-16: Die STEUERDATEI-Anweisung

Nach Eingabe der STEUERDATEI-Anweisung erfolgt die Erfassung des Serientextes. Eine andere Möglichkeit besteht darin, einen bestehenden Text zu laden und entsprechend zu ändern. Für das Fallbeispiel kann, wie Sie sicher bereits erkannt haben, auf den Text aus dem vorherigen Abschnitt (5.1) zurückgegriffen werden. Der gleiche Text ist auf der beigefügten Diskette unter dem Dateinamen TEXT5-2.TXT gespeichert.

Aufgabe: Führen Sie die in Abschnitt 5.1 erstellte Datei ÜBUNG3.TXT mit dem aktuellen Text zusammen.

VORGEHEN: Datei zusammenführen

- Wählen Sie den Befehl *Übertragen Zusammenführen*.

- Geben Sie den en Dateinamen ein: ÜBUNG3.TXT und bestätigen mit *<Return>*.

Der nächste Schritt ist das Einfügen der im Steuersatz verwendeten Feldnamen an den Positionen im Serientext, an denen die in der Steuerdatei enthaltenen variablen Textelemente während des Druckes eingefügt werden sollen. Dabei müssen aber nicht alle in der Steuerdatei definierten Feldnamen auch in der Serientextdatei verwendet werden. Beachten Sie jedoch beim Einfügen von Feldnamen in einen Serientext folgende zwei Punkte:

- Die Feldnamen müssen genauso geschrieben werden, wie in der Steuerdatei. Auf Groß- bzw. Kleinschreibung brauchen Sie jedoch keine Rücksicht nehmen.

- Damit ein Feldname als solcher identifiziert wird, muß jeder Feldname ebenfalls mit dem öffnenden Steuerzeichen « eingeleitet und mit dem schließenden Steuerzeichen » abgeschlossen werden.

Aufgabe: Ersetzen Sie den konkreten Text im Adressenfeld durch die entsprechenden Feldnamen.

VORGEHEN: Einfügen von Feldnamen in einen Serientext

- Löschen Sie im Adressenfeld das Wort "Frau".

- Geben Sie den verwendeten Feldnamen ein: *«Anrede»*.

- Positionieren Sie den Cursor eine Zeile darunter und löschen Sie den Vornamen und Namen.

- Fügen Sie den Feldnamen für den Vornamen und Namen ein. Beachten Sie bitte, daß notwendige Leerzeichen über die Tastatur eingegeben werden müssen. Geben Sie ein: *«Vorname»*, betätigen Sie einmal die *<Leertaste>* und geben anschließend *«Name»* ein.

- Ersetzen Sie den konkreten Straßennamen durch den Feldnamen: *«Strasse»*, die Postleitzahl durch den Feldnamen *«Plz»* und den konkreten Ort durch den Feldnamen *«Ort»*.

- Feldnamen können genauso formatiert werden wie jeder andere Text, zum Beispiel kursiv, fett, rechtsbündig usw. Der dort einzufügende Text aus der Steuerdatei wird dann mit diesen Formatierungen gedruckt.

- Markieren Sie die Feldnamen *«Plz»* und *«Ort»* und weisen Sie diesen mit *<Alt>* + *<U>* die Auszeichnung *Unterstrichen* zu.

- Löschen Sie den Namen aus der Anrede und fügen Sie direkt hinter dem Wort "geehrte" die Feldnamen *«Anrede» «Name»* ein.

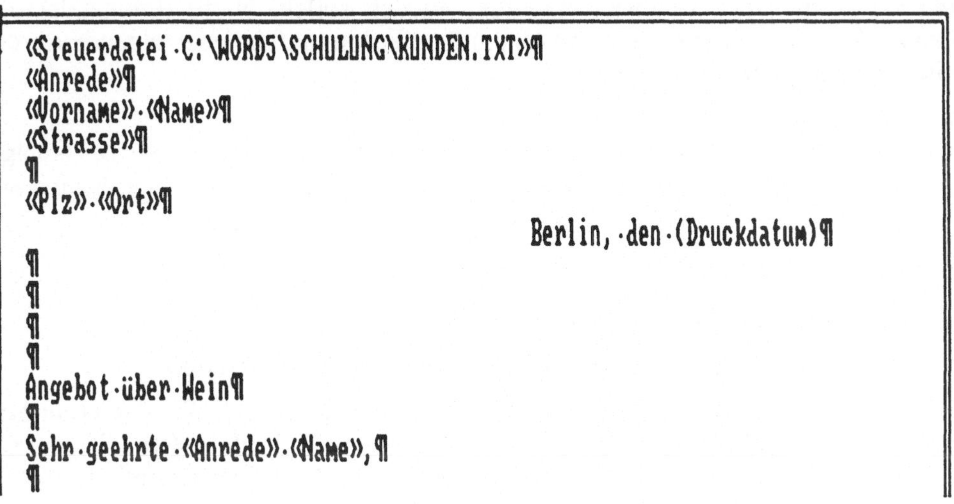

Abb. 5-17: Feldnamen im Serientext

Damit ist der Serientext vorerst komplett und kann gedruckt werden. Vor dem Ausdrucken ist es jedoch ratsam, den eben erstellten Text zu speichern.

Aufgabe:	Speichern Sie bitte den Serientext unter dem Namen ANGEBOT.TXT.

VORGEHEN:	Speichern einer Serientextdatei

- Lösen Sie den Speichervorgang mit *<Strg>* + *<F10>* aus.
- Geben Sie den Dateinamen ANGEBOT.TXT ein.
- Bestätigen Sie mit *<Return>*.
- Die Kurzinformation übergehen Sie bitte mit *<Return>*.

5.2.3 Drucken von Serienbriefen

Nachdem alle notwendigen Feldnamen in den Serienbrief eingefügt worden sind, kann die Erstellung des eigentlichen Serienbriefes eingeleitet werden, denn erst das Auslösen des Druckvorgangs veranlaßt das Kombinieren des Serientextes mit den Daten aus der Steuerdatei.

Die Ausgabe eines Serienbriefes über den Drucker erfolgt über den Befehl *Druck Serienbrief Drucker*. Soll die Ausgabe auf bestimmte Datensätze begrenzt werden, ist der Befehl *Druck Serienbrief Optionen* zu wählen. Im Befehlsfeld *Umfang* ist die Option *Datensätze* zu markieren und im Befehlsfeld *Datensatznummern* die Nummer der zu druckenden Datensätze einzutragen, deren Daten in den Serienbrief eingefügt werden sollen. Nicht aufeinanderfolgende Datensatznummer sind mit einem Semikolon, aufeinanderfolgende durch einen Doppelpunkt abzutrennen.

HINWEIS:

Der Befehl zum Ausdrucken von Serienbriefen ist nicht identisch mit der Befehlsfolge *Druck Drucker*. Bei dieser Befehlswahl wird der Text so gedruckt, wie am Bildschirm angezeigt.

Aufgabe: Drucken Sie Ihren Serienbrief aus.

VORGEHEN: Drucken eines Serienbriefes

- Wählen Sie den Befehl *Druck Serienbrief Drucker*.

  In der Meldungszeile erscheint der Hinweis: *"Die Funktion Serienbrief läuft ..."* und WORD wird jetzt, entsprechend der Anzahl der Datensätze in der Steuerdatei, Serienbriefe drucken.

```
DRUCK SERIENBRIEF: Drucker Test-Datei Optionen

Druckt und führt feste/variable Textelemente zusammen
Sel Sp1            (.)                              Microsoft Word
```

Abb. 5-18: Druck Serienbrief Drucker

Fehlerbehebung beim Drucken von Serienbriefen

Die folgende Liste enthält Problembeschreibungen, die häufig beim Drucken von Serienbriefen auftreten und kann Ihnen bei der Fehlerbeseitigung nützlich sein.

- Der im Serientext in der STEUERDATEI-Anweisung verwendete Dateiname stimmt nicht mit dem Dateinamen der Steuerdatei überein.

- Ein Datensatz in der Steuerdatei enthält weniger oder mehr Feldeinträge als entsprechende Feldnamen im Steuersatz enthalten sind. Achten Sie darauf, einen Feldeintrag immer mit einem Begrenzungszeichen (Semikolon oder Tabulatorzeichen) zu beenden, auch wenn kein Feldeintrag erfolgt.

- Die Steuerdatei enthält einen "Leerabsatz".

- Ein im Serientext verwendeter Feldname stimmt mit keinem Feldnamen in der Steuerdatei überein. Überprüfen Sie, ob die Feldnamen im Serientext und in der Steuerdatei genau übereinstimmen.

• Die im Serientext verwendeten Feldnamen und/oder Anweisungen sind nicht korrekt mit den Steuerzeichen («,») versehen worden.

HINWEIS:

Der Serientext ist unter dem Dateinamen TEXT5-3.TXT auf der Übungsdiskette gespeichert.

5.2.4 Bedingtes Einfügen variabler Textelemente

Sie werden bemerkt haben, daß der von Ihnen erstellte Serienbrief im Vergleich mit dem Ausgangsbeispiel noch einige Unzulänglichkeiten aufweist. Es erfolgt keine Differenzierung des Preisnachlasses in Abhängigkeit vom Umsatz und außerdem wird bei der Anredeform "Herr" das Pronomen "geehrte" verwendet.

Zur "flexibleren" Gestaltung eines Serientextes bietet WORD die Möglichkeit, das Einfügen von Textpassagen von der Erfüllung einer oder mehrerer Bedingung(en) abhängig zu machen. Die für diesen Fall zur Verfügung stehenden Sonderanweisungen lauten: *«AWENN ...»*, *«SONST»* und *«EWENN»*.

Der Beginn jeder bedingten Einfügung ist durch die Anweisung *«AWENN ...»* einzuleiten. Die Punkte hinter der Anweisung stehen für die dort einzusetzende Bedingung. Daran anschließend folgt der bei Erfüllung der Bedingung einzufügende Text. Soll bei Nichterfüllung der Bedingung ein Alternativtext eingefügt werden, so ist diesem Alternativtext die *«SONST»*-Anweisung voranzustellen. Jede mit «AWENN ...» beginnende Anweisung ist durch die *«EWENN»*-Anweisung zu beschließen.

«AWENN Bedingung»Einfügetext«SONST»Alternativtext«EWENN»

Die Bedingung selbst wird immer gebildet aus dem Vergleich zwischen einem Feldinhalt im Datensatz und einem konstanten Ausdruck. Handelt es sich dabei um einen *Text- bzw. alphanumerischen Vergleich*, so ist der konstante Ausdruck in Hochkommata ("") einzuschließen, bei einem *Zahlen- bzw. numerischen Vergleich* dagegen nicht. Nachstehend sehen Sie die Möglichkeiten in allgemeiner Form:

«AWENN Feldname= "Vergleichstext"»Einfügetext«EWENN»

«AWENN Feldname= "Vergleichstext»Einfügetext«SONST»Alternativtext«EWENN»

«AWENN Feldname »=Vergleichszahl»Einfügetext«EWENN»

«AWENN Feldname»=Vergleichszahl»Einfügetext«SONST»Alternativtext«EWENN»

Die folgende Aufstellung zeigt die Vergleichsoperatoren, die in einer AWENN-Anweisung verwendet werden können:

Operator	*Bedeutung*
=	*gleich*
< >	*ungleich*
<	*kleiner als*
>	*größer als*
<=	*kleiner gleich*
>=	*größer gleich*

Abb. 5-19: Vergleichsoperatoren

Bedingtes Einfügen von Textpassagen aufgrund eines alphanumerischen Vergleichs

Ein alphanumerischer Vergleich liegt dann vor, wenn die zu vergleichenden Zeichenketten aus allen zur Verfügung stehenden Zeichen (Buchstaben, Zahlen und Sonderzeichen) bestehen können. In der Steuerdatei mit den Kundeninformationen wird im Feld *Anrede* die Anredeform gespeichert. Unter Berücksichtigung der Anredeform kann eine Bedingung formuliert werden, die es ermöglicht, das korrekte Anredepronomen in den Serienbrief einzufügen.

WENN ein Datensatz im Feld Anrede die Zeichenfolge "Frau" enthält, DANN soll das Anredepronomen "geehrte" in die Anredezeile eingefügt werden; SONST (Anrede= "Herr") lautet das Anredepronomen "geehrter".

Die im Serienbrief zu schreibende Anweisung sieht dann so aus:

«AWENN Anrede= "Frau"»geehrte«SONST»geehrter«EWENN»

Aufgabe: Fügen Sie die Anweisung in den Serienbrief ein.

VORGEHEN: Schreiben einer «AWENN...»-Anweisung für einen alphanumerischen Vergleich

- Positionieren Sie den Cursor an den Anfang der Textpassage, die bedingt eingefügt werden soll (hier: *auf den ersten Buchstaben des Wortes "geehrte"*).

- Kennzeichnen Sie den Anfang der bedingten Einfügung. Geben Sie ein:

  «AWENN

- Geben Sie die Bedingung ein:

  Anrede= "Frau"»

- Positionieren Sie den Cursor an das Ende des bedingt einzufügenden Textes (hier: *auf das Leerzeichen hinter dem Wort "geehrte"*) und geben Sie ein:

  «SONST»

- Geben Sie die Textpassage ein, die gedruckt werden soll, wenn die Bedingung nicht erfüllt ist:

  geehrter

- Beschließen Sie die Bedingung. Geben Sie ein:

  «EWENN»

```
Sehr ·«AWENN·Anrede="Frau"»geehrte«SONST»geehrter«EWENN»·«Anrede»·
«Name», ¶
¶
```

Abb. 5-20: Die AWENN-Anweisung im Serietext für einen alphanumerischen Vergleich

Bedingtes Einfügen von Textpassagen aufgrund eines numerischen Vergleichs

Gegenüber dem Ausgangsbeispiel sind in dem eingegebenen Text noch nicht die unterschiedlichen Preisnachläße berücksichtigt, die in Abhängigkeit vom bisherigen Umsatz gewährt werden.

Allen Kunden, deren bisheriger Umsatz 3000 DM übersteigt, soll ein Preisnachlaß von *0,15 DM* pro Flasche gewährt werden. Kunden mit einem geringeren Umsatz bekommen *0,10 DM* Preisnachlaß. Eine allgemeine Beschreibung des Sachverhaltes könnte folgendermaßen lauten:

WENN der Umsatz kleiner oder gleich 3000, DANN drucke 0,10 DM; SONST drucke 0,15 DM.

Im Gegensatz zum vorherigen Beispiel erfolgt hier ein numerischer Vergleich, d.h. konstanter Ausdruck und Feldinhalt können auschließlich aus Ziffern, Dezimal- und Vorzeichen bestehen. In die WORD-Schreibweise übersetzt lautet die Anweisung:

«AWENN Umsatz < =3000»0,10 DM«SONST»0,15 DM«EWENN»

Aufgabe: Schreiben Sie eine «AWENN...»-Anweisung, die es ermöglicht, daß abhängig vom Umsatz, ein unterschiedlicher Preisnachlaß in den Text eingesetzt wird.

VORGEHEN: Schreiben einer «AWENN...»-Anweisung für einen numerischen Vergleich

- Positionieren Sie den Cursor an die Stelle im Text, an der die Anweisung beginnen soll (hier: *auf die 0 von 0,10 DM*).

- Geben Sie ein:

  «AWENN Umsatz < =3000»

  Beachten Sie dabei, das die Zahl nicht zwischen Hochkommata ("") steht.

- Positionieren Sie den Cursor auf dem Schrägstrich hinter der Währungsangabe (DM).

- Für den Fall, daß der Umsatz größer als 3000 DM ist, sollen 0,15 DM Preisnachlaß gewährt werden.

- Geben Sie ein:

  «SONST»0,15 DM«EWENN»

- Überprüfen Sie das Ergebnis, indem Sie die Serienbriefausgabe
  erneut starten. Dazu aktivieren Sie den Befehl *Druck Serienbrief Drucker.*

```
In·den·angegebenen·Preisen·sind·14%·Umsatzsteuer·enthalten.¶
Bei·Abnahme·von·über·50·Flaschen·gewähren·wir·Ihnen·einen·
Preisnachlaß·von·«AWENN·Umsatz<=3000»0,10·DM«SONST»0,20·
DM«EWENN»/Flasche.¶
```

Abb. 5-21: Bedingt einzufügender Text aufgrund eines numerischen Vergleichs

5.2.5 Daten während der Serienbrieferstellung einfügen

Oftmals werden in einem Serienbrief Informationen benötigt, die nicht in der
Steuerdatei gespeichert sind. In diesem Fall ist es hilfreich, wenn die benötigte
Information <u>während der Druckausgabe</u> per Tastatur eingefügt werden kann.
Mit den Anweisungen *BESTIMMEN* und *ABFRAGE* läßt sich diese Aufgabe er-
füllen.

- Die Anweisung BESTIMMEN wird dann verwendet, wenn das Textelement ein Mal eingegeben werden soll, d.h. in allen Ausfertigungen des
  Serienbriefes vorkommen soll.

- Die Anweisung ABFRAGE wird verwendet, wenn für jede Ausfertigung
  des Serienbriefes ein neues Textelement erfaßt werden soll.

Bei Verwendung dieser Anweisungen wird der Ausdruck des Serienbriefes an
der Stelle unterbrochen, an der die Anweisungen in den Serientext eingefügt
wurden, und es erscheint eine Eingabeaufforderung, einen Text für eine bestimmte Variable bzw. für einen bestimmten Platzhalter einzugeben. Die allgemeine Form dieser Anweisung lautet:

«BESTIMMEN Varieble = ?Text der Eingabeaufforderung»
«ABFRAGE Variable = ?Text der Eingabeaufforderung»

Der Text zur Eingabeaufforderung ist optional. Wurde kein Eingabeaufforde-
rungstext eingegeben erscheint der wenig aussagekräftige Hinweis: *"Geben Sie
bitte Text ein und betätigen Sie die EINGABETASTE!"* Nach erfolgter Eingabe
läuft die Serienbrieferstellung weiter, und der eingegebene Text wird an Stelle
der Variablen in den Serienbriefe eingefügt.

Eine zu Beginn gestellte Anforderung war, daß der Name der unterzeichnenden Person veränderbar sein soll. Zur Lösung benötigen wir einen Feldnamen zur Speicherung der einzugebenden Unterschrift sowie einen aussagekräftigen Aufforderungstext:

«BESTIMMEN Unterschrift = ?Bitte den Namen der unterzeichnenden Person eingeben und mit <Return> bestätigen!»

Aufgabe: Fügen Sie eine BESTIMMEN-Anweisung in den Serientext ein, die den Namen der unterzeichnenden Person abfragt und in den Serientext einfügt.

VORGEHEN: Schreiben einer BESTIMMEN-Anweisung

- Positionieren Sie den Cursor in die Zeile unter der Steuerdatei-Anweisung.

- Geben Sie die Anweisung, den Platzhalter für den Namen und den Aufforderungstext ein:

  «BESTIMMEN Unterschrift = ?Bitte den Namen der unterzeichnenden Person eingeben und mit <Return> bestätigen!»

  Schließen Sie die Eingabe mit *<Return>* ab.

  Der nächste Schritt ist das Einfügen des Platzhalters in den Serientext.

- Positionieren Sie den Cursor 3 Zeilen unterhalb Grußformel und geben Sie den Platzhalter:

  «Unterschrift» ein.

```
«Steuerdatei·C:\WORD5\SCHULUNG\KUNDEN.TXT»¶
«Bestimmen·Unterschrift=?Bitte·den·Namen·der·unterzeichnenden·
Person·eingeben·und·mit·(Return)·bestätigen!»¶
«Anrede»¶
«Vorname»·«Name»¶
«Strasse»¶
¶
«Plz»·«Ort»¶
                                        Berlin,·den·(Druckdatum)¶
```

Abb. 5-22: Serientext mit einer BESTIMMEN-Anweisung

5.2.6 Auswahl bestimmter Datensätze

Bei der Erstellung von Serienbriefen wird es oftmals vorkommen, daß gezielt
auf ganz bestimmte Datensätze einer Steuerdatei zugegriffen werden soll, z.B.
um Kunden in einer ganz bestimmten Region oder Kunden, deren Umsatz über
einem bestimmten Niveau liegt, zu erreichen. Dies kann

a)   über die Auswahl einzelner Datensätze oder

b)   über inhaltliche Kriterien erfolgen.

5.2.6.1 Auswahl der Datensätze über die Datensatznummer

Für eine gezielte Aktion soll ein Angebot nur an Kunden in Hamburg verschickt werden. In der Steuerdatei enthalten die Datensätze 1,3 und 4 Informationen über Hamburger Kunden. Um alle anderen Datensätze beim Druck des
Serienbriefes vom Zugriff auszuschließen, wählen Sie die Befehlsfolge *Druck
Serienbrief Optionen*, markieren im Befehlsfeld *Umfang* die Option *Datensatz*
und tragen im Befehlsfeld *Datensatznummern* die Nummern der Datensätze ein,
deren Daten in den Serienbrief eingefügt werden sollen.

Aufgabe: Es sollen nur Angebote an Hamburger Kunden verschickt werden.

VORGEHEN: Auswahl einzelner Datensätze

- Wählen Sie den Befehl *Druck Serienbrief Optionen*.

- Markieren Sie im Befehlsfeld *Umfang* die Option *Datensatz*.

- Markieren Sie das Befehlsfeld *Datensatznummer* und geben Sie die entsprechenden Datensatznummer ein: *1;3;4.*

- Starten Sie den Druck mit *<Return>.*

Das Ergebnis: WORD fertigt drei Versionen des Serienbriefes mit den Daten der von Ihnen spezifizierten Datensätze an.

```
DRUCK SERIENBRIEF OPTIONEN Umfang: Alles(Datensatz)      Datensatznummern: 1;3;4

Geben Sie Datensatznummern durch Semikolatrennung ein! Doppelpunkt für Bereich!
Sel Spl             (.)                                           Microsoft Word
```

Abb. 5-23: Druck Serienbrief Optionen

5.2.6.2 Bedingte Auswahl von Datensätzen

Das eben beschriebene Vorgehen mag für eine überschaubare Anzahl von Datensätzen noch hinreichend sein, bei mehreren hundert Datensätzen ist es nicht mehr praktikabel. Lösen läßt sich das Problem mit der Anweisung *ÜBERSPRINGEN.* In Kombination mit der AWENN-Anweisung können aufgrund inhaltlicher Kriterien Datensätze, die ein bestimmtes Kriterium nicht erfüllen, bei der Ausgabe unberücksichtigt gelassen werden.

Um beispielsweise zu erreichen, daß nur Berliner Kunden Angebote erhalten, kann als Auswahlkriterium die Postleitzahl herangezogen werden. Alle Datensätze, in deren Feld *Plz* nicht die Berliner Postleitzahl (*Plz* ungleich 1000) eingetragen ist, sollen keine Berücksichtigung finden. Daraus ergibt sich folgende Anweisung:

«AWENN Plz<>1000»ÜBERSPRINGEN»«EWENN»

Beim Ausdrucken des Serienbriefes wird für jeden in der Steuerdatei gespeicherten Einfügesatz überprüft, ob der Eintrag im Feld *Plz* mit der angegebenen Bedingung übereinstimmt. Ist das nicht der Fall, wird der Datensatz übersprungen; andernfalls werden die Einzelinformationen aus dem Datensatz an den entsprechenden Positionen im Haupttext eingefügt.

HINWEIS:

> Die Anweisung betrifft den gesamten Datensatz und muß deshalb *vor* Beginn des eigentlichen Serientextes plaziert werden. Anderfalls geschieht folgendes: Es wird eine Serienbriefausfertigung für einen eigentlich zu überspringenden Datensatz erstellt, und zwar bis zu der Stelle, an der die Anweisung im Serientext plaziert wurde.

Aufgabe: Fügen Sie bitte die ÜBERSPRINGEN-Anweisung in den Haupttext ein.

VORGEHEN: Schreiben einer ÜBERSPRINGEN-Anweisung

- Positionieren Sie den Cursor unterhalb der BESTIMMEN-Anweisung.

- Geben Sie die Anweisung ein:

  «AWENN Plz < >1000» «ÜBERSPRINGEN»«EWENN»

- Betätigen Sie die *<Return>*-Taste.

  Um zu gewährleisten, das alle Datensätze überprüft werden, muß im Befehlsfeld *Umfang* die Option *Alles* markiert sein.

- Wählen Sie den Befehl *Druck Serienbrief Optionen* und markieren Sie im Befehlsfeld *Umfang* die Option *Alles* und bestätigen Sie mit *<Return>*.

- Drücken Sie *<Return>*, um den Druckvorgang zu starten.

Das Ergebnis: Bei der Serienbrieferstellung werden nur die Berliner Kunden berücksichtigt.

```
«Steuerdatei·C:\WORD5\SCHULUNG\KUNDEN.TXT»¶
«Bestimmen·Unterschrift=?Bitte·den·Namen·der·unterzeichnenden·
Person·eingeben·und·mit·<Return>·bestätigen!»¶
«AWENN·Plz<>1000»«ÜBERSPRINGEN»«EWENN»¶
«Anrede»¶
```

Abb. 5-24: Überspringen

5.3 Befehlsübersicht

Druck Serienbrief Drucker

> Veranlaßt das Mischen des Serientextes mit den Daten aus der Steuerdatei und gibt die Serienbriefe auf dem Drucker aus.

Druck Serienbrief Optionen

Ermöglicht die Bestimmung des Umfangs der zu druckenden Serienbriefe. Wird im Befehlsfeld *Umfang* die Option *Datensatz* markiert, ist es möglich, zu druckende Datensätze über die Datensatznummer zu bestimmen.

Druck Textbaustein

Ausgabe der im Arbeitsspeicher befindlichen Textbausteine an den Drucker.

Einfügen

Abrufen eines Textbausteins aus der mittels $<F1>$ erzeugten Liste der Textbausteine. Der Textbaustein wird an der Cursorposition in den aktuellen Text eingefügt; oder Eingabe des Textbausteinnamens und Auslösen der Funktionstaste $<F3>$.

Löschen

Markierte Zeichenfolgen werden, bei Angabe eines Bausteinnamens, als Textbaustein im Arbeitsspeichers des Computers abgelegt und am Bildschirm entfernt.

Übertragen Textbausteine Dateiladen

Übertragen einer Textbausteindatei vom externen Speicher in den Arbeitsspeicher des Computers.

Übertragen Bildschirmlöschen Gesamt

Löschen des Arbeitsspeicherinhalts. Gelöscht wird der gerade bearbeitete Text sowie die geladenen Textbausteine.

Übertragen Textbausteine Löschen

Unter Angabe des Textbausteinnamens ist die Löschung einzelner Textbausteine aus dem Arbeitsspeicher möglich. Wird kein Textbausteinname angegeben, werden alle Textbausteine gelöscht.

Übertragen Textbausteine Speichern

Unter Angabe eines Dateinamens werden Textbausteine auf einem externen Speichermedium abgelegt. Der Dateiname wird von WORD automatisch mit der Endung .TBS (Textbaustein) versehen.

Übertragen Textbausteine Zusammenführen

Hinzufügen einer Textbausteindatei zu den im Arbeitsspeicher befindlichen Textbausteinen.

6 Das Arbeiten mit Tabellen

In der Praxis kommt es häufig vor, daß Texte besser in tabellarischer Form als im sogenannten Fließtext dargestellt werden sollten. Beispiele für Schriftstücke, die sinnvoll in Tabellenform erfaßt werden können, sind Telefon-, Adress- oder Bestandslisten, Bilanzen, Rechnungen oder Bestellungen.

Wie bei einer Schreibmaschine gibt es auch bei einem Textverarbeitungsprogramm die Möglichkeit, innerhalb einer Zeile Tabulatoren zu setzen, mit denen eine Textzeile in bestimmte Abschnitte unterteilt wird. Mittels einer dafür vorgesehenen Taste (in WORD die *<Tab>*-Taste) können die Tabulatorpositionen schnell und gezielt angesteuert werden, statt die Leerräume zwischen den einzelnen Spalten mühselig mit Leerzeichen auszufüllen.

In diesem Kapitel lernen Sie anhand einer Bestellung (vgl. Abb. 6-1):

- *Tabulatoren einzurichten und zu verändern*

- *die Rechenfunktion von Word zu nutzen*

- *Sortiermöglichkeiten im Text anzuwenden*

- *eine Tabelle repräsentativ zu gestalten*

Die formatierte Tabelle befindet sich auf der Übungsdiskette in der Datei TEXT6-1.TXT.

Art.Nr.	Artikelbezeichnung	Preis/St.	Menge	Betrag
194	Damengürtel	30,00	15	450,00
197	Damengeldbörsen	9,20	120	1104,00
184	Herrengürtel	25,00	20	500,00
186	Herrenbrieftaschen	50,00	30	1500,00
187	Herrengeldbörsen	12,00	100	1200,00
420	Schmuckkasten	55,00	20	1100,00
425	Schmuckkassetten	60,00	15	900,00
				6754,00

Abb. 6-1: Die fertig formatierte Tabelle

6.1 Einrichten der Tabulatoren

Beim Aufbau einer Tabelle ist grundsätzlich zu überlegen:

- Wieviele Spalten sollen eingerichtet werden und wie breit dürfen diese Spalten vor dem Hintergrund bestimmter Papier- und Seitenmaße sein? DIN-A4 und Endlospapier ist 21 cm breit. Die standardmäßig vorgegebenen Seitenränder betragen rechts und links 2 cm. Ein Zeichen beansprucht bei der Standardeinstellung Schriftgrad (12) 0,25 cm Platz - somit könnten in einer Textzeile 66 Zeichen untergebracht werden. Daran sollten sich die Spaltenbreiten orientieren.

- Welche Texte werden in welchen Spalten erfaßt? Davon ist die Formatierung der Spaltentexte hinsichtlich ihrer Ausrichtung abhängig. Zahlen werden in der Regel rechtsbündig, oder, wenn diese Dezimalstellen enthalten, dezimal ausgerichtet, Text meist linksbündig, oftmals aber auch zentriert. Welche Möglichkeiten der Ausrichtung vorhanden sind, wird weiter unten erklärt.

- Soll der Tabelle eine repräsentative Form durch Einfügen von Linien zwischen den Spalten und anderen speziellen Formatierungen gegeben werden?

Sind diese Vorüberlegungen abgeschlossen, können Sie dazu übergehen, Tabulatoren, Ihren Vorstellungen und Erfordernissen entsprechend, zu setzen.

Das Setzen von Tabulatoren bzw. Tabstopps kann mit der Tastatur oder der Maus erfolgen. Jeder gesetzte Tabulator wird dem aktuellen Absatz zugewiesen. Möchten Sie Tabulatoren für mehrere Absätze gleichzeitig setzen, so müssen diese markiert sein.

Setzen von Tabstopps mit der Tastatur

- Mit der Tastatur erfolgt des Setzen von Tabstopps durch Wahl des Befehls *Format Tabulator Setzen* oder durch *<Alt> + <F1>*. Im Befehlsfeld *Position* erfolgt die Positionierung des Tabstopps, d.h. es wird das Abstandsmaß vom linken Seitenrand festgelegt. Sie können die Position als Dezimalzahl eingeben. Einfacher ist es, den Cursor mit der *<Pfeiltaste rechts>* und *<Pfeiltaste links>* im eingeblendeten Zeilenlineal an die gewünschte Spaltenposition zu bewegen. Das Abstandsmaß wird automatisch mit eingeblendet. Die Festlegung der Ausrichtung erfolgt durch Markierung der gewünschten Option im Befehlsfeld *Ausrichtung*. Ist das Befehlsfeld *Position* das aktive, kann die Ausrichtung auch durch Eingabe des Anfangsbuchstabens der Ausrichtung (z. B. "R" für Rechtsbündig) gewählt werden. Sollen die Leerzeichen zwischen Tabstopps gefüllt werden, so ist im Befehlsfeld *Füllzeichen* das gewünschte Zeichen zu markieren.

```
FORMAT TABULATOR SETZEN Position: █
 Ausrichtung:(Links)Zentriert Rechts Dezimal Vertikal
 Füllzeichen:(Keine). -_
Geben Sie bitte das Maß ein!
Sel Spl            ()                    ?                     Microsoft Word
```

Abb. 6-2: Befehl Tabulator Setzen

Nachstehend sind die möglichen Ausrichtungsarten aufgeführt:

Rechtsbündig	Der Text wird ab Tabulatorposition rechtsbündig ausgerichtet.
Linksbündig	Der Text wird ab Tabulatorposition linksbündig ausgerichtet.
Dezimal	Die Ausrichtung von Zahlen erfolgt dezimal, d.h. die ganzen Zahlen stehen links, die Nachkommastellen rechts von der Tabulatorposition.
Vertikal	Es wird eine vertikale Linie an der Tabulatorposition in den Absatz eingefügt.
Zentriert	Es erfolgt eine Gleichverteilung der Zeichen nach links und rechts um die Tabulatorposition.

Setzen von Tabstopps mit der Maus

- Voraussetzung ist das eingeblendete Zeilenlineal im oberen Ausschnittrahmen. Um das Zeilenlineal mit der Maus einzublenden, zeigen Sie mit dem Mauszeiger auf den oberen rechten Ausschnittrahmen und klicken einmal die linke Maustaste. Eine Ausblendung des Zeilenlineals erreichen Sie durch gleichzeitiges Klicken beider Maustasten an derselben Position.

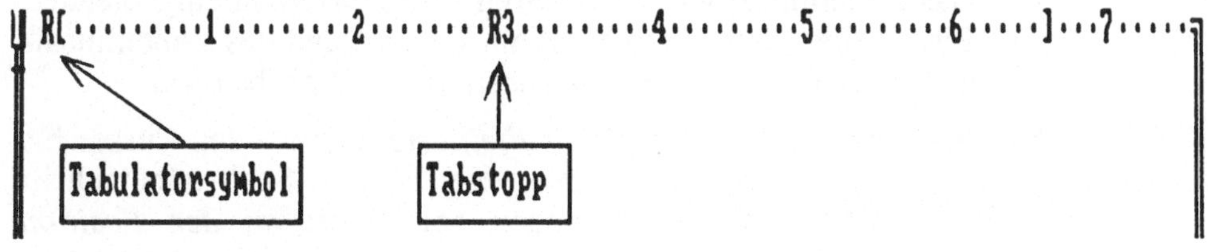

Abb. 6-3: Das Zeilenlineal

- Der erste Schritt ist die Wahl der *Ausrichtung*: Der Mauszeiger wird auf das *Ausrichtungssymbol* im Zeilenlineal geführt, und die *linke Maustaste* wird so oft betätigt (geklickt), bis das gewünschte Ausrichtungssymbol erscheint.

- Anschließend ist der Mauszeiger auf die gewünschte Spaltenposition im Zeilenlineal zu führen und die linke Maustaste zu klicken.

6.1.1 Einrichten linksbündiger Tabulatoren

Bei Betrachtung der Ausgangstabelle werden Sie feststellen, daß diese aus zwei Abschnitten besteht: der Kopfzeile mit den Spaltenüberschriften und der übrigen Tabelle mit den Spalteneinträgen. Zunächst soll die Kopfzeile erstellt und mit den notwendigen Tabstopps versehen werden.

Aufgabe: Beginnen Sie die Erstellung der Übungstabelle, indem Sie die Spaltenüberschriften unter Nutzung der Standardtabulatoren eingeben, und setzen Sie für die zweite Spaltenüberschrift einen linksbündig ausgerichteten Tabulator.

VORGEHEN: Setzen eines linksbündigen Tabulators

- Geben Sie die nachfolgenden Spaltenüberschriften ein. Trennen Sie jede Spaltenüberschrift durch Betätigen der *<Tab>*-Taste mit einem Tabulatorzeichen.

  Art.Nr.   Artikelbezeichnung   Preis/St. Menge   Betrag

  Am Bildschirm werden die Tabulatorschritte durch einen nach rechts weisenden Pfeil symbolisiert.

- Wählen Sie den Befehl *Format Tabulator Setzen* und aktivieren mit *<F1>* das Befehlsfeld *Position*,

- oder betätigen Sie die Tastenkombination *<Alt> + <F1>*. Das Befehlsfeld *Position* ist das aktive.

  Das Zeilenlineal wird am oberen Bildschirmrand eingeblendet. Ein zweiter Cursor erscheint am linken Rand des Zeilenlineals und im Befehlsfeld *Position* sehen Sie die Angabe *0 cm*.

- Bewegen Sie mit Hilfe der *<Pfeiltaste rechts>* den Cursor bis zu der Position, an der die Spaltenüberschrift "Artikelbezeichnung" beginnen soll (hier: *an der Position 2,541 cm*).

- Mit der *<Tab>-Taste* gelangen Sie in das Befehlsfeld *Ausrichtung*. Hier könnten Sie durch Betätigung der *<Leertaste>* die von Ihnen gewünschte Option ansteuern. Da von WORD standardmäßig die Option linksbündig voreingestellt ist, können Sie mit *<Return>* bestätigen.

Im Zeilenlineal sehen Sie nun ein "L"; das bedeutet, daß für den aktuellen Absatz ein linksbündiger Tabstopp festgelegt wurde, von dessen Position aus der Text nach rechts geschrieben wird.

```
┌─[·········|·········2·········3·········4·········5·········6······]···7······┐
│ Art.Nr.→  Artikelbezeichnung→Preis/St.→Menge→    Betrag¶
│ ↓
│
│
│
│
│
│
│
│
│
│
│
│
│
│
│
│
│
└─────────────────────────────────────────────────────────────────────────────┘
FORMAT TABULATOR SETZEN Position: 2,541  CM
 Ausrichtung:(Links)Zentriert Rechts Dezimal Vertikal
 Füllzeichen:(Keine). -
Geben Sie bitte das Maß ein!
Sel Sp1               ()                          Microsoft Word
```

Abb. 6-4: Setzen eines Tabulators

Sie müssen natürlich nicht jeden Tabulator einzeln setzen, sondern können dies in einem Arbeitsgang erledigen. Außerdem wird das Ergebnis während des Setzens bereits angezeigt, und Sie können, wenn nötig, sofort Korrekturen vornehmen.

Aufgabe: Setzen Sie für die übrigen Spaltenüberschriften wiederum linksbündige Tabulatoren.

VORGEHEN: Setzen mehrerer Tabulatoren in einem Arbeitsgang

- Bleiben Sie mit dem Cursor in dem Absatz, für den Sie die Tabulatoren setzen wollen (hier: *die Zeile mit den Spaltenüberschriften*).

- Aktivieren Sie den Befehl *Format Tabulator Setzen* und betätigen Sie *<F1>*,

  oder *<Alt> + <F1>*.

- Positionieren Sie den Cursor im Zeilenlineal an *Position 7,873 cm* angezeigt werden, um dort den zweiten Tab-Stopp für die Überschrift Preis/St. zu setzen.

- Um den Tabulator zu setzen, ohne den Befehl abzuschließen, ist die *<Einfg>*-Taste zu betätigen.

  Sie sehen, daß die Spaltenüberschrift "Preis/St" an die Tabulatorposition versetzt wird.

  HINWEIS: Sollten Sie einen Tabulator irrtümlich an die falsche Position gesetzt haben und löschen wollen, müssen Sie diesen ansteuern und mit der *<Entf>*-Taste entfernen.

- Setzen Sie den nächsten Tabulator für die Spalte "Menge" an der *Position 10,921 cm*, indem Sie den Cusor im Zeilenlineal entsprechend positionieren, und betätigen Sie die *<Einfg>*-Taste.

- Setzen Sie den letzten Tabulator für die Spalte "Betrag" bei *Position 12,952 cm* und bestätigen Sie abschließend mit *<Return>*. Die Wahl der Ausrichtung konnte entfallen, da "linksbündig" bereits voreingestellt ist.

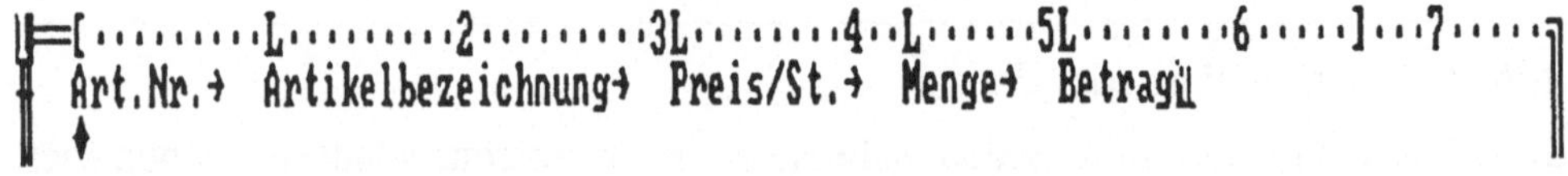

Abb. 6-5: Ausrichtung der Spaltenüberschrift mit Linkstabulatoren

6.1.2 Einrichten von Tabulatoren mit unterschiedlicher Ausrichtung

Die Spaltenüberschriften sind ausgerichtet und Sie können dazu übergehen, die Tabelle entsprechend dem Ausgangsbeispiel zu gestalten. Für die Spalten der Tabelle benötigen wir Tabulatoren verschiedener Ausrichtungen, die nachstehender Abbildung zu entnehmen sind.

Spaltenname	Ausrichtung	Position
Artikelbezeichnung	Linksbündig	2,54 cm
Preis/St.	Dezimal	8,891 cm
Menge	Rechtsbündig	11,937 cm
Betrag	Dezimal	13,714 cm

Abb. 6-6: Tabulatorpositionen zum Ausrichten der Tabelle.

Das folgende Beispiel beschreibt das Vorgehen, Tabulatoren unterschiedlicher Ausrichtung mit der Tastatur zu setzen. Daran anschließend wird gezeigt, wie dazu die Maus verwendet werden kann.

Setzen von Tabulatoren unterschiedlicher Ausrichtung mit der Tastatur

Aufgabe: Richten Sie in der Übungstabelle die einzelnen Spaltenpositionen gemäß obiger Auslistung aus.

VORGEHEN: Setzen von Tabulatoren unterschiedlicher Ausrichtung

- Der Cursor ist in dem Absatz zu positionieren, auf den sich die Tabulatoren beziehen (hier: *in die Zeile unter den Spaltenüberschriften*).

  Die erste Spalte (Art.Nr.) beginnt linksbündig am linken Rand und muß also hinsichtlich der Tabulatoren-Setzung nicht berücksichtigt werden.

- Betätigen Sie die Tastenkombination *<Alt> + <F1>* und markieren Sie die Position des ersten Tabulators, der die linksbündige Ausrichtung der Artikelbezeichungen bestimmt, bei *2,541 cm* .

- Zur Bestimmung der Ausrichtung *Linksbündig* geben Sie *"L"* ein.

- Der nächste Tabulator, unter dem die Preise aufgelistet werden sollen, kann sofort an der Position *8,891 cm* gesetzt werden. Positionieren Sie den Cursor entsprechend.

- Geben Sie *"D"* ein, um für diesen Tabulator die Ausrichtung *Dezimal* festzulegen.

- Der Tabulator für die Mengenangaben ist bei *11,937 cm* zu setzen und rechtsbündig auszurichten. Bringen Sie den Cursor in Position und geben ein *"R"* ein.

- Den letzten Tabulator positionieren Sie bei *13,714 cm*, richten ihn *dezimal* aus und bestätigen nun die gesamten Eingaben mit *<Return>*.

Im Zeilenlineal erkennen Sie die von Ihnen gesetzten Tabulatorpositionen und deren Ausrichtung an den entsprechenden Buchstaben.

```
[··········L··········2··········3····D····4·······R··5···D·····6······]···7·····
Art.Nr.→ Artikelbezeichnung→ Preis/St.→ Menge→ Betrag¶
```

Abb. 6-7: Tabulatorpositionen unterschiedlicher Ausrichtung

Setzen von Tabulatoren unterschiedlicher Ausrichtung mit der Maus

Wie bereits erwähnt, erleichtert der Einsatz der Maus das Setzen von Tabulatoren erheblich. Sie sollten deshalb das folgende Übungsbeispiel, falls Sie eine Maus einsetzen, nachvollziehen.

Aufgabe: Setzen Sie Tabulatoren mit der Maus gemäß den Angaben in Abb. 6-6.

VORGEHEN: Setzen von Tabulatoren verschiedener Ausrichtung mit der Maus

- Falls Sie die Tabulatoren bereits mit der Tastatur gesetzt haben, sind diese zu entfernen. Der Cursor ist in dem Absatz zu positionieren, auf den sich die Tabulatoren beziehen (hier: *in die Zeile unter den Spaltenüberschriften*). Drücken Sie *<Alt>*+*<N>*. Damit sind alle Absatzformatierungen, und damit auch alle Tabulatoren, aufgehoben.

- Setzen Sie als erstes den Tabulator für die Spalte *"Artikelbezeichnung"*. Das Auszeichnungssymbol für die Ausrichtung steht auf *"L"*, und muß nicht geändert werden. Zeigen Sie mit dem Mauszeiger auf die *"1"* im Zeilenlineal und *"klicken"* die *linke Maustaste*, mit dem Ergebnis, das ein Tabulator mit linksbündiger Ausrichtung an dieser Stelle gesetzt wird.

HINWEIS:

Ein an falscher Position gesetzter Tabulator kann mit der Maus auch gelöscht und neugesetzt oder verschoben werden. Um zu löschen: Klicken Sie beide Maustasten gleichzeitig auf dem zu löschenden Tabulator. Um zu verschieben: Ziehen Sie den Tabulator mit der rechten Maustaste an die gewünschte Position. Ziehen bedeutet, die Maustaste zu drücken, festzuhalten, den Mauszeiger an die gewünschte Position zu führen und erst dann die Maustaste loszulassen.

- Die Spalte "Preis/St." ist an der Position *35* mit einem Dezimaltabulator auszurichten. Klicken Sie auf dem Ausrichtungssymbol im Zeilenlineal, bis das Symbol für dezimale Ausrichtung (*D*) erscheint. Klicken Sie anschließend auf Spalte *35* im Zeilenlineal, um den Tabulator dort zu setzen.

- Setzen Sie einen rechtsbündigen Tabulator für die "Mengenspalte" an der Position *47*. Klicken Sie auf dem Ausrichtungssymbol im Zeilenlineal, bis das Symbol für rechtsbündige Ausrichtung (*R*) erscheint und anschließend im Zeilenlineal an Spalte *47*.

- Die Spalte "Betrag" ist mit einem Dezimaltabulator an Spalte *54* auszurichten. Klicken Sie auf dem Ausrichtungssymbol im Zeilenlineal, bis das Symbol für dezimale Ausrichtung (*D*) erscheint und anschließend im Zeilenlineal an Spalte *54*.

6.2 Eingabe der Tabelle

Bevor Sie nun mit der Eingabe der Tabelle beginnen, achten Sie auf Folgendes:

- Die einzelnen Spaltenpositionen sind mit der *<Tab>*-Taste anzusteuern und nicht mit der *<Leertaste>*.

- Die Zeilen einer Tabelle sollten nicht durch eine Absatzschaltung (*<Return>*), sondern durch eine "weiche Zeilenschaltung" beendet werden. Eine weiche Zeilenschaltung wird durch die Tastenkombination *<Umschalt>* + *<Return>* erzeugt. Das Symbol einer weichen Zeilenschaltung ist ein nach unten gerichteter Pfeil. Dadurch wird die gesamte Tabelle als ein Absatz behandelt und läßt sich, wenn notwendig, einfacher neu ausrichten. Die letzte Zeile ist allerdings mit einer Absatzschaltung zu beenden.

Aufgabe: Geben Sie die nachfolgende Tabelle direkt unter den Spaltenüberschriften fortlaufend ein. Betätigen Sie, um den Cursor in die nächste Spalte zu setzen, die *<Tab>*-Taste und am Ende einer Zeile *<Umschalt>* + *<Return>*.

```
═[·········L·········2·········3····D····4······R··5···D·····6·····]···7·····
 Art.Nr.→   Artikelbezeichnung→  Preis/St.→  Menge→  Betrag¶
 194→       Damengürtel→            30,00→      15→    450,00↓
 420→       Schmuckkasten→          55,00→      20→   1100,00↓
 187→       Herrengeldbörsen→       12,00→     100→   1200,00↓
 197→       Damengeldbörsen→         9,20→     120→   1104,00↓
 184→       Herrengürtel→           25,00→      20→    500,00↓
 425→       Schmuckkassetten→       60,00→      15→    900,00↓
 186→       Herrenbrieftaschen→     50,00→      30→   1500,00↓
 ⁞
 ↓
```

Abb. 6-8: Die eingegebene Tabelle

6.3 Löschen und Versetzen von Tabulatoren

Nach der Fertigstellung einer Tabelle stellt man manchmal fest, daß die zu Beginn über die Tabulatorpositionierung festgelegte Spaltenbreite doch nicht ausreichend oder zu großzügig gewählt war. Das ist kein Problem, denn einmal gesetzte Tabulatoren lassen sich nachträglich jederzeit löschen, versetzen oder auch in ihrer Ausrichtung verändern.

Es gibt mehrere Möglichkeiten, einmal gesetzte Tabulatoren an den gesetzten Positionen zu entfernen, je nachdem, ob die Tabulatoren endgültig gelöschten, oder nur versetzt werden sollen und ob davon alle oder nur einzelne Tabulatoren betroffen sind.

- Sollen alle in einem Absatz gesetzten Tabulatoren gelöscht werden, geschieht dies am schnellsten mit dem Befehl *Format Tabulator Gesamtlöschen*. Ein Zurücksetzen der Absatzformatierung mit *<Alt>* + *<N>* hat hinsichtlich der Tabulatoren dieselbe Wirkung, mit dem Nachteil, daß auch alle Absatzformate zurückgesetzt werden.
- Zum Löschen eines einzelnen Tabulators wird der Befehl *Format Tabulator Löschen* aktiviert. Mit Hilfe der *<F1>*-Taste und der *<Pfeiltaste unten>* kann nun auf dem Zeilenlineal der zu löschende Tabulator markiert und die Aktion mit *<Return>* ausgelöst werden. Die Folge ist, daß vorher

mit Tabulatoren erzeugte Spalten dort zusammenrükken, wo nach der Löschaktion ein Tabulator entfernt wurde.

Eine komfortable Methode, Tabulatoren zu versetzen, läßt sich mit Hilfe der *<Entf>*- und der *<Einfg>*-Tasten realisieren. Nach Wahl des Befehls *Format Tabulator Setzen* bzw. *<Alt>* + *<F1>)* ist der zu versetzende Tabulator im Zeilenlineal zu markieren und durch die *<Entf>*-Taste von seiner bisherigen Position zu entfernen. Sodann wird der Cursor im Zeilenlineal auf die gewünschte neue Tabulatorposition bewegt und mit Hilfe der *<Einf>*-Taste neu gesetzt. Diese Methode hat den Vorteil, daß die bisherige Ausrichtung des Tabulators an die veränderte Position übernommen wird und nicht erneut festgelegt werden muß.

Aufgabe: Versetzen Sie den Dezimaltabulator der Spalte "Betrag".

VORGEHEN: Versetzen von Tabulatoren

- Positionieren Sie den Cursor in der Tabelle. Aktivieren Sie die Befehle *Format Tabulator Setzen*, und betätigen Sie *<F1>* oder die Tastenkombination *<Alt>* + *<F1>*.

- Mit Hilfe der *<Pfeiltaste unten>* markieren Sie den Dezimaltabulator der Betrags-Spalte an *Position 13,714 cm*. Betätigen Sie die *<Entf>*-Taste. Der markierte Tabulator wird sofort entfernt.

- Die neue Position ist bei *13,986 cm* zu setzen. Bewegen Sie den Cursor im Zeilenlineal zu dieser Position und betätigen Sie die *<Einfg>*-Taste. Die Tabellenspalte wird sofort an der neuen Position, unter Beibehaltung der Ausrichtung, ausgerichtet.

- Die Eingabe ist mit *<Return>* abzuschließen.

```
=[·········L········2········3···D···4······R··5····ID····6·····]···7·····
 Art.Nr.→  Artikelbezeichnung→  Preis/St.→  Menge→  Betrag¶
 194→      Damengürtel→            30,00→      15→    450,00↓
 420→      Schmuckkasten→          55,00→      20→   1100,00↓
 187→      Herrengeldbörsen→       12,00→     100→   1200,00↓
 197→      Damengeldbörsen→         9,20→     120→   1104,00↓
 184→      Herrengürtel→           25,00→      20→    500,00↓
 425→      Schmuckkassetten→       60,00→      15→    900,00↓
 186→      Herrenbrieftaschen→     50,00→      30→   1500,00↓
 ¶
 ↓


FORMAT TABULATOR SETZEN Position: 13,968 cm
 Ausrichtung: Links Zentriert Rechts(Dezimal)Vertikal
 Füllzeichen:(Keine). -
Geben Sie bitte das Maß ein!
Sel Spl              ()                              Microsoft Word
```

Abb. 6-9: Versetzen von Tabulatoren

6.4 Die Rechenfunktion von Word nutzen

WORD bietet die Möglichkeit, mit im Text vorkommenden Zahlen Rechenoperationen durchzuführen. WORD "beherrscht" die vier Grundrechenarten sowie die Prozentrechnung. Um eine Berechnung durchzuführen, müssen zunächst die zu berechnenden Ziffern markiert werden. Anschließend ist mit Hilfe der Funktionstaste *<F2>* (= *Rechnen*) die Rechenoperation auszulösen. Das Ergebnis wird im Papierkorb abgelegt und kann mittels der *<Einfg>*-Taste an der Cusorposition eingefügt werden.

Abbildung 6-10 zeigt die Liste der die Operationszeichen repräsentierenden Symbole:

Operationszeichen	Operationsart
+ bzw. keine Zeichen	Addition
- (oder Zahl in runden Klammern)	Subtraktion
*	Multiplikation
/	Division
%	Prozentrechnung

Abb. 6-10: Rechenoperationszeichen

Bei der Durchführung von Berechnungen ist folgendes zu beachten:

- Ohne Rechenoperationszeichen im Text führt WORD eine Addition durch.

- Mit Ausnahme des Prozentzeichens (%), das dem Operanden folgt, müssen alle Operationszeichen vor dem Operanden eingegeben werden.

Die folgenden Beispielsberechnungen geben einen Überblick über die zur Verfügung stehenden Möglichkeiten:

Operation	Beispiel	Resultat
Addition:	23+2 oder 23 2	25
Subtraktion:	23-2 oder 23(2)	21
Multiplikation:	23*2	46
Division:	23/2	11,5
Prozentrechnung:	23*2%	0,46

WORD führt die Berechnungen in folgender Reihenfolge durch:

1. Prozentrechnung

2. Division bzw. Multiplikation

3. Addition bzw. Subtraktion

Durch Verwendung von Klammern im Ausdruck kann die Reihenfolge verändert werden. Das nachstehende Beispiel zeigt die Reihenfolge der Berechnungen:

$$488\text{-}(12*4)*(7+3) = 488\text{-}(48*10) = 488\text{-}480 = 8$$

Zur Berechnung untereinanderstehender Zahlenkolonnen ist die Markierung mittels der Spaltenmarkierungsfunktion, die mit der Tastenkombination *<Umschalt>*+*<F6>* aktiviert wird, vorzunehmen. In der Statuszeile erscheint der Code "SM", der anzeigt, daß die Spaltenmarkierung aktiv ist. Wichtig ist, daß der Cursor vor Beginn der Aktivierung der Spaltenmarkierungsfunktion richtig positioniert wird, denn die Cursorposition bildet den Eckpunkt, von dem ab *nach rechts oder links* und *nach unten oder oben* markiert werden kann. Im Gegensatz zur "normalen" Markierung muß die Spaltenmarkierung nach Durchführung einer Rechenoperation oder Formatierung durch nochmaliges Betätigen der Tastenkombination *<Umschalt>*+*<F6>* deaktiviert werden.

Aufgabe: Die in der Spalte "Betrag" aufgeführten Einzelbeträge sollen summiert werden.

VORGEHEN: Summieren einer Spalte

- Markieren Sie die Werte in der Spalte "Betrag". Setzen Sie den Cursor auf das Tabulatorsymbol vor dem Betrag 450,00 und aktivieren mit *<Umschalt>*+*<F6>* die Spaltenmarkierungsfunktion. Mit der *<Pfeiltaste rechts>* und *<Pfeiltaste unten>* markieren Sie alle Ziffern der Spalte.

- Betätigen Sie zur Aktivierung der Addition die *<F2>*-Taste. Das Ergebnis erscheint im Papierkorb.

- Positionieren Sie den Cursor mit Hilfe der *<Tab>*-Taste unter dem letzten in der Betragsspalte eingetragenen Wert und fügen Sie mit der *<Einfg>*-Taste die Summe an dieser Stelle ein.

```
┌─[·········L·········2·········3····D····4······R··5····D····6·····]···7·····┐
│ Art.Nr.→   Artikelbezeichnung→  Preis/St.→   Menge→   Betrag¶
│ 194→       Damengürtel→            30,00→       15→    450,00↓
│ 420→       Schmuckkasten→          55,00→       20→   1100,00↓
│ 187→       Herrengeldbörsen→       12,00→      100→   1200,00↓
│ 197→       Damengeldbörsen→         9,20→      120→   1104,00↓
│ 184→       Herrengürtel→           25,00→       20→    500,00↓
│ 425→       Schmuckkassetten→       60,00→       15→    900,00↓
│ 186→       Herrenbrieftaschen→     50,00→       30→   1500,00↓
│ →          →                         →          →    6754,00¶
│ ♦
│
│
│
│
│
└────────────────────────────────────────────────────────────────────────────┘
BEFEHL: Ausschnitt Bibliothek Druck Einfügen Format Gehezu Hilfe Kopie
        Löschen Muster Quitt Rückgängig Suchen übertragen Wechseln Zusätze
Bearbeiten Sie bitte Ihren Text oder unterbrechen Sie zum Hauptbefehlsmenü!
Sel Sp59        (6754,00)                                        Microsoft Word
```

Abb. 6-11: Die addierte Tabelle

6.5 Sortiermöglichkeiten im Text

Sehr hilfreich in der Praxis ist die von WORD gebotene Möglichkeit, in Tabellen erfaßte Datensätze nach bestimmten Kriterien zu sortieren. So können die einzelnen Positionen zunächst fortlaufend eingegeben und später mit Hilfe der Sortierfunktion von WORD in eine alphabetische oder numerische Reihenfolge gebracht werden. Auch für Erweiterungen von Tabellen ist das von Vorteil: neue Datensätze können einfach am Ende der Tabelle hinzugefügt werden und WORD übernimmt das Einordnen an die gewünschte Position innerhalb der Tabelle.

Die Sortierroutine wird über den Befehl *Bibliothek Sortieren* aufgerufen. Die Abbildung 6-6 enthält eine Erklärung der dazugehörigen Befehlsfelder und deren Optionen.

Befehlsfeld

Bibliothek Sortieren
   Alphanumerisch   *Die Sortierung erfolgt alphabetisch. Die zu sortierende Zeichenfolge kann aus Buchstaben, Sonderzeichen und Zahlen bestehen.*
   Numerisch   *Sortierung von Zahlen nach ihrem numerischen Wert.*

Folge
   Steigend   *Die Sortierung erfolgt in aufsteigender Reihenfolge alphabetisch (von A-Z) bzw. numerisch (vom niedrigsten zum höchsten Wert).*
   Fallend   *Die Sortierung erfolgt in absteigender Reihenfolge alphabetisch (von Z-A) bzw. numerisch (vom höchsten zum niedrigsten Wert).*

Graphie
   Ja   *Sortiert werden erst Groß- und anschließend Kleinbuchstaben in alphabetischer Folge.*
   Nein   *Sortiert wird alphabetisch. Groß- bzw. Kleinschrift bleibt unberücksichtigt.*

Nur Spalte
   Ja   *Sortiert wird die markierte Spalte. Alle anderen Spalten einer Tabelle werden nicht mit sortiert.*
   Nein   *Sortiert wird die markierte Spalte sowie alle anderen Spalten einer Tabelle.*

Abb. 6-12: Befehlsfelder Bibliothek Sortieren

Aufgabe: Sortieren Sie Ihre Tabelle dergestalt, daß die Artikelbezeichnungen in steigender alphabetischer Reihenfolge aufgelistet werden.

VORGEHEN: Sortieren in alphanumerischer Folge

- Markieren Sie die zu sortierende Spalte (hier: *die Spalte mit den Artikelbezeichnungen*).

- Aktivieren Sie den Befehl *Bibliothek Sortieren*.

- Lösen Sie den Sortiervorgang durch Betätigen der < *Return* >-Taste aus, da die Standardeinstellungen der Befehlsfelder für die Ausführung Ihrer Aufgabe übernommen werden können.

```
[.........L.......2........3..D...4......R..5...D...6....]...7.....
Art.Nr.→  Artikelbezeichnung→  Preis/St.→  Menge→  Betrag¶
194→      Damengürtel→            30,00→      15→    450,00↓
420→      Schmuckkasten→          55,00→      20→   1100,00↓
187→      Herrengeldbörsen→       12,00→     100→   1200,00↓
197→      Damengeldbörsen→         9,20→     120→   1104,00↓
184→      Herrengürtel→           25,00→      20→    500,00↓
425→      Schmuckkassetten→       60,00→      15→    900,00↓
186→      Herrenbrieftaschen→     50,00→      30→   1500,00↓
→         →                          →        →    6754,00¶

```

```
BIBLIOTHEK SORTIEREN: Alphanumerisch Numerisch      Folge:(Steigend)Fallend
            Graphie: Ja(Nein)                  Nur Spalte: Ja(Nein)
Wählen Sie bitte eine Option!
Sel Sp11          (6754,00)                            SM      Microsoft Word
```

Abb. 6-13: Bibliothek Sortieren

Nun müßte Ihre Tabelle wie in Abbildung 6-14 abgebildet aussehen.

```
[.........1........2........3.........4.........5.........6....]...7.....
Art.Nr.→  Artikelbezeichnung→  Preis/St.→  Menge→  Betrag¶
197→      Damengeldbörsen→         9,20→     120→   1104,00↓
194→      Damengürtel→            30,00→      15→    450,00↓
186→      Herrenbrieftaschen→     50,00→      30→   1500,00↓
187→      Herrengeldbörsen→       12,00→     100→   1200,00↓
184→      Herrengürtel→           25,00→      20→    500,00↓
425→      Schmuckkassetten→       60,00→      15→    900,00↓
420→      Schmuckkasten→          55,00→      20→   1100,00↓
→         →                          →        →    6754,00¶
```

Abb. 6-14: Die alphabetisch nach Artikelbezeichnungen sortierte Tabelle

Aufgabe: Sortieren Sie die Artikelnummern in aufsteigender Folge. Um die vorher durch die alphabetische Sortierung erreichte Kategorisierung von Damen-, Herren- und Schmuckartikeln nicht wieder aufzuheben, ist der Sortiervorgang jeweils innerhalb der Artikelgruppen durchzuführen.

VORGEHEN: Sortieren von Tabellenabschnitten in numerischer Folge

- Markieren Sie unter der Spaltenüberschrift "Art.Nr." nur diejenigen Artikelnummern, die den Damenartikeln zugeordnet sind.

- Wählen Sie den Befehl *Bibliothek Sortieren* und markieren Sie die Option *Numerisch*.

- Starten Sie den Sortiervorgang mit *<Return>*.

- Bei der Sortierung der Herren- und Schmuckartikel nach Artikelnummern verfahren Sie bitte in der gleichen Weise.

Dieser mehrstufige Sortiervorgang hat bewirkt, daß Ihre Tabelle alphabetisch nach Artikelarten und innerhalb der Artikelarten nach Artikelnummern sortiert ist.

```
┌─[·········1·········2·········3·········4·········5·········6·····]···7·····┐
│ Art.Nr.→  Artikelbezeichnung→  Preis/St.→  Menge→  Betrag¶
│ 194→      Damengürtel→             30,00→     15→    450,00↓
│ 197→      Damengeldbörsen→          9,20→    120→   1104,00↓
│ 184→      Herrengürtel→            25,00→     20→    500,00↓
│ 186→      Herrenbrieftaschen→      50,00→     30→   1500,00↓
│ 187→      Herrengeldbörsen→        12,00→    100→   1200,00↓
│ 420→      Schmuckkasten→           55,00→     20→   1100,00↓
│ 425→      Schmuckkassetten→        60,00→     15→    900,00↓
│ →         →                           →        →   6754,00¶
│ ▯
```

Abb. 6-15: Die nach Artikelarten und Artikelnummern sortierte Tabelle

6.6 Graphische Gestaltung der Tabelle

Wenn Sie Ihre Tabelle nicht nur inhaltlich übersichtlich, sondern auch formal repräsentativ gestalten wollen, sollten Sie noch einige Schönheitskorrekturen vornehmen. Zur optischen Gestaltung der Tabelle sollen die einzelnen Spalten mit einer senkrechten Linie voneinander getrennt werden. Zusätzlich ist die gesamte Tabelle zu umrahmen.

6.6.1 Einfügen von Vertikaltabulatoren

Das Zeichnen senkrechter Linien zwischen den Spalten kann durch das Setzen von Vertikaltabulatoren realisiert werden.

Aufgabe: Fügen Sie an den Positionen 2,286 cm, 7,365 cm, 10,413 cm und 12,444 cm jeweils einen Vertikaltabulator in die Tabelle ein.

VORGEHEN: Setzen von Vertikaltabulatoren

- Markieren Sie die beiden Absätze, in denen die Vertikaltabulatoren gesetzt werden sollen.

- Befehl *Format Tabulator Setzen* wählen oder *<Alt> + <F1>* betätigen.

- Positionieren Sie den Cursor im Zeilenlineal bei Position *2,286 cm*, und geben Sie ein *<V>* für Vertikaltabulator ein.

  WORD fügt sofort, nachdem ein Vertikaltabulator gesetzt wurde, eine vertikale Linie an der Position ein.

- Setzen Sie die übrigen Tabulatoren auf die gleiche Weise und schließen mit *<Return>* ab.

Nach der Eingabe des letzten Vertikaltabulators sieht die Tabelle wie folgt aus:

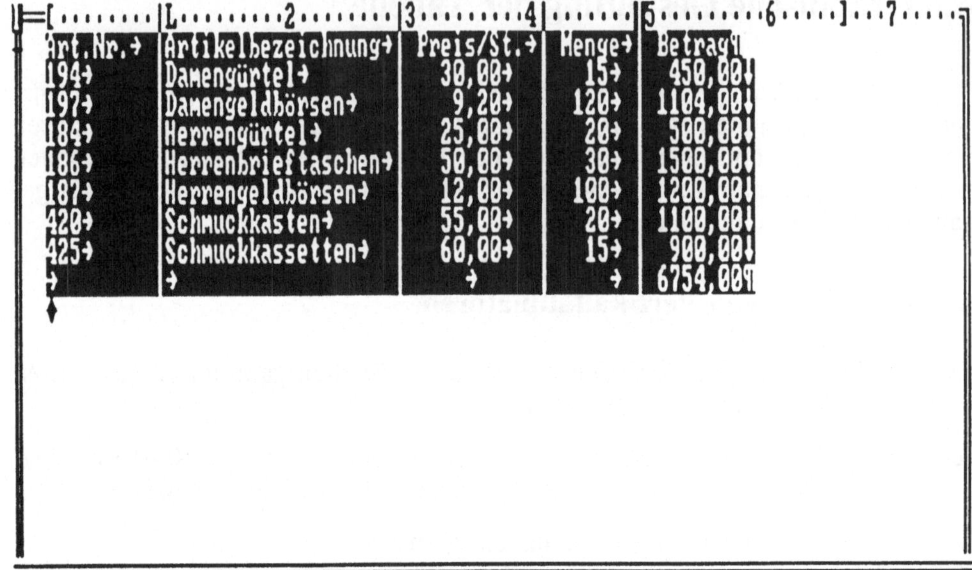

Abb. 6-16: Einfügen von Vertikaltabulatoren

6.6.2 Umrahmung der Tabelle

Bestimmte Abschnitte des Textes können durch Umrahmung hervorgehoben werden. Gerade für Tabellen bietet sich diese Formatierungsmöglichkeit als Gestaltungsmittel an.

Mit dem Befehl *Format Rahmen* ist es möglich, Absätze vollständig oder teilweise einzurahmen. Soll ein vollständiger Rahmen gezogen werden, so ist im Befehlsfeld *Art* die Option *Rahmen* zu markieren. Zur Ziehung eines Teilrahmens muß die Option *Linie* markiert und zusätzlich bestimmt werden, an welcher Seite des Absatzes die Linie gezogen werden soll. Dazu ist im entsprechenden Positionsbefehlsfeld, *links*, *rechts*, *oben* und *unten*, die Option *Ja* zu markieren. Zusätzlich kann die *Linienart* (Normal, Doppelt, Fett, Stark) sowie die Stärke der *Hintergrundschattierung* festgelegt werden. Verfügen Sie über einen Farbdrucker, besteht sogar die Möglichkeit, Rahmen farbig ausdrucken zu lassen.

```
FORMAT RAHMEN Art: Keiner(Rahmen)Linie   Linienart: Normal    Farbe: Schwarz
       links:(Ja)Nein     rechts:(Ja)Nein   oben:(Ja)Nein        unten: Ja Nein
       Hintergrundschattierung: 0          Schattierungsfarbe: Schwarz
Wählen Sie bitte eine Option!
Sel Spl               (.)                                    Microsoft Word
```

Abb. 6-17: Befehlsmenü Format Rahmen

Aufgabe: Umrahmen Sie den ersten und den zweiten Absatz Ihrer Tabelle.

VORGEHEN: Umrahmung der Tabelle

- Markieren Sie den ersten und zweiten Absatz der Tabelle.

- Aktivieren Sie den Befehl *Format Rahmen*. Markieren Sie im Befehlsfeld *Art* die Option *Rahmen*.

- Bestätigen Sie abschließend mit *<Return>*.

WORD zeichnet umgehend um den ersten und zweiten Absatz einen Rahmen. Die Tabelle entspricht jetzt in ihrem Erscheinungsbild der Ausgangstabelle, wie sie in Abb. 6-1 dargestellt ist.

Zum Abschluß speichern Sie die fertiggestellte Tabelle unter dem Dateinamen BESTELL.TXT und drucken sie aus. Lösen Sie den Speichervorgang mittels Tastenkombination *<Strg>+<F10>* und den Druckvorgang mittels Tastenkombination *<Strg>+<F8>* aus.

6.7 Befehlsübersicht

In diesem Kapitel sind nachfolgende Befehle bzw. Tastenkombinationen zum Einsatz gekommen oder beschrieben worden:

Format Tabulator
> Eröffnet die Befehlsauswahl zum Setzen, Löschen oder Gesamtlöschen von Tabulatoren.

Format Tabulator Setzen
> Befehl zum Setzen von Tabstopps.

Format Tabulator Setzen Befehlsfeld Position
> Festlegen der Tabulatorposition. Tabstopp-Positionen können in Zentimeterwerten eingegeben oder mit den *<Pfeiltasten>* im Zeilenlineal angesteuert werden. Das Einfügen mehrerer Tabstopps in einem Arbeitsgang erfolgt mit der *<Einfg>*-Taste.

Format Tabulator Setzen Befehlsfeld Ausrichtung
> Festlegung der Ausrichtung von Tabulatorpositionen (links- oder rechtsbündig, zentriert oder dezimal, vertikale Linie) durch Markierung der entsprechenden Option. Die Ausrichtung kann auch mittels Eingabe des Anfangsbuchstabens der gewünschten Ausrichtung bestimmt werden.

Format Tabulator Löschen
> Löschen eines einzelnen Tabstopps, entweder durch Eingabe der Position, oder durch Markieren des Tabstopps im Zeilenlineal.

Format Tabulator Gesamtlöschen
> Löschen aller in einem Absatz gesetzen Tabstopps.

<Umschalt>+<F6>
> Aus-/Einschaltung der Spaltenmarkierung.

<Umschalt>+<Return>
> Erzeugen einer weichen Zeilenschaltung. Der Cursor springt an den Beginn einer neuen Zeile, ohne daß ein neuer Absatz begonnen wird.

<F2>

Durchführen von Rechenoperationen. Zunächst sind die zu berechnenden Zahlenwerte zu markieren. Mit *<F2>* führt WORD die Berechnung durch. Enthalten die Zahlen kein Rechenoperationszeichen, führt WORD eine Addition durch. Die übrigen Rechenarten müssen durch Eingabe des entsprechenden Operationszeichens spezifiziert werden. Das ermittelte Ergebnis wird im Papierkorb abgelegt und kann dann an der gewünschten Stelle (Cursorposition) mit *<Einfg>* in den Text geholt werden.

Bibliothek Sortieren

Innerhalb einer Tabelle kann numerisch oder alphanumerisch sortiert werden. Auch hierzu ist zunächst die Spalte zu markieren, auf die die Sortierkriterien Anwendung finden sollen. Der Befehl kann durch die Wahl von Optionen in verschiedenen Befehlsfeldern konkretisiert werden.

Bibliothek Sortieren Befehlsfeld Folge

Es wird festgelegt, ob in auf- oder absteigender Folge sortiert wird.

Bibliothek Sortieren Befehlsfeld Graphie

Festlegung darüber, ob beim Sortieren Groß- und Kleinbuchstaben unterschieden werden sollen.

Bibliothek Sortieren Befehlsfeld Nur Spalte

Legt fest, ob die markierte Spalte isoliert sortiert wird, oder ob die gesamten Datensätze (Zeilen) entsprechend den Kriterien, die für die markierte Spalte festgelegt wurden, in den Sortiervorgang mit einbezogen werden.

Format Rahmen

Ermöglicht die vollständige oder teilweise Umrahmung von Absätzen.

7 Das Arbeiten mit Druckformatvorlagen

Ein Druckformat ist eine Zusammenfassung verschiedener Formatierungsmerkmale (z.B. Blocksatz und Kursivschrift) unter einem gemeinsamen Namen. Mit dem Einsatz von Druckformaten entfällt der zeitraubende Vorgang der schrittweisen Formatierung. Stattdessen werden, durch Abruf des Druckformats, dem markierten Text alle in einem Druckformat gespeicherten Formatierungen quasi in einem Arbeitsgang zugewiesen. Die Speicherung der Druckformate auf einem externen Speicher erfolgt in sogenannten Druckformatvorlagen.

In der kaufmännischen wie auch der wissenschaftlichen oder privaten Praxis bringt diese Art der Formatierung, auch indirekte Formatierung genannt, eine beachtliche Arbeitserleichterung mit sich: Protokolle, Rechnungen, Briefe, Mahnungen, Bewerbungen werden hinsichtlich ihres Aufbaus in der Regel jeweils nach dem gleichen Muster erstellt. Dieses Muster kann nun durch die Erstellung von Druckformaten und ihre Abspeicherung als Druckformatvorlagen als "unsichtbares Formblatt" immer wieder aufgerufen und dem entsprechenden Text zugrundegelegt werden. Obwohl ein wenig schwieriger zu handhaben als die direkte Formatierung, lohnen Druckformatvorlagen die Mühe. WORD bietet zwei Möglickkeiten Druckformate zu erstellen:

- Über das *Hauptmenü Muster* können Sie Druckformate unabhängig von einem bestimmten Text erstellen.

- Über den Befehl *Format Druckformat* haben Sie die Möglichkeit, die Gestaltungsmerkmale eines bereits formatierten Textes in Druckformaten festzuhalten.

In diesem Kapitel lernen Sie anhand von zwei praktischen Beispielen:

- *das Erstellen von Druckformaten im Menü Muster*

- *die Zuweisung von Druckformaten zum Text*

- *das Speichern von Druckformaten*

- *die Zuordnung einer Druckformatvorlage zum Text*

- *das Laden und Bearbeiten von Druckformatvorlagen*

7.1 Übungsbeispiel

Die Lederwarenfabrik Müller gestaltet ihre Mahnungen immer in der gleichen
Art. Für die Formatierungsmerkmale der Mahnung sollen daher Druckformate
erstellt und in einer Druckformatvorlage, die für jeden neuen Mahnungstext
wieder geladen werden kann, abgelegt werden. In der Abbildung 7-1 sehen Sie
den mit Hilfe von Druckformaten formatierten Text der Mahnung. Den fertig
formatierten Text finden Sie auf der Übungsdiskette in der Datei
TEXT7-1.TXT, die Druckformatvorlage in der Datei TEXT7-1.DFV.

Lederfachgeschäft
Ernst Meyer

1000 Berlin 65

                                                   Berlin, den 15.10.1989

__Erste Mahnung__

Sehr geehrter Herr Meyer,

wir lieferten Ihnen mit Rechnung vom 1.9.1989 diverse Lederartikel.

Die Zahlung war innerhalb von 30 Tagen fällig.

Sicher haben Sie übersehen, den Betrag termingerecht zu bezahlen. Wir bitten
Sie deshalb, unsere Rechnung in den nächsten Tagen zu begleichen.

Mit freundlichem Gruß

Abb. 7-1: Mit Druckformaten gestalteter Übungstext

Aufgabe: Erfassen Sie den in Abb. 7-1 dargestellten Mahntext. Nehmen Sie
noch keine Formatierungen vor, der Text wird mit Druckformaten
formatiert.

Bevor Sie Druckformate erstellen, müssen Sie sich Gedanken darüber machen,
wie Ihr Text gestaltet werden soll. Der Formbrief für Mahnungen ist folgendermaßen zu formatieren:

* Die Zeichen der Betreffzeile (Erste Mahnung) sind **Fett**, *Kursiv* und <u>Unter-
strichen</u> auszuzeichnen. Dafür ist ein Zeichendruckformat zu erstellen.

- Der Absatz, in dem die Fälligkeit hervorgehoben wird, soll eingerückt (Linker Einzug 1 cm) und kursiv dargestellt werden. Entsprechend ist ein Absatzdruckformat zu erstellen.

- Die Seitenränder sollen beim Ausdruck des gesamten Textes links und rechts jeweils 3,5 Zentimeter betragen. Dafür ist ein Bereichsdruckformat festzulegen.

7.2 Das Erstellen von Druckformaten im Menü Muster

Mit dem Befehl *Muster* gelangen Sie in ein zweites Hauptmenü und ein leerer Bildschirm überblendet den Text. Sie können jetzt Druckformate erstellen, ändern, Dateien mit Druckformatvorlagen laden und speichern, ohne daß dies zunächst Auswirkungen auf den aktuellen Text hat.

Im Menü Muster ist es ebenso wie im Hauptbefehlsmenü möglich, mit der *<Esc>*-Taste zwischen Textfenster und Befehlsbereich zu wechseln, und die Befehlsauswahl erfolgt analog zum bisherigen Vorgehen. Das Menü Muster verlassen und zum Text zurückkehren können Sie durch Aktivierung des Befehls *Text*.

```
MUSTER: Text Druck Einfügen Format Hilfe Kopie Löschen Name Rückgängig
        übertragen
Wählen Sie bitte ein Druckformat oder unterbrechen Sie zum Menü!
        ()                                                    Microsoft Word
```

Abb. 7-2: Menü Muster

7.2.1 Grundsätze der Druckformaterstellung

Ein Druckformat besteht immer aus zwei Bestandteilen, und die Erstellung erfolgt in zwei Schritten. Zunächst muß der Name des Druckformats vergeben und sodann müssen die Merkmale der Formatierung bestimmt werden.

Festlegen des Druckformatnamens

Der Name des Druckformates, der über den Befehl *Einfügen* vergeben wird, besteht aus 4 Komponenten. Dem *Tastenschlüssel*, der *Verwendung*, der *Variante* und dem *ommentar*.

- Der *Tastenschlüssel* besteht aus einem oder zwei Zeichen und dient der Zuweisung des Druckformats zum Text. Bei der Vergabe des Tastenschlüssels ist zu beachten, daß der Buchstabe X nicht als erstes Zeichen verwandt werden darf.

- Die *Verwendung* bestimmt, ob das Druckformat zur Zeichen-, Absatz- oder Bereichsformatierung verwendet werden soll.

- Die *Variante* ermöglicht die Unterscheidung von Druckformaten derselben Verwendung.

- Die *Anmerkung* dient zur Kommentierung des Druckformates und darf bis zu 28 Zeichen lang sein.

```
EINFÜGEN Tastenschlüssel: (0)          Verwendung:(Zeichen)Absatz Bereich
         Variante: 1                   Anmerkung:
Geben Sie den Tastenschlüssel mit 1 oder 2 Buchstaben für das Druckformat an!
                    ()                                          Microsoft Word
```

Abb. 7-3: Befehl Einfügen im Hauptmenü Muster

Festlegen der Formatierungsmerkmale

Die Merkmale der Formatierung werden über die Aktivierung des Befehls *Format* festgelegt. Je nach Wahl der Verwendung können Zeichen-, Absatz- oder Bereichsformatierungen vorgenommen werden. Die Befehle des Formatmenüs und die einzelnen Befehlsfelder entsprechen den Formatierungsbefehlen, die Sie bereits aus der direkten Formatierung kennen.

Die Erstellung von Druckformaten erscheint auf den ersten Blick kompliziert, da verschiedene Schritte zu beachten sind. Lassen Sie sich dadurch nicht abschrecken. Wenn Sie erstmal im Umgang mit Druckformaten geübt sind, werden Sie diese als wesentliche Arbeitserleichterung ansehen.

7.2.2 Erstellen eines Zeichendruckformats

Die Betreffzeile des Mahnungstextes soll immer fett, kursiv und unterstrichen dargestellt werden. Es bietet sich also an, diese Auszeichnungsmerkmale in einem Zeichendruckformat zusammenzufassen.

Aufgabe: Erstellen Sie ein Zeichendruckformat, das die Auszeichnungsmerkmale fett, kursiv und unterstrichen enthält.

VORGEHEN: Bestimmen des Druckformatnamens und der Zeichenformatie-
rungsmerkmale

- Wählen Sie den Befehl *Muster*. Es erscheinen die Befehle des Menüs Muster.

- Aktivieren Sie im Menü Muster den Befehl *Einfügen*.

- Im Befehlsfeld *Tastenschlüssel* ist eine Tastenkombination festzulegen, deren Betätigung in Kombination mit der *<Alt>*-Ta-
ste später den Aufruf des Druckformats für den aktuellen Text
bewirkt. Geben Sie ein: *M1*.

- Aktivieren Sie das Befehlsfeld *Verwendung* und markieren Sie
die Option *Zeichen*.

- Im Befehlsfeld *Variante* steht eine 1. Diese ist zu übernehmen,
da es sich um das erste Zeichendruckformat handelt.

- Im Befehlsfeld *Anmerkung* soll ein erläuternder Text eingegeben werden (hier: *Auszeichnung Bezugszeile*).

- Beenden Sie die Erstellung des Druckformatnamens mit
<Return>.

Auf dem Bildschirm erscheint das Ergebnis in Kurzform.

```
][=[.........1.........2.........3.........4.........5.........].........7.....]
|  1   M1 Zn 1                                   Auszeichnung Bezugszeile
|         Pica (Modern a) 12.
|  []
```

Abb. 7-4: Bildschirmanzeige des Zeichendruckformat-Namens

In der ersten Zeile wird die laufende Nummer des Druckformates (1), der vergebene Tastenschlüssel (M1), die Verwendung und Variante (Zn1 für Zeichendruckformat, erste Variante) und die Anmerkung dargestellt. Die zweite Zeile
enthält Hinweise über dem Druckformat zugewiesene Formatierungen. Da noch
keine Formatzuweisung stattgefunden hat, wird im Moment nur die Standard-
schriftart und -schriftgröße angezeigt.

Aufgabe: Bestimmen Sie die einzelnen Formatierungsmerkmale dieses
Druckformates.

VORGEHEN: Bestimmen der Formatierungsmerkmale

- Wählen Sie den Befehl *Format*.

Sie haben festgelegt, daß das Druckformat zur Zeichenformatierung verwendet werden soll. Deshalb erscheinen sofort die Befehlsfelder des Befehls *Format Zeichen*.

- Im Befehlsfeld *Fett* ist die Option *Ja* zu markieren. In den Befehlsfeldern *Kursiv* und *Unterstrichen* markieren Sie ebenfalls die Option *Ja* und bestätigen abschließend mit *<Return>*.

Die zweite Zeile des Druckformates enthält jetzt Hinweise auf die Auszeichnungsmerkmale.

Abb. 7-5: Das geänderte Zeichendruckformat

Dieses Druckformat könnte jetzt mit Hilfe der Tastenkombination *<Alt>*+*<M>*+*<1>* für einen aktuellen Text aufgerufen werden. Vorher markierte Zeichen/Zeichenfolgen werden dann gleichzeitig fett, kursiv und unterstrichen ausgezeichnet.

7.2.3 Erstellen eines Absatzdruckformates

Das zweite zu erstellende Druckformat dient der Formatierung des Absatzes, der auf die Fälligkeit der Zahlung verweist. Dieser Absatz ist 1 cm vom linken Rand eingezogen und die Zeichen sind kursiv ausgezeichnet.

Ein Absatzdruckformat kann sowohl Merkmale der Absatzformatierung als auch der Zeichenformatierung enthalten.

Aufgabe: Erstellen Sie ein Absatzdruckformat, das mit dem Tastenschlüssel *M2* aufgerufen werden kann und die Formatierungsmerkmale *Linker Einzug: 1 cm* und eine kursive Zeichenformatierung aufweist.

VORGEHEN: Erstellen eines Absatzdruckformats

- Positionieren Sie den Cursor mit Hilfe der *<Pfeiltaste unten>* unter dem ersten Druckformat

- Aktivieren Sie den Befehl *Einfügen*.

- Geben Sie im Befehlsfeld *Tastenschlüssel* den Tastenschlüssel *M2* ein.

- Im Befehlsfeld *Verwendung* markieren Sie die Option *Absatz*.

- Die *Variantenangabe 1* ist beizubehalten, da das erste Absatzdruckformat erstellt wird.

- Geben Sie abschließend als *Anmerkung: Linker Einzug/Kursiv* ein, und beenden Sie die Eingabe durch Betätigung der *<Return>*-Taste.

  Nach der eben erfolgten Benennung des Druckformats sind die Formatierungsmerkmale des Absatzes festzulegen.

- Aktivieren Sie den Befehl *Format Absatz*.

- Wechseln Sie zum Befehlsfeld *Linker Einzug* und tragen Sie den Abstand ein (hier: *1 cm*).

- Die Eingabe ist mit der *<Return>*-Taste abzuschließen.

  Der letzte Schritt ist die Festlegung des Zeichenformats.

- Aktivieren Sie erneut den Befehl *Format* und danach den Befehl *Zeichen*.

- Markieren Sie im Befehlsfeld *Kursiv* die Option *Ja*.

- Die Eingabe ist mit der *<Return>*-Taste abzuschließen.

Am Bildschirm erscheint die Anzeige eines Absatzdruckformats, das auch Zeichenformate enthält.

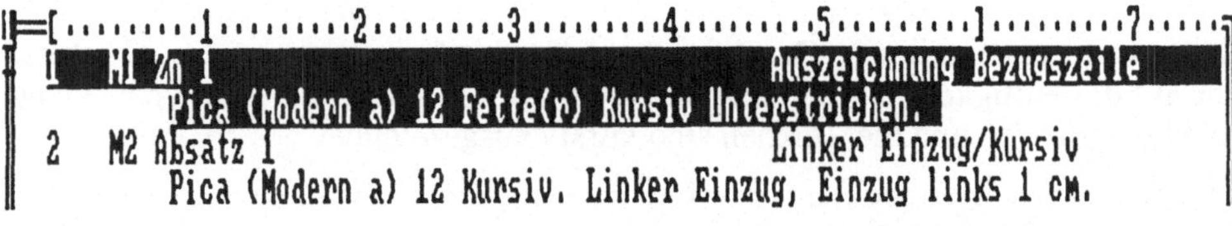

Abb. 7-6: Der Bildschirm im Menü Muster nach Erstellen zweier Druckformate

7.2.4 Erstellen eines Bereichsdruckformates

Werden für Dokumente ständig die gleichen Seitenränder verwendet, so sind die verwendeten Randmaße zweckmäßiger weise in einem Bereichsdruckformat festzuhalten.

Aufgabe: Erstellen Sie ein Bereichsdruckformat mit dem Tastenschlüssel M3, das den linken und rechten Seitenrand auf jeweils 3,5 cm festlegt.

VORGEHEN: Erstellen eines Bereichsdruckformats

- Positionieren Sie den Cursor unter dem zweiten Druckformat, um das Druckformat einzufügen.

- Aktivieren Sie den Befehl *Einfügen*.

- Tragen Sie im Befehlsfeld *Tastenschlüssel M3* ein.

- Markieren Sie im Befehlsfeld *Verwendung* die Option *Bereich*.

- Die Anzeige der *Variante 1* ist beizubehalten. Vermerken Sie als *Anmerkung* folgenden Text: *Seitenränder 3,5/3,5.*

- Beschließen Sie mit *<Return>* das Anlegen des Druckformats.

  Es folgt die Festlegung der Randmaße:

- Wählen Sie den Befehl *Format Bereich*. Da die Seitenränder bestimmt werden sollen, ist der Befehl *Seitenrand* zu aktivieren.

- Geben Sie im Befehlsfeld *Links: 3,5* und im Befehlsfeld *Rechts: 3,5* ein und schließen mit *<Return>* ab.

Sie sehen nun am Bildschirm die für das Druckformat M3 erstellten Formatierungsmerkmale, die mit dem Befehl *Format Bereich Seitenrand* speziell festgelegt oder als Standardeinstellung übernommen wurden.

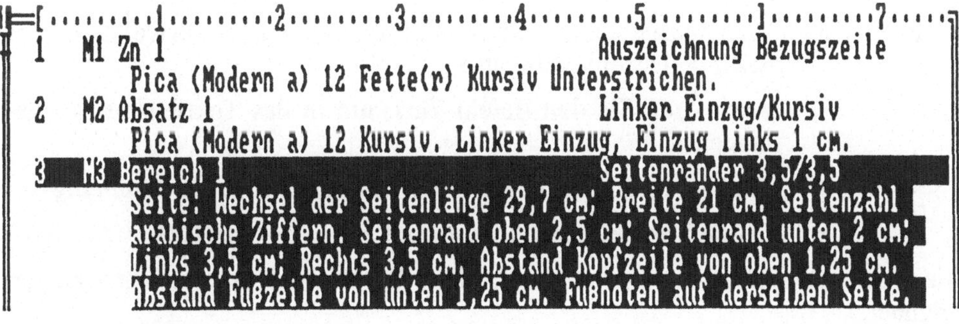

Abb. 7-7: Muster-Bildschirm nach Erstellung von drei Druckformaten

7.3 Zuweisung von Druckformaten zum Text

Um Text mit Druckformaten zu formatieren, ist dieser, wie bei der direkten Formatierung, entsprechend zu markieren bzw. der Cursor zu positionieren. Handelt es sich um die Zuweisung eines Zeichendruckformats, so sind die auszuzeichnenden Zeichen zu markieren. Bei der Zuweisung von Absatzdruckformaten zum Text genügt es, wenn sich der Cursor in dem zu formatierenden Absatz befindet. Das gilt auch dann, wenn dieses Absatzdruckformat Zeichenformate enthält. Zur Bereichsformatierung muß sich der Cursor im aktuellen Bereich befinden.

Die Zuweisung von Druckformaten zum Text läßt sich auf zwei Wegen realisieren:

- Aufruf des Druckformats über den für dieses Druckformat vergebenen Tastenschlüssel. Die *<Alt>*-Taste ist gedrückt zu halten und danach der entsprechende Tastenschlüssel einzugeben.

- Aktivierung des Befehls *Format Druckformat* und anschließender Wahl der Befehle *Zeichen, Absatz* oder *Bereich*, je nach Verwendung. Mit *<F1>* kann die Liste der Druckformate abgerufen und aus dieser das gewünschte Druckformat ausgewählt werden.

Zuweisung eines Druckformats per Tastenschlüssel

Aufgabe: Formatieren Sie die Bezugszeile durch Aufruf des dafür vorgehenen Zeichendruckformats (M1).

VORGEHEN: Textauszeichnung mit Druckformaten unter Verwendung der *<Alt>*-Tastenkombination.

- Aktivieren Sie den Befehl *Text*, um in das Textfensters zu gelangen.

- Markieren Sie die Zeichen der Bezugszeile *"Erste Mahnung"*.

- Lösen Sie die Tastenkombinaten *<ALT>* + *<M>* + *<1>* aus.

Die markierten Zeichen werden sofort fett, kursiv und unterstrichen ausgezeichnet.

Zuweisung eines Druckformats per Befehlsaufruf

Aufgabe: Weisen Sie dem zweiten Absatz des Mahnbriefes (Fälligkeitstermin) das mit dem Tastenschlüssel M2 versehene Absatzdruckformat zu durch Aufruf der entsprechenden Menü-Befehle.

VORGEHEN: Zuweisung von Druckformaten per Befehlswahl

- Positionieren Sie den Cursor im zweiten Absatz des Mahntextes.

- Wählen Sie den Befehl *Format Druckformat Absatz*.

- Geben Sie den Tastenschlüssel *M2* ein, oder wählen Sie das Druckformat aus der mit *<F1>* abzurufenden Liste. Bestätigen Sie mit *<Return>*. Die Fälligkeitszeile Ihres Textes wird sofort eingerückt und die Zeichen werden kursiv dargestellt.

Aufgabe: Weisen Sie nun abschließend dem gesamten Text das von Ihnen erstellte Bereichsdruckformat (M3) zu.

VORGEHEN: Zuweisen eines Bereichsdruckformats

- Betätigen Sie die Tastenkombination *<Alt>+<M>+<3>*.

Die Zuweisung von Druckformaten zu Textpassagen über die Alt-Tastenkombination ist die wesentlich schnellere Methode als die Methode, Druckformatzuweisung per Befehlswahl vorzunehmen. Voraussetzung für die erste Methode ist, daß der Tastenschlüssel des gewünschten Druckformates bekannt ist. Gerade wenn Sie mit vielen Druckformaten arbeiten, wird es Ihnen jedoch passieren, daß Ihnen der Tastenschlüssel entfallen ist. In einem solchen Fall können Sie sich mit der zweiten Methode behelfen.

HINWEIS:

Wenn mit Druckformaten gearbeitet wird, kann dennoch gleichzeitig auch direkt formatiert werden. Dabei gilt es jedoch zu beachten, daß die Tastenkombination *<Alt>+<Formatierungstaste>* zur Auslösung von Formatierungen nunmehr leicht modifiziert werden muß: Dem Buchstaben, der das Formatierungsmerkmal bestimmt, ist bei gleichzeitiger Verwendung von Druckformaten und direkter Formatierung ein *X* voranzustellen (*<Alt>+<X>+<Formatierungstaste>*). Wollen Sie im Rahmen der direkten Formatierung z.B. eine Zeichenfolge fett auszeichnen, so müssen Sie, nachdem der Text markiert ist, die Auszeichnung mit *<Alt>+<X>+<F>* vornehmen.

```
= L[·········1·········2·········3·········4·········5····]····6··········7···
                            Berlin, ·den·15.10.1989¶
*    ¶
*    Erste·Mahnung¶
*    ¶
*    Sehr·geehrter·Herr·Meyer,¶
*    ¶
*    wir·lieferten·Ihnen·mit·Rechnung·vom·1.9.1989·diverse·
     Lederartikel.¶
*    ¶
M2      Die·Zahlung·war·innerhalb·von·30·Tagen·fällig.¶
*    ¶
*    Sicher·haben·Sie·übersehen,·den·Betrag·termingerecht·zu·
     bezahlen.·Wir·bitten·deshalb,·unsere·Rechnung·in·den·
     nächsten·Tagen·zu·begleichen.¶
*    ¶
*    Mit·freundlichem·Gruß¶
M3   ::::::::::::::::::::::::::::::::::::::::::::::::::::::::::::::::::::::::::::
*    ◆
```

Abb. 7-8: Der mit Druckformaten formatierte Übungstext

Ablesen des Tastenschlüssels in der Druckformatspalte

Wie Sie sicher bemerkt haben, erscheinen am linken Bildschirmrand, in der Druckformatspalte, die verwendeten Tastenschlüssel, mit Ausnahme der Tastenschlüssel für Zeichendruckformate. Der Grund: Jedem Zeichen kann im Prinzip ein eigenes Zeichendruckformat zugewiesen werden. In der Druckformatspalte ist aber nur Platz für die Anzeige eines Tastenschlüssels. Wollen Sie sich vergewissern, welche Zeichenformatierung bei einem Zeichen vorliegt, wählen Sie den Befehl *Format Zeichen*.

Zur Erinnerung: Die Druckformatspalte haben Sie bereits in Kapitel 4, beim Erstellen von Kopf/Fußzeilen, aktiviert. Sollte die Druckformatspalte nicht aktiv sein, können Sie dies ändern, indem Sie den Befehl *Zusätze* wählen und im Befehlsfeld *Druckformatspalte* die Option *Ja* markieren.

7.3.1 Indirekte Formatierung rückgängig machen oder ändern

Die durch Zuweisung von Druckformaten zum Text vorgenommenen Formatierungen können jederzeit wieder rückgängig gemacht werden:

- *Zeichendruckformate:* Genau wie bei der direkten Formatierung hebt die Betätigung der Tastenkombination *<Alt>* + *<Leertaste>* bzw. *<Alt>* + *<A>* vorherige Zeichenformatierungen auf und stellt das Standardzeichenformat her. Diese Methode funktioniert nicht, wenn die Zeichenformatierung mit einem Absatzdruckformat erstellt wurde.

- *Absatzdruckformate:* Nach Betätigen der Tastenkombination *<Alt>* + *<X>* + *<N>* ist der Absatz im Standardabsatzformat formatiert. Sämtliche Zeichenformatierungen, die über das Absatzdruckformat erstellt wurden, werden ebenfalls auf den Standardwert zurückgesetzt.

- *Bereichsdruckformat:* Die Zuweisung des Standardbereichsformats erfolgt über die Aktivierung des Befehls *Format Druckformat Bereich* vom Hauptmenü aus und Wahl der Option *Standard* aus der mittels *<F1>* abgerufenen Liste.

HINWEIS:

Die Druckformatzuweisung kann auch aufgehoben werden, indem dem Text ein anderes Druckformat zugewiesen oder der Text im Rahmen der direkten Formatierung formatiert wird.

7.4 Das Speichern von Druckformatvorlagen

Das Speichern von Druckformaten ist aus zwei Gründen wichtig:

- Druckformate sind keine Bestandteile des "normalen" Textes und deshalb separat in sogenannten Druckformatvorlagen auf externen Speichern zu sichern.

- Bei der Speicherung eines mit Druckformaten formatierten Textes werden nicht die Formatierungsmerkmale, sondern die Druckformatnamen mit den Varianten (nicht zu Verwechseln mit den Tastenschlüsseln) in der Textdatei gespeichert. Jedes Laden der Textdatei hat zur Folge, daß die dazugehörige Druckformatvorlage mitgeladen und der Text den darin enthaltenen Druckformaten entsprechend formatiert wird. Das bedeutet: Kann WORD aus irgendeinem Grund beim Laden des Text nicht auf die Druckformatvorlage zugreifen, sind alle über die Druckformate vorgenommenen Formatierungen hinfällig.

Die Aktivierung des Befehls *Übertragen Speichern* oder *<Strg>* + *<F10>* im Hauptmenü *Muster* leitet das Speichern von Druckformatvorlagen ein. Wie bei jedem Speichervorgang ist die Angabe eines Dateinamens obligatorisch. Erfolgt die Speicherung der Druckformatvorlage zum ersten Mal, schlägt WORD als Dateinamen STANDARD.DFV vor. Druckformatvorlagen, die in dieser Datei gespeichert werden, erhalten den Status einer Standard-Druckformatvorlage und werden bei jedem Aufruf von WORD automatisch geladen. Die Speicherung erfolgt auch hier im aktuellen Pfad und kann natürlich geändert werden.

HINWEIS:

> Das Speichern einer Druckformatvorlage in einem von der Textdatei abweichenden Pfad hat keine Auswirkung beim Laden der Textdatei, da in dieser der Pfad zur Druckformatvorlage mit gespeichert wird.

```
ÜBERTRAGEN: Laden Speichern Bildschirmlöschen Dateilöschen Zusammenführen
            Optionen Umbenennen
Speichert die aktuelle Druckformatvorlage
            ()                                               Microsoft Word
```

Abb. 7-9: Befehl Muster Übertragen Speichern

Aufgabe: Speichern Sie die erstellten Druckformate in einer Druckformatvorlage. Die Druckformatvorlage soll in der Datei MAHNUNG.DFV gespeichert werden.

VORGEHEN: Speichern einer Druckformatvorlage

- Aktivieren Sie das Menü *Muster*.

- Wählen Sie den Befehl *Übertragen Speichern* oder betätigen Sie die Tastenkombination *<Strg>* + *<F10>*.

  Im Befehlsfeld *Dateiname* wird das Laufwerk/Verzeichnis und der Dateiname STANDARD.DFV vorgeschlagen.

- Ersetzen Sie den vorgeschlagenen Dateinamen. Geben Sie ein: MAHNUNG.DFV.

  HINWEIS: Die Endung ".DFV" (Druckformatvorlage) wird von WORD automatisch generiert und kann, soll diese Endung beibehalten werden, bei der Eingabe des Dateinamens entfallen.

- Starten Sie den Speichervorgangs mit *<Return>*.

In der Meldungszeile erfolgt die Meldung, daß die Datei unter dem angegebenen Namen gespeichert wird. Nach dem Speichervorgang erscheint am unteren rechten Ausschnittrahmen der Dateiname der Druckformatvorlage: MAHNUNG.DFV.

Nachdem die Druckformatvorlage gespeichert ist, kann auch die Speicherung des Textes erfolgen. Textdatei und Druckformatvorlage sind dann verbunden, und WORD wird bei jedem Laden der Textdatei die Druckformatvorlage mitladen.

Aufgabe: Speichern Sie den Mahntext unter dem Dateinamen MAHNUNG.TXT.

VORGEHEN: Speichern der Mahnung

- Wählen Sie den Befehl *Text* zur Aktivierung des Textfensters.

- Starten Sie den Speichervorgang mit *<Strg> + <F10>*.

- Geben Sie den Dateinamen MAHNUNG.TXT ein und schließen Sie mit *<Return>* ab.

- Die Kurzinformation überspringen Sie mit *<Return>*.

HINWEIS:

Der umgekehrte Vorgang, erst den Text und dann die Druckformatvorlage zu speichern, ist natürlich auch möglich. Ist die Druckformatvorlage noch nicht gespeichert oder wurden an einer Druckformatvorlage, die bereits bestanden hat, Änderungen vorgenommen, erfolgt automatisch die Sicherheitsabfrage, ob die Änderungen in der Druckformatvorlage gespeichert werden sollen. Bei Bestätigung erfolgt die Speicherung der Druckformatvorlage und zwar unter dem angegeben Dateinamen, wenn die Druckformatvorlage bereits bestanden hat. Andernfalls werden die Druckformate in der Datei STANDARD.DFV gespeichert.

Damit sich für die nächste Übung keine Druckformate und kein Text mehr im Arbeitsspeicher Ihres Computers befinden, ist der Arbeitsspeicher mittels Befehlswahl *Übertragen Bildschirmlöschen Gesamt* zu leeren.

7.5 Gestaltungsmerkmale direkt formatierter Texte in Druckformaten festhalten

Sie haben gelernt, einen Text mit Mitteln der indirekten Formatierung, also mit eigens erstellten Druckformaten zu gestalten. Daneben gibt es auch die umgekehrte Möglichkeit, nämlich die Gestaltungsmerkmale eines direkt formatierten Textes als Druckformat festzuhalten, um sie in der Folge auch für die Gestaltung anderer Texte nutzen zu können.

Die Formatierungsmerkmale von Textpassagen können auf folgende Weise als Zeichen-, Absatz- oder Bereichsdruckformat festgehalten werden:

- In dem bereits formatierten Text ist der Cursor an der Textstelle zu positionieren, deren Formatierung in einem Druckformat festgehalten werden soll. Anschließend erfolgt über den Befehl *Format Druckformat Festhalten* die Vergabe des Druckformatnamens.

```
FORMAT DRUCKFORMAT FESTHALTEN Tastenschlüssel: █
      Verwendung: Zeichen(Absatz)Bereich
      Variante: 1                      Anmerkung:
Geben Sie den Tastenschlüssel mit 1 oder 2 Buchstaben für das Druckformat an!
Sel Sp4            ()                                        Microsoft Word
```

Abb. 7-10: Format Druckformat Festhalten

Diese Möglichkeit erweist sich bei aufwendigeren Formatierungen als sehr hilfreich. Beispielsweise eine Tabelle exakt den Anforderungen entsprechend aufzubauen und repräsentativ zu gestalten, macht viel Mühe, wie aus dem vorherigen Kapitel ersichtlich. Es empfiehlt sich daher, Gestaltungsmerkmale einer einmal erstellten Tabelle als Druckformate festzuhalten, damit sie für weitere Tabellen, die ebenso formatiert werden sollen, ebenso verwendet werden können. An diesem Beispiel wird noch einmal der Vorteil deutlich, den Sie mit der Verwendung von Druckformaten gewinnen.

Aufgabe: Laden Sie die von Ihnen erstellte Datei BESTELL.TXT und halten Sie die Formatierungsmerkmale des ersten Absatzes (Spaltenüberschriften) sowie des zweiten Absatzes (Tabellenraster) als Druckformate mit den Tastenschlüsseln *B1* und *B2* fest.

VORGEHEN: Druckformate festhalten

- Laden Sie die Datei mittels *<Ctrl>* + *<F7>*, und anschließender Eingabe des Dateinamens BESTELL.TXT, *<Return>*.

  Halten Sie die Formatierungsmerkmale der Spaltenüberschrift fest.

- Positionieren Sie den Cursor im ersten Absatz des Textes (Spaltenüberschriften) und aktivieren Sie den Befehl *Format Druckformat Festhalten*.

- Geben Sie im Befehlsfeld *Tastenschlüssel B1* ein.

- Markieren Sie im Befehlsfeld *Verwendung* die Option *Absatz*.

- Die *Variantenangabe 1* ist zu übernehmen, da es sich um das erste Absatz-Druckformat handelt, das Sie in einer neuen Druckformatvorlage ablegen werden.

- Im Befehlsfeld *Anmerkung* geben Sie als Kurzinformation ein: *Tab-Best. Spaltenüberschrift*.

- Bestätigen Sie abschließend mit *<Return>*.

- Positionieren Sie den Cursor im zweiten Absatz, um dessen Formatierungen unter dem Tastenschlüssel *B2* festzuhalten. Aktivieren Sie den Befehl *Format Druckformat Festhalten* oder betätigen Sie die Tastenkombination *<Alt> + <F10>*.

- Im Befehlsfeld *Tastenschlüssel* geben Sie *B2* ein. Im Befehlsfeld *Verwendung* markieren Sie die Option *Absatz* und im Befehlsfeld *Variante* übernehmen Sie die *2*.

- Kommentieren Sie dieses Druckformat im Befehlsfeld *Anmerkung* mit *Tab-Best. Tabelle* und schließen Sie die Aktion mit *<Return>* ab.

Im Textfenster sehen Sie, wenn die Druckformatspalte aktiv ist, neben dem ersten Absatz den Tastenschlüssel *B1* und neben dem zweiten Absatz *B2*. Mit dem Festhalten der Formatierungen als Druckformate werden diese Druckformate also sogleich denjenigen Textpassagen zugewiesen (hier den beiden Absätzen), aus denen die Gestaltungsmerkmale übernommen (festgehalten) wurden.

```
  L[········|L········2········|3···D···4|····R·|5···D···6····]···7
 ┌─────────────────────────────────────────────────────────────────┐
 │B1 │Art.Nr.→│Artikelbezeichnung→│ Preis/St.→│ Menge→│ Betrag¶     │
 ├───┼────────┼───────────────────┼───────────┼───────┼─────────────┤
 │B2 │194→    │Damengürtel→        │    30,00→ │   15→ │   450,00↓   │
 │   │197→    │Damengeldbörsen→    │     9,20→ │  120→ │  1104,00↓   │
 │   │184→    │Herrengürtel→       │    25,00→ │   20→ │   500,00↓   │
 │   │186→    │Herrenbrieftaschen→ │    50,00→ │   30→ │  1500,00↓   │
 │   │187→    │Herrengeldbörsen→   │    12,00→ │  100→ │  1200,00↓   │
 │   │420→    │Schmuckkasten→      │    55,00→ │   20→ │  1100,00↓   │
 │   │425→    │Schmuckkassetten→   │    60,00→ │   15→ │   900,00↓   │
 │   │→       │→                  │        →  │    →  │  6754,00¶   │
 └─────────────────────────────────────────────────────────────────┘
```

Abb. 7-11: Die formatierte Tabelle mit Druckformatspalte

Wiederum müssen die Druckformate nun in einer Druckformatvorlage gespeichert werden, damit einerseits die Datei BESTELL.TXT mit dieser verbunden wird und diese andererseits auch für andere zu erstellende Tabellen genutzt werden kann.

Aufgabe: Speichern Sie die festgehaltenen Druckformate unter dem Namen BESTELL.DFV. und speichern Sie anschließend erneut Ihre Datei BESTELL.TXT, damit diese mit der Druckformatvorlage verbunden bleibt.

VORGEHEN: Speichern der Druckformate und der Textdatei

- Aktivieren Sie den Befehl *Muster Übertragen Speichern*.

- Geben Sie im Befehlsfeld *Dateiname* BESTELL.DFV ein.

- Bestätigen Sie die Eingabe mit *<Return>*.

- Wählen Sie den Befehl *Text* zum Verlassen des Mustermenüs.

- Starten Sie den Speichervorgang der Datei BESTELL.TXT mit *<Strg> + <F10>*.

7.6   Verbinden einer Druckformatvorlage mit einer Textdatei

Einmal erstellte oder festgehaltene Druckformate können, wenn diese als Druckformatvorlage gespeichert wurden, jederzeit anderen Textdateien zugeordnet werden. Dazu sind Textdatei und Druckformatvorlage zu verbinden.

Wenn, wie im nachfolgenden Übungsbeispiel, eine Textdatei geladen und dieser eine vorhandene Druckformatvorlage erst im nachhinein zugeordnet wird oder wenn ein Text aktuell erstellt und mit einer vorliegenden Druckformatvorlage formatiert werden soll, muß über den Befehl *Format Druckformat Verbinden* die Verbindung zwischen Text und Druckformatvorlage hergestellt werden. Nach der Befehlswahl ist der Dateiname der Druckformatvorlage und, wenn notwendig, der Zugriffspfad anzugeben.

Aufgabe: Laden Sie die auf der Übungsdiskette befindliche Datei TEXT7-2.TXT, deren Text nicht formatiert ist, und verbinden Sie diese Datei mit der von Ihnen erstellten Druckformatvorlage BESTELL.DFV.

VORGEHEN: Textdatei laden und mit einer Druckformatvorlage verbinden

- Laden Sie die Textdatei: Betätigen Sie die Tastenkombination *<Strg> + <F7>* und geben Sie das Laufwerk und den Dateinamen A:\BESTELL2.TXT ein, *<Return>*.

- Aktivieren Sie den Befehl *Format Druckformat Verbinden*.

- Geben Sie den Namen der Druckformatvorlage ein (hier: BESTELL.DFV) oder wählen Sie den Dateinamen aus der mit *<F1>* abgerufenen Liste.

- Bestätigen Sie mit *<Return>*.

```
FORMAT DRUCKFORMAT VERBINDEN: C:\WORD5\SCHULUNG\BESTELL.DFV█

Geben Sie bitte einen Dateinamen ein oder wählen Sie einen mit F1!
Sel Spl            ()                    ?                    Microsoft Word
```

Abb. 7-12: Format Druckformat Verbinden

Nachdem der Text mit der Druckformatvorlage verbunden ist, stehen die Druckformate der Datei BESTELL.DFV zur Formatierung des Textes zur Verfügung.

Aufgabe: Weisen Sie dem ersten Absatz der Bestellung das erste Absatzdruckformat zu. Formatieren Sie den zweiten Absatz durch Zuweisung des zweiten Absatzdruckformats.

VORGEHEN: Formatieren einer weiteren Bestellung mit Druckformaten

- Positionieren Sie den Cursor in der Kopfzeile der Tabelle und weisen Sie per Tastenschlüssel *<Alt>+<B>+<1>* das Absatzdruckformat zu.

- Positionieren Sie den Cursor im nächsten Absatz und nehmen Sie per Tastenkombination *<Alt>+<B>+<2>* die nächste Druckformatzuweisung vor.

Nach der Zuweisung der Druckformate ist die Bestellung sofort richtig formatiert. Damit die Verbindung zwischen Druckformatvorlage und Text dauerhaft erhalten bleibt, ist der Text nun erneut zu speichern. Speichern Sie die Bestellung unter dem Dateinamen BESTELL2.TXT.

Löschen Sie bitte für die nächste Übung den Bildschirm durch Wahl des Befehls *Übertragen Bildschirmlöschen Gesamt*.

7.7 Laden und Bearbeiten von Druckformatvorlagen im Menü Muster

Das Menü Muster ist, wie Sie gesehen haben, ein zweites Hauptmenü. Hier können Sie Druckformate unabhängig von einem bestimmten Text erstellen oder auch verändern. Mit dem Befehl *Einfügen* haben Sie die Möglichkeit, die Druckformatvorlage um zusätzliche Druckformate zu erweitern. Der Ihnen ebenfalls schon bekannte Befehl *Format* wird bei Änderungsoperationen dafür verwandt, *markierten* Druckformaten neue, weitere oder veränderte Gestaltungsmerkmale zuzuweisen. Wollen Sie weiterhin die Namensbestandteile *Tastenschlüssel, Variante* und *Kommentar* eines Druckformats ändern, steht Ihnen im Menü Muster der Befehl *Name* zur Verfügung. In jedem Falle muß, sollen Änderungen vorgenommen werden, die Druckformatvorlage erst einmal in den Arbeitsspeicher des Computers geladen werden.

Aufgabe: Laden Sie die Druckformatvorlage MAHNUNG.DFV und verändern Sie das Absatzdruckformat 1 (Tastenschlüssel M2) dahingehend, daß die Zeichen des damit formatierten Absatzes zusätzlich fett ausgezeichnet werden.

VORGEHEN: Ändern eines Druckformates

- Wählen Sie den Befehl *Muster Übertragen Laden* zum Laden der Druckformatvorlage und rufen Sie mittels *<F1>* die Liste der verfügbaren Druckformatvorlagen ab, oder betätigen Sie im Menü Muster *die* Tastenkombination *<Strg>+<F7>*.

- Wählen Sie mit den *<Pfeiltasten>* die Datei MAHNUNG.DFV und bestätigen Sie den Ladevorgang mit *<Return>*.

- Markieren Sie am Bildschirm mit den *<Pfeiltasten>* das Absatzdruckformat mit dem Tastenschlüssel *M2*.

- Aktivieren Sie den Befehl *Format Zeichen*.

- Wechseln Sie zum Befehlsfeld *Fett* und markieren Sie die Option *Ja*. Schließen Sie die Eingabe mit *<Return>* ab.

```
|=0··[·····1·········2·········3·········4·········5··········]·········7·····|
|  1   M1 Zn 1                              Auszeichnung Bezugszeile
         Pica (Modern a) 12 Fette(r) Kursiv Unterstrichen.
   2   M2 Absatz 1                             Linker Einzug/Kursiv
         Pica (Modern a) 12 Kursiv. Linker Einzug, Einzug links 1 cm.
   3   M3 Bereich 1                            Seitenränder 3/3
         Seite: Wechsel der Seitenlänge 29,7 cm; Breite 21 cm. Seitenzahl
         arabische Ziffern. Seitenrand oben 2,5 cm; Seitenrand unten 2 cm;
         Links 3,5 cm; Rechts 3,5 cm. Abstand Kopfzeile von oben 1,25 cm.
         Abstand Fußzeile von unten 1,25 cm. Fußnoten auf derselben Seite.
   ♦


FORMAT ZEICHEN Fett: Ja Nein          Kursiv:(Ja)Nein    Unterstrichen: Ja(Nein)
   Durchgestrichen: Ja(Nein)     Großbuchstaben: Ja(Nein)     Kapitälchen: Ja(Nein)
   Doppelt unterstrichen: Ja(Nein)      Position:(Normal)Hochgestellt Tiefgestellt
   Schriftart: Pica               Schriftgrad: 12               Farbe: Schwarz
   Verborgen: Ja(Nein)
Wählen Sie bitte eine Option!
            ()                                              Microsoft Word
```

Abb. 7-13: Ändern von Druckformaten

Dem Druckformat wird sofort das gewählte Formatierungsmerkmal hinzugefügt. Abschließend ist diese Änderung der Druckformatvorlage zu speichern.

Aktivieren Sie hierzu die Speicherfunktion im Menü Muster mittels Tastenkombination *<Strg> + <F10>*.

Das veränderte Druckformat hat jetzt für alle Textdateien Gültigkeit, die mit der Druckformatvorlage MAHNUNG.DFV verbunden sind, d.h. auch auch für die Textdatei MAHNUNG.TXT, die Sie in der Übung zu Beginn dieses Kapitels mit der Druckformatvorlage verbunden hatten. Obwohl inzwischen die Textdatei nicht geladen wurde, wird Sie beim nächsten Laden ihr Erscheinungsbild entsprechend der veränderten Druckformatvorlage modifiziert haben. Das liegt daran, daß bei der Textspeicherung von mit Druckformaten formatierten Texten nicht die Formatierungsmerkmale, sondern nur die Druckformatnamen gespeichert werden. Beim erneuten Laden der Textdatei werden die Formatierungsmerkmale der gleichzeitig geladenen Druckformatvorlage entnommen und bestimmen das Erscheinungsbild des Textes.

Aufgabe: Laden Sie die Datei MAHNUNG.TXT.

VORGEHEN: Textdatei zur Überprüfung laden

- Wählen Sie den Befehl *Übertragen Laden* im Hauptmenü oder betätigen Sie *<Ctrl> + <F7>*.

- Geben Sie als Dateinamen MAHNUNG.TXT und bestätigen Sie mit *<Return>*.

Die Formatierung des Textes hat sich geändert. Der Absatz, in dem die Fälligkeit genannt wird, ist nunmehr nicht nur kursiv, sondern zugleich fett ausgezeichnet.

7.8 Das Löschen von Druckformaten

Einmal erstellte Druckformate lassen sich jederzeit wieder löschen. Voraussetzung: Die Druckformatvorlage ist geladen.

Aufgabe: Löschen Sie das Druckformat, dem der Tastenschlüssel *M1* zugewiesen wurde, aus der Druckformatvorlage

VORGEHEN: Löschen von Druckformaten

- Wählen Sie den Befehl *Muster*.
- Markieren Sie das erste Druckformat (Tastenschlüssel *M1*).
- Aktivieren Sie den Befehl *Löschen*.

Das markierte Druckformat wird in den Papierkorb gelöscht.

Wie im Haupbefehlsmenü von WORD gibt es auch im Menü Muster den Befehl *Rückgängig*, mit dem fast jede letzte Aktion, bzw. jeder zuletzt ausgelöste Befehl rückgängig gemacht werden kann.

Aufgabe: Der Löschvorgang des Druckformates, dem der Tastenschlüssel *M1* zugewiesen wurde, soll rückgängig gemacht werden.

VORGEHEN: Einen Befehl im Menü Muster rückgängig machen

- Aktivieren Sie den Befehl *Rückgängig* im Menü Muster.

Wie Sie sicher erwartet haben, steht das gelöschte Druckformat wieder zur Verfügung.

7.9 Befehlsübersicht

Mit den Befehlen bzw. Befehlsfolgen, die in diesem Kapitel angewandt wurden, haben Sie die Möglichkeit folgender Operationen kennengelernt:

Format Druckformat
> Ein Untermenü wird eröffnet, dessen Befehle der Verbindung von Textebene und Druckformatebene dienen.

Format Druckformat Verbinden
> Der aktuelle Text wird mit einer Druckformatvorlage verbunden, so daß diese zur Formatierung des Textes verwandt werden kann.

Format Druckformat Zeichen
> Markierten Zeichen oder Zeichenfolgen wird ein Zeichendruckformat zugewiesen.

<Alt> + <Leertaste> und <Alt> + <A>
> Die Zuweisung eines Zeichendruckformats zum Text wird für markierte Zeichen/Zeichenfolgen aufgehoben.

Format Druckformat Absatz
> Einem markierten Absatz wird ein Absatzdruckformat zugewiesen.

<Alt> + <X> + <N>
> Die Zuweisung eines Absatzdruckformats zum Text wird für einen markierten Absatz aufgehoben.

Format Druckformat Bereich
> Dem aktuellen Bereich wird ein Bereichsdruckformat zugewiesen.

<Alt> + <Tastenschlüssel>
> Dem markierten Textbereich wird per Tastenschlüssel ein Druckformat zugewiesen.

Format Druckformat Festhalten oder <Alt> + <F10>
> Die Formatierungsmerkmale eines markierten Zeichens, Absatzes oder Bereiches können als Druckformat festgehalten werden. Gleichzeitig erfolgt die Zuweisung dieses Druckformates zum Text.

Muster
> Ein zweites Hauptmenü wird eröffnet, in dem textunabhängig Druckformate erstellt, überarbeitet und übertragen werden können.

Muster Text
> Das Menü Muster wird verlassen und der aktuelle Textbildschirm eingeblendet.

Muster Einfügen

Ein Druckformat wird angelegt, indem der Name des Druckformats, bestehend aus Tastenschlüssel, Verwendung, Variante und Anmerkung, vergeben wird. Dabei kann es sich um ein Druckformat handeln, das eine neue Druckformatvorlage begründet oder um ein neues, in eine bestehende Druckformatvorlage einzufügendes Druckformat.

Muster Format

Die Formatierungsmerkmale eines Druckformates werden bestimmt.

Muster Format Zeichen

Es können Zeichenformatierung für ein markiertes Zeichen- oder Absatzdruckformat festgelegt werden.

Muster Format Absatz

Es können die Formatierungsmerkmale eines markierten Absatzdruckformates festgelegt werden.

Muster Format Bereich

Die Formatierungsmerkmale eines markierten Bereichsdruckformates können festgelegt werden.

Muster Löschen

Das markierte Druckformat wird aus der Druckformatvorlage gelöscht.

Muster Name

Die Namensbestandteile Tastenschlüssel, Variante und Kommentar eines Druckformats können geändert werden.

Muster Rückgängig

Die letzte Aktion bzw. der zuletzt ausgeführte Befehl im Menü Muster wird rückgängig gemacht.

Muster Übertragen

Ermöglicht Übertragungsvorgänge für Druckformatvorlagen.

Muster Übertragen Laden oder Muster <Ctrl> + <F7>

Eine Druckformatvorlage kann in den Arbeitsspeicher des Computers geladen werden.

Muster Übertragen Speichern oder Muster <Ctrl> + <F10>

Eine Druckformatvorlage wird gespeichert.

Zusätze Befehlsfeld Druckformatspalte

Die Markierung der Option *Ja* bewirkt die Sichtbarmachung der dem Text zugewiesenen Absatz- oder Bereichsdruckformat-Tastenschlüssel im Textfenster.

8 Dateiverwaltung und Dateipflege

Je mehr Textdateien Sie später mit WORD erstellt haben werden, desto wichtiger wird es, eine systematische Dateiverwaltung und -pflege zu betreiben. Nur so werden Sie den Überblick über Ihren wachsenden Dateibestand behalten und in der Lage sein, schnell und gezielt eine bestimmte Datei wieder aufzufinden und sie erneut zur Bearbeitung oder zum Druck zu laden.

Im vorliegenden Kapitel werden Sie einander ergänzende Möglichkeiten kennenlernen, Ihren Dateibestand übersichtlich zu verwalten und zu pflegen.

Dieses Kapitel:

* *gibt Hinweise zur Pflege des Dateibestands sowie Tips zur Nutzung der dreistelligen Erweiterung bei der Dateinamensvergabe;*

* *erläutert unterschiedliche Möglichkeiten, vorhandene Dateien im Überblick aufzulisten;*

* *erklärt, wie die Kurzinformation als sinnvolles Instrument zur Charakterisierung von Texten gehandhabt oder im Nachhinein veränderten Bedürfnissen angepaßt werden kann;*

* *beschreibt die Möglichkeiten, die WORD mit Hilfe der Kurzinformation zur Auswahl von Dateien zur Verfügung stellt;*

* *zeigt, wie Dateien gelöscht und umbenannt werden können.*

8.1 Die Erweiterung des Dateinamens nutzen

Je größer Ihr Dateibestand ist, desto notwendiger wird es, sich schon beim Speichern der Texte Gedanken über den Ort zu machen, wo diese abgelegt werden sollen.

So sollten von vornherein Verzeichnisse bestimmt werden, in denen bestimmte Gruppen von Dateien (z.B. Briefe, Exzerpte zu bestimmten Themen, Rechnungen o.ä.) gebündelt abgelegt werden. Das ist die Grundlage für die Zusammenstellung eines Datenarchivs mit Abteilungen und Unterabteilungen, in dem der Zugriff auf bestimmte (auch ältere) Dokumente erheblich vereinfacht ist.

Des weiteren empfiehlt es sich, von Anbeginn der Arbeit mit einem Textsystem auch auf eine überlegte Nutzung der Erweiterung bei der Dateinamensvergabe zu achten. Gruppen von Texten können auf diese Weise sinnvoll kategorisiert werden, z.B. könnten Sie formatierte Texte mit der Erweiterung .FRM versehen. Für den Fall, daß bei der Dateinamensvergabe Erweiterungen nicht mit eingegeben werden, vergibt WORD automatisch die Erweiterung .TXT.

Aufgabe: Speichern Sie nun Ihren Text ÜBUNG1.TXT in einer neuen Datei, indem Sie den Dateinamen ÜBUNG1A.FRM vergeben.

VORGEHEN: Speichern

- Laden Sie die Datei ÜBUNG1 mit dem Befehl *Übertragen Laden*.

- Leiten Sie den Speichervorgang mit dem Befehl *Übertragen Speichern* ein.

- Speichern Sie den Text im Verzeichnis WORD5\SCHULUNG unter dem Dateinamen ÜBUNG1A.FRM, z.B indem Sie

  C:\WORD\SCHULUNG\ÜBUNG1A.FRM

  eingeben, und bestätigen Sie die Eingabe mit *<Return>*.

An dem Sachverhalt, daß die Kurzinformation eingeblendet wird, erkennen Sie, daß WORD eine neue Datei anlegt. Der Text existiert jetzt zweimal - in der Datei ÜBÜNG1.TXT und in der Datei ÜBUNG1A.FRM .

8.2 Dateiauflistung

Namen, die für bestimmte Dateien vergeben wurden, können nach längerer Zeit in Vergessenheit geraten. Um dennoch weiterhin eine Zugriffsmöglichkeit zu haben, gibt es Möglichkeiten, den Dateibestand im Überblick auf dem Bildschirm auflisten zu lassen.

8.2.1 Inhaltsverzeichnis beim Laden einer Datei

Eine einfache Möglichkeit, eine namentlich nicht mehr genau bekannte Datei aufzufinden, bietet das Inhaltsverzeichnis, das beim Laden von Dateien mit Hilfe der Funktionstaste *<F1>* aufgerufen werden kann. Aus diesem Inhaltsverzeichnis kann eine der in alphabetischer Reihenfolge aufgelisteten Dateien geladen werden.

```
C:\WORD5\SCHULUNG\*.FRM
ÜBUNG1A.FRM            [..]              [A:]              [C:]




                                    █




ÜBERTRAGEN LADEN Dateiname: ÜBUNG1A.FRM
                Schreibschutz: Ja(Nein)
Geben Sie bitte einen Dateinamen ein oder wählen Sie einen mit F1! (5892096 B)
Sel Sp1             ()                 ?                    Microsoft Word
```

Abb. 8-1: Dateiliste beim Ladevorgang

In der auf diese Weise erreichten Auflistung von Dateien werden jedoch nicht alle möglicherweise verfügbaren Dateien angezeigt. Ihre gerade unter dem Namen ÜBUNG1A.FRM gespeicherte Datei erscheint zum Beispiel nicht.

Das kann daran liegen, daß WORD für Datei- und Suchoperationen zunächst dasjenige Laufwerk/Verzeichnis als Standard bestimmt, von dem aus es gestartet wurde oder das über den Befehl *Übertragen Optionen* von Ihnen zum Standard bestimmt wurde. Zudem werden standardmäßig nur diejenigen Dateien auflistet, die die Erweiterung .TXT bekommen haben.

Aufgabe: Lassen Sie sich Ihre auf dem Laufwerk C: im Verzeichnis \WORD\SCHULUNG gespeicherte Datei ÜBUNG1A.FRM beim Ladevorgang auf dem Bildschirm anzeigen.

VORGEHEN: Anzeige von Dateien mit alternativer Erweiterung

- Aktivieren Sie den Befehl *Übertragen Laden*.

- Geben Sie im Feld *Dateiname* *.FRM ein und lösen die *<F1>*-Taste aus. Wählen Sie mit den *<Pfeiltasten>* den Dateinamen ÜBUNG1A.FRM und bestätigen Sie die Wahl mit *<Return>*. Falls Sie sich im falschen Verzeichnis befinden, wählen Sie zuerst das Verzeichnis SCHULUNG aus der mittels *<F1>* erzeugten Liste und danach den Dateinamen aus.

Das *Stellvertreterzeichen* * steht hier für einen beliebigen Dateinamen. Seine oben beschriebene Verwendung macht Sinn, wenn Sie zum Beispiel eine bestimmte Datei bearbeiten wollen, deren Dateinamen Sie vergessen haben, die aber als formatierte Datei mit Sicherheit die Erweiterung .FRM aufweist. Suchen Sie z.B. Dateien, von denen Sie die vergebene Endung und den Dateinamen nicht wissen, geben Sie anstatt des Dateinamens *.* ein, und es werden Ihnen alle Dateien des gewählten Verzeichnisses angezeigt.

8.2.2 Dateianzeige im Datei-Manager

Eine von Ihnen eventuell vorgenommene Voreinstellung des Laufwerks/Verzeichnisses über den Befehl *Übertragen Optionen* hat keinen Einfluß auf das Inhaltsverzeichnis, das WORD mit dem Datei-Manager zur Verfügung stellt. Hier werden unabhängig von dieser Voreinstellung zunächst standardmäßig nur jene Dateien gelistet, die im Laufwerk/Verzeichnis abgelegt worden sind, von dem aus WORD gestartet wurde.

Aufgabe: Lassen Sie sich das Inhaltsverzeichnis des Datei-Managers anzeigen.

VORGEHEN: Anzeigen von Dateien im Dateimanagement

- Aktivieren Sie den Befehl *Bibliothek Datei-Manager*.

Der bisherige Bildschirminhalt wird nun überblendet durch den Dateiverwaltungs-Bildschirm, der ein eigenes Befehlsmenü aufweist. Der Dateiverwaltungs-Bildschirm listet Ihnen standardmäßig in alphabetischer Folge die Dateinamen der im aktuellen Laufwerk/Unterverzeichnis verfügbaren Dateien auf. Die Bezeichnung des aktuellen Pfades sehen Sie in der ersten Zeile dieses Bildschirms.

Auch im Inhaltsverzeichnis des Datei-Managers können Sie sich solche Dateien auflisten lassen und von dort laden, die auf einem anderen Laufwerk/Verzeichnis abgelegt sind. Sie müssen nur den entsprechenden Pfad eingeben.

```
Suchweg: C:
C:\WORD5\SCHULUNG\ÜBUNG1.TXT               C:\WORD5\SCHULUNG\ÜBUNG2.TXT
```

```
DATEI-MANAGER: Suche Text Laden Druck Änderung Anzeige Kopieren löschen

LEERTASTE um die Datei zu markieren, STRG+LEERTASTE alles, oder ESC-TASTE
                              ?                              Microsoft Word
```

Abb. 8-2: Dateiverwaltungs-Bildschirm

Aufgabe: Lassen Sie sich die Datei ÜBUNG1A.FRM im Inhaltsverzeichnis des Datei-Managers anzeigen und laden Sie sie.

VORGEHEN: Suchweg-Änderung im Datei-Manager

- Aktivieren Sie den Befehl *Bibliothek Datei-Manager*.

- Aktivieren Sie den Befehl *Suche*. In der daraufhin eingeblendeten Suchmaske ist im Befehlsfeld *Suchweg* der von Ihnen gewünschte Pfad einzutragen, z.B.

  C:\WORD5\SCHULUNG*.FRM

  und mit *<Return>* zu bestätigen

  oder

  Lösen Sie im Befehlsfeld *Suchweg* *<F1>* aus, markieren das gewünschte Verzeichnis und bestätigen die Wahl mit *<Return>*. Aktivieren Sie erneut den Befehl *Suche* und positionieren den Cursor mittels *<F10>* am Ende des angezeigten Suchwegs und geben Sie ein

  *.FRM

  Anschließend betätigen Sie die *<Return>* Taste.

  Sie sehen im oberen Teil des Datei-Manager-Bildschirms in der ersten Zeile den neuen Suchweg und sodann die über diesen Pfad aufgefundene(n) Datei(en) eingeblendet.

- Markieren Sie die gewünschte Datei mittels der *<Pfeiltasten>* und aktivieren Sie den Befehl *Laden*.

Bevor die Datei geladen wird, fragt WORD sicherheitshalber, ob Sie etwaige Änderungen der bisher im Arbeitsspeicher geladenen Datei speichern wollen.

```
C:\WORD5\SCHULUNG\*.FRM
[.]                    [A:]              [C:]                UBUNGIA.FRM
[..]
```

```
SUCHE Suchweg: UBUNGIA.FRM
   Autor:
   Bearbeiter:
   Schlüsselworte:
   Erstellt am:                    überarbeitet am:
   Inhalt:
   Graphie: Ja(Nein)               Nur-markierte-Dateien: Ja(Nein)
Geben Sie die zu durchsuchenden Verzeichnisse ein oder drücken Sie F1!
                         ?                                 Microsoft Word
```

Abb. 8-3: Suchmaske des Dateimanagers

HINWEIS:

Der Eintrag des Suchweges wird beim Verlassen von WORD nicht gelöscht, sondern bleibt auch bei erneutem Start des Programms gültig. Sie können den Suchweg lediglich durch eine neuerliche Eingabe im entsprechenden Feld der Such-Maske oder durch Löschen Eingabe mit *<Entf>* ändern. Gleiches gilt auch für andere Eintragungen in der Suchmaske. Diese bleiben solange gespeichert, bis sie überschrieben bzw. mit *<Entf>* gelöscht werden.

Aus dem Datei-Manager gelangen Sie in den aktuellen Text zurück, indem Sie im Datei-Manager-Menü den Befehl *Text* aktivieren.

Anzeige im Datei-Management ändern

Die Art, wie und in welcher Reihenfolge Ihnen die Dateien im Inhaltsverzeichnis des Datei-Managers aufgezeigt werden, können Sie durch Aktivierung des

Befehls *Anzeige* im Datei-Manager und Auswahl einer der in den Befehlsfeldern *Anzeige* und *Sortiert* angebotenen Optionen ändern.

```
ANZEIGE: Kurz Lang Alles
Sortiert:(Verzeichnis)Autor Bearbeiter überarbeitungsdatum Erstelldatum Größe
Wählen Sie bitte eine Option!
                            ?                          Microsoft Word
```

Abb. 8-4: Datei-Manager Anzeige

Die Optionen des Befehlsfeldes *Anzeige*: *"Kurz"*, *"Lang"* *"Alles"* geben Ihnen die Möglichkeit, sich vorhandene Dateien am Bildschirm auflisten zu lassen in Form einer

- *Kurzanzeige*, Suchweg und Dateiname - wie Sie es jetzt auf Ihrem Bildschirm sehen,

- *langen Anzeige*, in der Suchweg, Autor und Titel der Dateien angezeigt werden, vorausgesetzt, daß diese Angaben in den Kurzinformationen zu den Dateien erfaßt wurden und

- *vollständigen Anzeige*, in der am unteren Bildschirmrand die gesamte Kurzinformation für eine im oberen Bildschirmteil ausgewählte Datei dargestellt wird.

In jeder der beschriebenen Anzeige-Arten werden Ihnen Ihre Dateien standardmäßig in alphanumerischer Reihenfolge am Bildschirm aufgelistet.

Das können Sie bei Bedarf ändern, indem Sie im Befehlsfeld *Sortiert* eine andere Option aktivieren. (z.B. Sortierung nach Autor, Überarbeitungsdatum usw.)

Schon die verschiedenen Anzeigemöglichkeiten im Datei-Manager verweisen auf die Relevanz einer sinnvollen Arbeit mit der Kurzinformation für Übersicht und Transparenz bei der Dateiverwaltung. Im folgenden Abschnitt werden Sie mit weiteren wichtigen Funktionen der Kurzinformation vertraut gemacht.

8.3 Arbeiten mit der Kurzinformation

Die Kurzinformation, die ähnlich aufgebaut ist wie eine Bibliotheks-Karteikarte, dient dazu, durch genauere Charakterisierung Ihres Textes gezielte Auswahlmöglichkeiten innerhalb des Dateibestandes zu eröffnen.

Nach der Standardeinstellung von WORD wird die Kurzinformations-Maske am unteren Rand des Bildschirms jedesmal eingeblendet, nachdem der Dateiname für einen erstmalig zu speichernden Text vergeben ist.

```
KURZINFORMATION
   Titel: █                        Version:
   Autor:                          Erstellt am: 19.09.89
   Bearbeiter:                     überarbeitet am: 19.09.89
   Schlüsselworte:
   Kommentar:
Geben Sie bitte Text ein!
Sel Sp1          ()              ?                    Microsoft Word
```

Abb. 8-5: Die Kurzinformation

8.3.1 Textcharakterisierung und Auswahlmöglichkeiten

Mit Hilfe der Kurzinformation können Texte qualifiziert beschrieben sowie über Suchläufe gezielt aufgefunden und zusammengestellt werden. Im einzelnen haben Sie über die Kurzinformation folgende Möglichkeiten:

- Mit bis zu 40 Zeichen erlaubt das Befehlsfeld *Titel* eine differenziertere Überschriften-Eingabe, als es der achtstellige Dateiname zuläßt.

- Im Befehlsfeld *Autor* kann mit maximal 40 Zeichen eine oder eine Gruppe von Personen angegeben werden, durch die der Text erstellt wurde. Später ist es dann möglich, sich gezielt die Texte eben dieses Autors bzw. dieser Autorengruppe auflisten zu lassen.

- Wenn ein Text von einer weiteren Person bearbeitet wird, kann ein vom Autor unterschiedlicher Name mit bis zu 40 Zeichen im Befehlsfeld *Bearbeiter* eingetragen werden. Auch der Eintrag in diesem Feld dient später als Auswahlkriterium.

- Im Befehlsfeld *Schlüsselworte* können verschiedene, den Text stichwortartig charakterisierende Suchwörter eingegeben werden (maximale Zeichenlänge hier: 80). Möchte man man später unterschiedliche Texte zu einem bestimmten Thema auffinden, so kann mit Eingabe eines oder der Kombination mehrerer Stichworte der Textbestand zu diesem Thema genau eingekreist werden.

- Das Befehlsfeld *Kommentare* steht für Anmerkungen zum Text zur Verfügung, die vielleicht für die Entstehungsgeschichte des Textes relevant sind, aber nicht in den Text selber hineingehören. Hier können bis zu 256 Zeichen eingegeben werden.

- Eintragungen in das Befehlsfeld *Version* empfehlen sich dann, wenn ein Text in unterschiedlichen Fassungen vorliegt: so z.B. bei mehreren Entwürfen für ein Anschreiben, eine Bewerbung usw. Dieses Feld kann mit bis zu 10 Zeichen ausgefüllt werden.

- Die Befehlsfelder *Erstellt am:* und *Überarbeitet am:* werden von WORD automatisch ausgefüllt. So wird beim erstmaligen Speichern des Textes das aktuelle Systemdatum der Texterfassung eingetragen und bei erneuter Bearbeitung des Textes das Datum der Bearbeitung jeweils aktualisiert. Auch die Datumseintragungen in diesen beiden Feldern dienen als Suchkriterien, so daß später Dateien schnell aufgelistet werden können, die in einem bestimmten Zeitraum erstellt oder bearbeitet wurden.

8.3.2 Eingabe von Kurzinformationen bei aktuellen Texten

Aufgabe: Erfassen Sie nacheinander zwei Texte, die Sie anschließend während des Speichervorgangs sinnvoll über die Kurzinformation charakterisieren.

VORGEHEN:

- Entfernen Sie zunächst Ihre geladene Datei ÜBUNG1A.FRM aus dem Arbeisspeicher des Computers. Aktivieren Sie dazu den Befehl *Übertragen Bildschirmlöschen Gesamt* und schließen mit < *Return* > ab.

- Geben Sie nachfolgendenden Text ein:

Hiermit möchte ich mich auf Grund Ihrer Anzeige in der "Zeit" vom 9.3.1989 als Assistent der Geschäftsleitung Ihrer Hamburger Niederlassung bewerben.

Zu meiner Person:

Ich bin 28 Jahre alt und arbeite seit Beendigung meines Studiums mit dem Abschluß "Diplom-Volkswirt" bei einem süddeutschen Verlagsunternehmen in der Controlling-Abteilung.

Aus familiären Gründen strebe ich nun einen Ortswechsel nach Norddeutschland an.

- Speichern Sie den Text unter dem Dateinamen BEWERB1, mit Hilfe des Befehl *Übertragen Speichern*, und geben Sie die unten genannnten Kurzinformationsdaten ein.

Titel: Bewerbung/Assistent der Geschäftsleitung

Autor: Müller

Bearbeiter: Schneider

Schlüsselworte: Übung, Bewerbung, Hamburg,

Kommentare: Gute Chancen

- Bestätigen Sie die Eingaben mit *<Return>*, verschaffen Sie sich dann mit *Übertragen Bildschirmlöschen Gesamt* einen leeren Bildschirm und geben Sie den nächsten Übungstext ein.

Ihrer Kurzannonce in der "Welt" entnehme ich, daß Sie für einen Geschäftsabschluß in der Sowjetunion kurzfristig einen Russisch-Dolmetscher mit fundierten wirtschaftlichen Kenntnissen suchen.

Da ich zum Ende des Monats meine bisherige Tätigkeit bei einem Süddeutschen Verlagsunternehmen aufgebe, könnte ich Ihnen für die gewünschte Aufgabe kurzfristig zur Verfügung stehen.

- Speichern Sie nun unter dem Dateinamen BEWERB2 und geben Sie in die Kurzinformationsfelder ein:

Titel: Bewerbung/Dolmetscher

Autor: Müller

Bearbeiter: Schneider

Schlüsselworte: Übung, Bewerbung, Kurzannonce, Sowjetunion,

Kommentare: Gute Chancen, aber leider nur Job auf Zeit

- Bestätigen Sie abschließend mit *<Return>*.

8.3.3 Änderungen von Kurzinformationen im Nachhinein

Auch wenn man sich bemüht, jeden aktuellen Text sofort mit qualifizierten Angaben in der Kurzinformation zu ergänzen, kann es sich ergeben, daß erst im Nachhinein oder im Zusammenhang mit anderen Texten bestimmte Suchwörter oder Kommentierungen sinnvoll werden.

WORD bietet die Möglichkeit, Kurzinformationen von bereits abgelegten Dateien zu ändern, zu ergänzen oder überhaupt erst zu erfassen.

Aufgabe: Ergänzen bzw. ändern Sie im Nachhinein die Kurzinformationen der von Ihnen bereits erstellten und fertig abgelegten Datei ÜBUNG2.TXT.

HINWEIS:

Sie können dabei in dem Text, in dem Sie sich gerade befinden, bleiben. D.h. Sie müssen die Datei, deren Kurzinformation Sie ändern wollen, zu diesem Zweck nicht extra laden.

VORGEHEN: Kurzinformationen ergänzen/ändern

- Aktivieren Sie den Befehl *Bibliothek Datei-Manager*.

- Wählen Sie mit den *<Pfeiltasten>* die Datei ÜBUNG2.TXT. Sollte diese Datei nicht angezeigt werden, weil Sie noch den Suchweg zum Auffinden der Datei ÜBUNG1A.FRM eingestellt haben, so ändern Sie diesen, indem Sie den Befehl *Suche* aktivieren und den *Suchweg* bestimmen.

- Rufen Sie den Befehl *Änderung* auf.

- Gehen Sie mit den *<Pfeiltasten>* oder der *<Tab>*-Taste zu dem Befehlsfeld *Bearbeiter*, und geben Sie den Namen *Schneider* ein, indem Sie einen eventuell bereits vorhandenen Eintrag einfach überschreiben.

- Im Feld *Schlüsselworte* geben Sie ein: *Übung, Texterfassung* und bestätigen mit *<Return>*.

- Abschließend wählen Sie im Datei-Manager-Menü den Befehl *Text* und gelangen damit in den aktuellen Text zurück.

```
ÄNDERUNG KURZINFORMATION Dateiname: C:\WORD5\SCHULUNG\ÜBUNG2.TXT
   Titel:                             Version:
   Autor:                             Erstellt am: 07.09.89
   Bearbeiter: Schneider              überarbeitet am: 07.09.89
   Schlüsselworte: Übung, Texterfassung
   Kommentar:
Geben Sie bitte Text ein!
                              ?                        Microsoft Word
```

Abb. 8-6: Datei-Manager Änderung

8.3.4 Drucken der Kurzinformation

Kurzinformationen zu einer Datei können separat vom gesamten Text ausgedruckt werden und so in einer physikalischen Dokumentenablage wie Karteikarten genutzt werden.

Aufgabe: Drucken Sie die Kurzinformationen der Dateien BEWERB1 und BEWERB2 aus.

VORGEHEN: Drucken der Kurzinformation

- Aktivieren Sie den Befehl *Bibliothek Datei-Manager*.

- Markieren Sie mittels *<Pfeiltasten>* die Datei BEWERB1.TXT und wählen Sie sie aus, indem Sie die *<Leertaste>* betätigen.

- Markieren Sie nun die Datei BEWERB2.TXT, und wählen Sie diese wiederum mit Hilfe der *<Leertaste>*. Die Wahl wird jeweils durch ein Sternchen am Anfang des Dateinamens symbolisiert.

- Aktivieren Sie den Befehl *Druck*.

- Bestätigen Sie die bereits hell unterlegte Option *Kurzinformation* im Befehlsfeld *Druck* mit *<Return>*, oder geben Sie den Anfangsbuchstaben *K* ein.

  Bei eingeschaltetem Drucker werden nun die Kurzinformationen Ihrer Dateien BEWERB1.TXT und BEWERB2.TXT ausgedruckt. In der letzten Zeile der Druckausgabe der Kurzinformation informiert WORD zugleich über die Anzahl der in der Datei gespeicherten Zeichen.

- Abschließend aktivieren Sie den Befehl *Text* und gelangen so wieder auf Ihren aktuellen Textbildschirm.

```
DRUCK markierte Dateien: Kurzinformation Dokument Beides

Wählen Sie bitte eine Option!
                              ?                          Microsoft Word
```

Abb. 8-7: Datei-Manager Druck

HINWEIS:

Über den eben genutzten Druckbefehl haben Sie die Option, entweder die Kurzinformation der jeweils markierten Datei(en) oder das (die) Dokument(e) selber oder beides auszudrucken.

8.3.5 Verzicht auf die Kurzinformation

Wenn Sie trotz allem die Kurzinformation nicht nutzen wollen, haben Sie natürlich die Möglichkeit, diese Option zu übergehen, indem Sie entweder

- ohne jedwede Eingabe durch Betätigen von *<Return>* das Kurzinformati-
  ons-"Formular" überspringen. Nach wie vor werden dann jedoch durch
  das Textsystem automatisch die Daten für die Eingabefelder "Erstellt am"
  und, bei späterer Überarbeitung des Textes, "Überarbeitet am" vergeben.

  oder

- auf die Kurzinformation grundsätzlich verzichten, indem Sie im Befehl
  Zusätze das Befehlsfeld *Kurzinformation* ansteuern und dort die Option
  Nein aktivieren.

8.4 Beispiele für Dateiauswahl

Auf der Grundlage sinnvoller Kurzinformationsdaten haben Sie eine Vielzahl
von Möglichkeiten, Dateien nach bestimmten Kriterien zu selektieren und damit
unter inhaltlichen Gesichtspunkten wieder aufzufinden.

8.4.1 Auswahlkriterium: Bearbeiter

Aufgabe: Stellen Sie alle Dateien zusammen, die von Herrn oder Frau
Schneider bearbeitet wurden.

VORGEHEN: Auswahlkriterium Bearbeiter

- Aktivieren Sie den Befehl *Bibliothek Datei-Manager*.

- Rufen Sie den Befehl *Suche* auf.

- Geben Sie im Befehlsfeld *Bearbeiter*: *Schneider* ein und schließen Sie mit *<Return>* ab.

Umgehend werden Ihnen im oberen Bildschirmteil alle Dateien des
eingestellten Suchwegs in alphabetischer Reihenfolge aufgelistet, die Herr oder
Frau Schneider bearbeitet hat (hier: ÜBUNG2, BEWERB1 und BEWERB2).

8.4.2 Kombinierte Auswahlkriterien

Sie können selbstverständlich verschiedene Kriterien für die Suche nach Dateien verknüpfen. Üben Sie zunächst die Suche nach Dateien, indem Sie die
Suchfelder Bearbeiter und Schlüsselworte kombinieren.

Kombination von Suchfeldern

Aufgabe: Suchen Sie nach Texten, die von Herrn oder Frau Schneider bearbeitet hat und die eine Bewerbung zum Inhalt hatten.

VORGEHEN: Kombinierte Auswahl

- Aktivierung Sie den Datei-Manager Befehl *Suche.*

- Im Befehlsfeld *Bearbeiter* der Suchmaske steht vom vorherigen Suchlauf nach wie vor Schneider.

- Geben Sie im Befehlsfeld *Schlüsselworte: Bewerbung* ein und betätigen Sie *<Return>.*

In der oberen Bildschirmhälfte werden Ihnen nun diejenigen Dateien angezeigt, die Sie in der Kurzinformation mit der Eingabe "Schneider" im Bearbeiterfeld und dem Schlüsselwort "Bewerbung" versehen hatten, nämlich BEWERB1 und BEWERB2.

Kombination von Schlüsselworten

Wollen Sie einen Suchlauf mit Hilfe der Verknüpfung verschiedener Schlüsselworte starten, müssen Sie sogenannte Operatoren einsetzen. Dabei steht

   &   für "und"
   ;   für "oder"
   *   als Stellvertreter für den Teil eines Wortes.

Aufgabe: Starten Sie einen Suchlauf nach Dateien, die als Übungsdateien die Texterfassung zum Inhalt hatten.

VORGEHEN: "Und"-Verknüpfung von Schlüsselworten

- Rufen Sie im Datei-Manager den Befehl *Suche* auf.

- Löschen Sie nun mit der *<Entf>*-Taste vorhandene Eintragungen in der Suchmaske.

- Geben Sie im Befehlsfeld *Schlüsselworte* ein:

  Übung&Texterfassung,

  drücken Sie anschließend *<Return>.*

In der Anzeige werden Sie nun sehen, daß Ihre Datei ÜBUNG2 ausgewählt wurde - die einzige Datei, die sowohl die Kurzinformationsstichworte "Übung" als auch "Texterfassung" enthält.

Aufgabe: Suchen Sie jetzt nach Dateien, die in der Kurzinformation entweder das Schlüsselwort "Hamburg" oder das Schlüsselwort "Sowjetunion" enthalten.

VORGEHEN: "Oder"-Verknüpfung von Schlüsselworten

- Den Befehl *Suche* im Datei-Manager-Menü aktivieren.

- Geben Sie im Befehlsfeld *Schlüsselworte*:

  Hamburg;Sowjetunion

  ein und betätigen Sie <*Return*>.

Aufgelistet werden nun die beiden Übungsdateien BEWERB1 und BEWERB2, die Sie mit den entsprechenden Schlüsselworten versehen hatten.

Aufgabe: Lassen Sie sich Dateien auflisten,in denen eine wie immer geartete Form von Annonce eine Rolle spielt.

VORGEHEN: Auswahl mit Hilfe des Stellvertreterzeichens

- Löschen Sie vorhandene Eintragungen in der Suchmaske.

- Geben Sie im Befehlsfeld *Schlüsselworte* ein:

  **Annonce*

  und bestätigen Sie mit <*Return*>.

WORD wird Ihnen daraufhin die Datei BEWERB2 anzeigen, denn dort hatten Sie im Schlüsselwort-Feld unter anderem eingegeben "Kurzanonce".

8.4.3 Auswahlkriterium: Datum

Mit WORD ist es nicht nur möglich, Dateien herauszufinden, die an einem bestimmten Tag erstellt wurden. Darüber hinaus können auch Texte selektiert werden, die *vor* bzw. *nach* einem ausgewählten Datum erfaßt oder bearbeitet wurden.

Dazu bedarf es wieder des Einsatzes von Operanden:

- Ein < vor der Datumseingabe steht für den Zeitraum *vor* dem genannten Datum.

- Ein > steht für den Zeitraum *nach* dem eingegebenen Datum.

Aufgabe: Suchen Sie nach Dateien, die vor einem bestimmten Datum erstellt worden sind. Wählen Sie in der Übung das aktuelle Tagesdatum.

VORGEHEN: Auswahl nach Datum

- Den *Suche*-Befehl aktivieren und alle vorhandenen Eingaben in den Eingabefeldern der Suche-Maske löschen.

- Tragen Sie in das Befehlsfeld *Erstellt am*: das *Tagesdatum* mit dem entsprechenden Operanden ein: z.B.

  < 10.03.89

  und bestätigen Sie mit *<Return>*.

Nun werden Ihnen im oberen Bildschirmteil alle Dateien aufgelistet, die Sie vor dem aktuellen Tagesdatum erstellt haben. Analog können Sie verfahren, wenn Sie Texte auswählen wollen, die an, vor oder nach einem bestimmten Datum bearbeitet worden sind.

HINWEIS:

> Beachten Sie bitte bei der Datumseingabe, daß Sie Tag und Monat einstellig oder zweistellig eingeben können. Das Jahr muß jedoch zweistellig und darf nicht vierstellig eingegeben werden.

Verknüpfungen bei der Auswahl nach Datum

Auch die Auswahl nach Datum kann durch Verknüpfungen noch erweitert werden. Wollen Sie zum Beispiel Texte auffinden, die im Zeitraum zwischen dem 11.3.89 und dem 13.4.89 erstellt wurden, so müßte der Eintrag im Feld "Erstellt am" der Suchmaske lauten:

$$>10.3.89\&<14.4.1989$$

Ausgewählt und aufgelistet würden dann alle Dateien, die nach dem 10.3.89 (also ab 11.3.1989) und vor dem 14.4.1989 (also bis zum 13.4.1989) erstellt wurden.

Auch Oder-Operationen unter Einsatz des Semikolons ; können bei der Auswahl nach Datum vorgenommen werden. Nicht möglich ist jedoch die Verwendung des Stellvertreter-Zeichens.

8.4.4 Zitaten-Auswahl

In der Suchmaske werden Ihnen zwei Befehlsfelder aufgefallen sein, die bisher in den Übungen noch nicht genutzt wurden. Es handelt sich um die Befehlsfelder *Inhalt* und *Graphie*. Diese beiden Befehlsfelder sind zwar in der Suchmaske, nicht aber in der Kurzinformationsmaske verfügbar: weder bei Einblendung der Kurzinformation während des Speichervorgangs, noch bei Aufruf der Kurzinformation zur Änderung im Datei-Manager. Das liegt darin begründet, daß Eingaben im Befehlsfeld *Inhalt* nicht auf Daten der Kurzinformation zurückgreifen, sondern direkt mit dem Datei-Inhalt korrespondieren.

Das Befehlsfeld *Inhalt* ermöglicht es nämlich, in sämtlichen verfügbaren Dateien eine Volltextsuche nach einem bestimmten hier eingegebenen Textabschnitt/Zitat durchzuführen, das als Suchkriterium dient. Dieses Zitat aus einem Text darf bis zu 256 Zeichen umfassen. Zu beachten ist dabei: etwaige Anführungszeichen innerhalb des Zitats müssen verdoppelt werden und bedingen, daß nun das gesamte Zitat in Anführung gesetzt werden muß.

Das Befehlsfeld *Graphie* ist im Zusammenhang mit dem Befehlsfeld *Inhalt* zu sehen: bei Wahl der Option *Ja* muß die Groß-und Kleinschreibung bei der Zitateneingabe beachtet werden und mit dem Original im Text übereinstimmen. Die Option *Nein* ermöglicht es, unabhängig von Groß- und Kleinbuchstaben die Suche durchzuführen.

8.5 Pflege des Dateibestands

Ein ständig wachsender Dateibestand sollte - auch wenn er mit Hilfe von sinnvollen Kurzinformationen oder gezielter Ablage in bestimmten Verzeichnissen übersichtlich strukturiert wurde - von Zeit zu Zeit "ausgedünnt" werden. Auch im Interesse Ihrer Speicherkapazität sollten Sie daher von Zeit zu Zeit solche Dateien löschen, die definitiv nicht mehr benötigt werden.

Andererseits kann es auch vorkommen, daß früher erstellte Dateien, die unter einem bestimmten Namen abgelegt wurden, zwar weiterhin für Sie von Interesse sind, aber in völlig anderen Zusammenhängen.

Um schon im Datei-Überblick - sei es im Inhaltsverzeichnis beim Ladevorgang, sei es in der Anzeige des Datei-Managers - solche Dateien "wiederzuerkennen" oder zuordnen zu können, sollten sie Ihren aktuellen Anforderungen entsprechend umbenannt werden.

8.5.1 Dateien umbenennen

Aufgabe: Benennen Sie Ihre Dateien BEWERB1.TXT um, und zwar in BEWERB3.TXT

VORGEHEN: Datei umbenennen

- Laden Sie die Datei BEWERB1.TXT in den Arbeitsspeicher Ihres Computers

- Aktivieren Sie den Befehl *Übertragen Umbenennen*.

- Überschreiben Sie den alten Dateinamen, indem Sie eingeben

  BEWERB3.TXT

  und mit *<Return>* bestätigen.

Damit ist Ihre Datei umbenannt und Sie können in der rechten unteren Ecke des WORD-Bildschirms den neuen Namen eingeblendet sehen.

Verfahren Sie analog mit Ihrer Datei BEWERB2.TXT und vergeben Sie den neuen Dateinamen BEWERB4.TXT

Haben Sie außer der Umbennung nichts an Ihrer Datei geändert, könnten Sie WORD verlassen, ohne zu speichern.

```
╠══════════════════════════════════════════════════BEWERB1.TXT╝
ÜBERTRAGEN UMBENENNEN Dateiname: C:\WORD5\SCHULUNG\BEWERB3.TXT█

Geben Sie bitte den neuen Dateinamen ein!
Sel Sp1                  ()                    ?           Microsoft Word
```

Abb. 8-8: Übertragen Umbennen

8.5.2 Dateien löschen

Wenn Sie Ihre Festplatte oder Ihre Datendisketten bereinigen und nicht mehr benötigte Dateien löschen wollen, haben Sie zwei Möglichkeiten: Sie können den Befehl *Übertragen Dateilöschen* aktivieren oder Dateien mit dem *Lösch-Befehl* des *Dateimanagers* von den externen Speichermedien entfernen.

Aufgabe: Löschen Sie die von WORD automatisch erstellte und mit der Erweiterung .SIK gekennzeichnete Sicherungskopie Ihrer Datei ÜBUNG2 unter Einsatz des Übertragen-Befehls.

VORGEHEN: Datei löschen mit *Übertragen Dateilöschen*

- Aktivieren Sie den Befehl *Übertragen Dateilöschen*. Im Gegensatz zum Umbenennungsvorgang müssen Sie beim Löschen einer Datei diese nicht vorher erst laden.

- Lassen Sie sich mit Hilfe der Funktionstaste *<F1>* die im aktuellen Laufwerk vorhandenen Dateien anzeigen. Am Bildschirm sehen Sie nun alle Dateien des aktuellen Laufwerks/Verzeichnisses, also auch diejenigen, die mit einer anderen Erweiterung als .TXT versehen sind. Am unteren Bildschirmrand rechts zeigt WORD jetzt die zur Zeit verfügbare Kapazität auf Ihrem externen Speicher (entweder Festplatte oder formatierte Datendiskette in einem Laufwerk) an, z.B. 1912832 B(ytes)

- Wählen Sie mittels der *<Pfeiltasten>* die Datei ÜBUNG2.SIK aus, und bestätigen Sie die Auswahl mit *<Return>*.

- Sicherheitshalber fordert WORD Sie nun auf, durch Eingabe eines *J* Ihre Löschabsicht zu bestätigen.

Nachdem die Bestätigung erfolgt ist, ist die Datei definitiv gelöscht und WORD zeigt Ihnen links in der Meldungszeile an, daß Sie nun über einige Bytes mehr auf Ihrem Speichermedium verfügen.

Aufgabe: Löschen Sie sämtliche, mit der Erweiterung .SIK versehenen Sicherungskopien Ihrer Dateien mittels des Löschbefehls im Datei-Manager.

VORGEHEN: Dateilöschen aus dem Datei-Manager

- Aktivieren Sie den Befehl *Bibliothek Datei-Manager Suche*.

- Geben Sie im Befehlsfeld *Suchweg* das aktuelle Verzeichnis, das Stellvertreterzeichen für die Datei und als Erweiterung .SIK.

  (z.B. C:\WORD5\SCHULUNG*.SIK)

- Markieren Sie nun sämtliche angezeigte .SIK-Dateien, indem Sie *<Strg>* + *<Leertaste>* betätigen.

- Rufen Sie den Befehl *Löschen* im Datei-Manager auf. WORD verlangt sicherheitshalber noch die Eingabe eines *J* für Ja, um den Löschvorgang einzuleiten. Anschließend werden alle .SIK-Dateien gelöscht.

```
Suchweg: C:\WORD5\SCHULUNG\*.SIK
*C:\WORD5\SCHULUNG\BEWERB2.SIK        *C:\WORD5\SCHULUNG\üBUNG1.SIK
*C:\WORD5\SCHULUNG\BEWERB3.SIK        *C:\WORD5\SCHULUNG\üBUNG2.SIK


LöSCHEN:

Bestätigen Sie mit J das Löschen der markierten Dateien! █
                                  ?                           Microsoft Word
```

Abb. 8-9: Datei-Manager Löschen

HINWEIS:

Die Möglichkeit, mehrere Dateien auf einmal zu löschen, haben Sie nur über den Datei-Manager. Mit *Übertragen Dateilöschen* kann immer nur jeweils eine Datei gelöscht werden. Es können nur nicht geladene Dateien gelöscht werden.

8.6 Befehlsübersicht

In diesem Kapitel haben Sie gelernt, folgende Befehle und Befehlsfolgen für
folgende Operationen einzusetzen:

Bibliothek Dateimanager
> Auflistung der im aktuellen Laufwerk/Verzeichnis verfügbaren
> Dateien

Bibliothek Dateimanager Suche
> Durch eine neue Pfadeinstellung im Befehlsfeld *Suchweg* werden
> Dateien, die in einem anderen Laufwerk als dem aktuellen gespei-
> chert sind, im Dateiverwaltung-Bildschirm aufgelistet. Außerdem
> können durch Eingabe in den verschiedenen Feldern Kriterien für
> eine Auswahl von Dateien bestimmt werden (z.B. Suchweg, Au-
> tor, Bearbeiter, Schlüsselworte, Erstellt am, Überarbeitet am, In-
> halt, Graphie).

Bibliothek Dateimanager Text
> Befehl zum Verlassen des Datei-Managers und Rückkehr in den
> aktuell geladenen Text.

Bibliothek Dateimanager Laden
> Dateien, die im Inhaltsverzeichnis des Datei-Managers markiert
> worden sind, werden in den Arbeitsspeicher des Computers gela-
> den.

Bibliothek Dateimanager Druck
> Ausdruck von Dateien, die auf dem Dateiverwaltungs-Bildschirm
> angezeigt werden. Möglichkeit der Spezifizierung, was aus wel-
> cher Datei gedruckt werden soll durch Wahl der Optionen
> *"Kurzinformation"*, *"Text"*, *"Beides"* im Befehlsfeld *Druck* und
> *"Markierung"*, *"Alles"* im Befehlsfeld *Umfang*.

Bibliothek Dateimanager Änderung
> Möglichkeit für bereits gespeicherte Dateien im nachhinein Kurz-
> informationen zu erfassen bzw. eingegebene Kurzinformationen zu
> ändern.

Bibliothek Dateimanager Anzeige
> Die Anzeigeform der Dateien auf dem Dateiverwaltungs-Bild-
> schirm ändern durch Wahl im Befehlsfeld *Anzeige* zwischen
> *"kurz"*, *"lang"* und *"alles"*. Außerdem kann die Reihenfolge der
> Auflistung durch Wahl des Sortierschlüssels im Befehlsfeld
> *Sortieren* ausgewählt werden (Standard: Verzeichnis; Optionen:
> Autor, Bearbeiter, Überarbeitungsdatum, Erstelldatum, Größe).

Bibliothek Dateimanager Kopieren

Ausgewählte und markierte Dateien werden in das gewünschtes Laufwerk/Verzeichnis kopiert. Dabei besteht die Möglichkeit, die kopierten Dateien aus dem bisherigen Laufwerk/Vereichnis zu löschen und die Option, Druckformatvorlagen mit zu kopieren.

Bibliothek Dateimanager Löschen

Eine oder mehrere ausgewählte und markierte Dateien bzw. alle angezeigten Dateien können gelöscht werden.

Übertragen Dateilöschen

Ermöglicht die Löschung einer Datei von einem externen Speichermedium (Platte oder Diskette).

Übertragen Umbenennen

Durch Eingabe eines neuen Dateinamens kann der aktuell geladenen Datei ein neuer Name gegeben werden.

Zusätze

Bei Wahl der Option *Nein* im Befehlsfeld *Kurzinformation* wird die Kurzinformations-Maske beim Speichervorgang nicht eingeblendet.

9 Übungsbeispiele

Die nachfolgenden Übungsbeispiele dienen der Wiederholung und Festigung der in den vorangegangenen Kapiteln erworbenen Fertigkeiten im Umgang mit WORD. Die jeweiligen Aufgabenstellungen orientieren sich an dem Kenntnisstand, der nach der sorgfältigen Beschäftigung mit bestimmten Kapiteln des Buches beim Leser vorhanden sein sollte. Eingangs der Beispiele wird angegeben, welche Kapitel bekannt sein müssen, um ein Übungsbeispiel selbständig bearbeiten zu können. Im Anschluß an jede Aufgabe finden Sie Hinweise zum Vorgehen.

9.1 Texterfassung, Korrektur, einfache Formatierung, Speicherung und Druck

Der in der Abb. 9-1 dargestellte Geschäftsbrief soll erfasst, bei eventuell vorkommenden Tippfehlern im Rahmen der Sofortkorrektur korrigiert und anschließend formatiert, gespeichert sowie gedruckt werden. Die Lösung dieser Aufgabe erfordert einen Kenntnisstand, wie er nach dem Studium der ersten drei Kapitel dieses Buches vorliegt. Dieser Text befindet sich in formatierter Fassung auf der Übungsdiskette in der Datei TEXT9-1.TXT.

Herrn
Eduard Schmidt
Lindenweg 15

1000 Berlin 44

Berlin, den 15.10.1989

Sehr geehrter Herr Schmidt,

vielen Dank für Ihr Interesse an unseren Produkten. Bezüglich Ihrer Nachfrage nach einem leistungsfähigen Textverarbeitungsprogramm, können wir Ihnen das Programm der Firma *Microsoft WORD* empfehlen. Zur Information über die Lei-

stungsfähigkeit des Textverarbeitungsprogramms WORD 5.0
laden wir Sie zur Teilnahme an einer Vorführung dieses Programms ein. Die Vorführung findet am

Freitag, dem 30.10.1989

in unseren Geschäftsräumen statt.

Mit freundlichem Gruß

Franz Schulze

Abb. 9-1: Der formatierte Geschäftsbrief

Aufgabe: Erfassen Sie den Wortlaut des in Abb. 9-1 dargestellten Geschäfts-
briefes fortlaufend und korrigieren Sie eventuelle Fehler sofort. Im
Anschluß daran formatieren Sie den Text wie abgebildet. Speichern Sie den Text unter einem selbstgewählten Dateinamen und
drucken ihn aus. Die Druckausgabe soll im Abstand von 3 cm
vom rechten und linken Seitenrand erfolgen.

9.1.1 Hinweise zum Vorgehen

Texterfassung und -korrektur:

- Text fortlaufend ohne Absatzschaltungen am Zeilenende eingeben. Soll ein
  Absatz abgeschlossen oder eine Leerzeile erzeugt werden, betätigen Sie
  <Return>.

- Sofortkorrekturen nehmen Sie mit der *<Entf>*-Taste (löscht das Zeichen
  auf dem der Cursor steht) oder *<Rücktaste>* (löscht das Zeichen links
  vom Cursor) vor. Nach der Löschung sind die korrekten Zeichen einfach
  an der Cursorposition einzufügen.

Textformatierung:

- *Zeichenformatierung:* Damit die Zeichenfolge *Microsoft WORD* **Fett** und
  Kursiv ausgezeichnet wird, ist sie mittels der Markierungsfunktionstasten
  zu markieren. Ausgezeichnet wird über Aktivierung des Befehls *Format*
  Zeichen und Wahl der Option *Ja* in den Befehlsfeldern *Fett* und *Kursiv*;
  entsprechende   Alt-Tastenkombinationen   sind   *<Alt>+<I>*   und
  <Alt>+<F>.

- *Absatzformatierungen:* Die Blocksatzausrichtung des ersten Absatzes nach der Anrede erreichen Sie über die Befehlsaktivierung *Format Absatz Ausrichtung: Block.* Oder: Betätigung der Tastenkombination *<Alt>+<B>.* Die rechtsbündige Datumsangabe erreichen Sie über die Befehle *Format Absatz Ausrichtung: Rechts.* Oder: Betätigung der Tastenkombination *<Alt>+<R>.* Der Absatz mit der Terminangabe wird über die Befehle *Format Absatz Ausrichtung: Zentriert;* Oder: Betätigung der Tastenkombination *<Alt>+<Z>* erreicht.

- *Bereichsformatierung:* Die Bestimmung der Seitenränder mit jeweils 3 cm erfolgt über die Befehlswahl *Format Bereich Seitenrand,* in den Befehlsfeldern *Rechts* und *Links* ist jeweils eine *3* einzugeben.

Worttrennung:

- Die durch die Blocksatzformatierung entstandenen Lücken werden geschlossen, indem Worte getrennt werden. Die automatische Trennhilfe ist durch den Befehl *Bibliothek Trennhilfe* einzuleiten. Der Trennvorschlag ist entweder mit *J* zu übernehmen oder die Trennposition ist mit den *<Pfeiltasten>* zu bestimmen. Oder: Manuelle Silbentrennung durch Betätigung der Tastenkombination *<Strg>+<->* (= *wahlweiser Trennstrich*) durchführen.

Speichern:

- Die Befehlsaktivierung *Übertragen Speichern* oder die Betätigung von *<Strg>+<F10>* leitet den Speichervorgang ein. Danach erfolgt die Eingabe des Dateinamens. Die Eingabe ist mit *<Return>* abzuschließen. In der Kurzinformations-Maske können Eingaben zur genaueren Charakterisierung des Textes vorgenommen werden.

Drucken:

- Befehl *Druck Drucker* oder *<Strg>+<F8>.* Voraussetzung ist ein betriebsbereiter Drucker.

9.2 Datei laden, Textüberarbeitung, Seitennumerierung, manueller Seitenumbruch

Auf der diesem Buch beigefügten Diskette befindet sich ein Text, der unter dem Dateinamen TEXT9-2.TXT gespeichert ist. Der Text ist ein wenig durcheinander geraten und soll von Ihnen in Ordnung gebracht und gestaltet werden. Das Bearbeiten dieser Aufgabe erfordert Fähigkeiten im Umgang mit WORD, wie sie in Kenntnis der ersten vier Kapitel dieses Buches vorhanden sein sollten. Die nachfolgende Abbildung zeigt das Ergebnis Ihrer Arbeit, d.h. den umgestellten und formatierten Text.

An
W. Rotohr
Karthäuserwall 19

5000 Köln 1

									Berlin, 13.7.89

Lieber Buddy,

wie Du schon dem Äußeren dieses Briefes entnehmen kannst, habe ich einen lang gehegten Entschluß wahrgemacht, und mir endlich einen Personalcomputer angeschafft.

Wenn Du diesen Brief so vor Dir siehst, säuberlich formatiert (das heißt: gestaltet), und ansehnlich auf Endlospapier ausgedruckt, so glaube nicht, das wäre mit einem Tastendruck möglich gewesen. Es war anfangs schon ein mittleres Abenteuer, diesen Computer zu konfigurieren und dann den Drucker und schließlich die Standardsoftware zu installieren. Man glaubt gar nicht, wieviel Schwellenangst man vor so einem Gerät haben kann. Bei jedem Tastendruck hatte ich Bedenken, ob ich nicht versehentlich die Festplatte löschen könnte. Letztlich habe ich mir dann aber gesagt, daß heutzutage schon Kinder in der Schule lernen, mit Computern umzugehen und man schließlich auch mit 38 noch lernfähig sein sollte.

Glücklicherweise bin ich an ein Textprogramm geraten, das einfach zu erlernen ist - Erfolgserlebnisse stellten sich somit schnell ein. (So sehe ich das jedenfalls im Nachhinein; zuerst erschien mir auch das Textprogramm als harte Nuß, die so leicht nicht zu knacken ist). Inzwischen erledige ich jedoch sämtliche anfallenden Schreibarbeiten damit. Stell Dir vor, ich habe inzwischen sogenannte Druckformatvorlagen angelegt, die es mir ermöglichen, alle diese offiziellen Briefe, die doch immer den gleichen Aufbau haben, mit wenigen Tastendrucken entsprechend zu formatieren. Und diese fürchterlichen Tabellen, die mit der Schreibmaschine so mühsam zu erstellen sind, mußte ich nur einmal aufbauen: ihr formales Schema kann ich nun jederzeit wieder für einen neuen Text nutzbar machen. Vom denkbar mühelosen Korrigieren, Umstellen von Absätzen, Formatieren von Zeichen will ich gar nicht reden.

Und selbst mein ewiger Fehler, Standard am Ende mit "t" zu schreiben, wird mir durch das integrierte Rechtsschreib-Hilfsprogramm korrigiert.

Nun, es gäbe noch so manches Loblied auf meinen Computer und die Möglichkeiten meiner Textverarbeitung zu singen, doch da ich noch ein wenig mit der Rechenfunktion des Textprogramms herumspielen will und zudem ein paar kleine Kästchen zeichnen will (nur übungshalber) mache ich jetzt Schluß.

Laß' doch mal wieder etwas von Dir hören und schaff Dir am besten auch einen Computer an - Du wirst es nicht bereuen, zumal ein solches Gerät auch für Deine kleine Firma von Nutzen wäre. Und wenn Du Dich zu Beginn ein wenig schwertun solltest mit den neuen Begrifflichkeiten und all den anfängerüblichen Schwierigkeiten wie Druckeranpassung, Festplattenärger oder was immer, dann halte es mit Nitzsche: "Wie komm ich am besten den Berg hinan? Steig nur hinauf und denk nicht dran."

Es grüßt Dich elektronisch

Deine H.Kleine

Abb. 9-2: Formatierter Privatbrief

Aufgabe: Laden Sie die Datei TEXT9-2.TXT. Nehmen Sie anschließend die folgenden Umstellungen im Text vor:

- Löschen Sie den ersten Absatz von seiner Position und setzen Sie ihn als zweiten Absatz.

- Suchen Sie den Begriff *"zunächst"* und ersetzen Sie ihn einmal durch *"anfangs"* und einmal durch *"zu Beginn"*.

- Suchen Sie die durchgängig falsch geschriebene Zeichenfolge *"formartier"* des Begriffs Formatieren und ersetzen Sie ihn in der richtigen Schreibweise.

- *Formatieren Sie den Text wie folgt:*

- Sämtliche Zeichen des Textes sind in der *Schriftart Courier-LQ* und der *Schriftgröße 12* auszuzeichnen.

- Die erste Zeile eines jeden Absatzes nach der Anrede soll um *0,75 cm* nach rechts eingezogen werden.

- Definieren Sie eine *Fußzeile*, in der die Seitennumerierung fortlaufend erfolgt. Der *Abstand der Fußzeile* vom *unteren Seitenrand* soll *1,5 cm* betragen.

- Drucken Sie schließlich den Text aus, wobei der letzte Absatz des Textes insgesamt auf einer neuen Druckseite erscheinen soll.

- Speichern Sie den Text unter dem Dateinamen ORDNUNG.TXT in einem von Ihnen zu bestimmenden Laufwerk/Verzeichnis.

9.2.1 Hinweise zum Vorgehen

Datei laden:

- Aktivieren Sie den Befehl *Übertragen Laden* oder Betätigen Sie die Tastenkombination *<Strg> + <F7>*. Geben Sie das Laufwerk und den Dateinamen ein (hier: A:\TEXT9-2). Die Eingabe ist mit *<Return>* abzuschließen. Oder: Betätigen Sie die *<F1>*-Taste im Befehlsfeld Dateiname und wählen mit den *<Pfeiltasten>* das Laufwerk A und anschließend den Dateinamen TEXT9-2 aus der anzeigten Liste. Die Wahl ist jeweils mit *<Return>* zu bestätigen.

Löschen und Versetzen von Text:

- Markierung der zu löschenden Zeichen (hier: *des ersten Absatzes*) und Aktivierung des Befehls *Löschen* oder *<Entf>*-Taste betätigen. Der gelöschte Text befindet sich im Papierkorb und ist mittels des Befehls *Einfügen* oder durch Betätigen der Taste *<Einfg>* an der Cursorposition wieder in den Text einfügbar.

Suchen und manuelles Ersetzen von Text:

- Nach Aktivierung des Befehls *Suchen*, ist der Suchbegriff einzugeben (hier: *zunächst*) und die Suchrichtung (von der Cursorposition ausgehend) zu bestimmen. Mit *<Return>* wird die Suche aktiviert. Der gefundene Suchbegriff ist mit der *<Entf>*-Taste zu löschen und der Alternativ-Begriff ist einzugeben (hier: *anfangs* bzw. *zu Beginn*). Durch Betätigung der Tastenkombination *<Umschalt> + <F4>* wird in der eingegebenen Suchrichtung nach weiterem Vorhandensein des Begriffs gesucht.

Suchen und automatisches Auswechseln von Text:

- Der Befehl *Wechseln* ist zu aktivieren und der gesuchte Begriff (hier: *formartier*) ist einzugeben. Im Befehlsfeld *Durch* ist der neu einzusetzenden Begriff (hier: *formatier*) zu erfassen. Die Optionen in den Befehlsfeldern *Graphie* und *Nur Wort* sind auf *Nein* zu setzen. Achtung: es wird nur von der Cursorposition aus nach unten in Richtung Textende gesucht und ersetzt.

Fußzeile mit Seitennumerierung definieren:

- In einen neuen Absatz vor Beginn des Textes ist das Wort *Seite* einzugeben und anschließend die *<F3>*-Taste zu betätigen. Der Absatz wird mit dem Befehl *Format Kopf-/Fußzeile* und Wahl der *Position Unten* als Fußzeile bestimmt. Oder: Indem die Tastenkombination *<Alt> + <F2>* betätigt wird.

Textformatierung:

- *Zeichenformatierung:* Die *Schriftart* und *Schriftgrad* bestimmen Sie für markierte Zeichenfolgen über die Aktivierung des Befehls *Format Zeichen* und Eingabe der *Schriftart Courier* und des *Schriftgrades 12* in den gleichnamigen Befehlsfeldern. Mit Hilfe der *<F1>*-Taste können Sie sich vorhandene Schriftarten bzw. Schriftgrade anzeigen lassen und auswählen.

- *Absatzformatierung Einzug:* Den Einzug bestimmen Sie, indem Sie die entsprechenden Absätze markieren, den Befehl *Format Absatz* aktivieren und im Befehlsfeld *Erste Zeile 0,75* eingeben.

- *Bereichsformatierung:* Die vertikale Position der Fußzeile wird durch Aktivierung des Befehls *Format Bereich Seitenrand*, und anschließender Eingabe des Abstandes der *Fußzeile von unten* (hier: *1,5 cm*) im gleichnamigen Befehlsfeld bestimmt.

Seitenumbruch:

- Der Befehl *Druck Umbruch_Seite* ist zu aktivieren und die Umbruchstelle mittels Cursorpositionierung zu bestimmen. Oder: den Cursor vor dem letzten Textabsatz positionieren und mit *<Strg> + <Alt> + <Return>* einen manuellen Seitenumbruch vornehmen.

Speicherung in selbstgewähltem Laufwerk:

- Befehl *Übertragen Speichern* aktivieren oder Tastenkombination *<Strg> + <F10>* betätigen. Im Befehlsfeld *Dateiname* ist das *Laufwerk:\Verzeichnis\Dateiname* einzugeben. Zum Beispiel C:\WORD5\SCHULUNG\ORDNUNG.TXT

9.3 Textbausteine erfassen und einer Textbausteindatei zufügen; einen Text aus Textbausteinen zusammenstellen

Auf der diesem Buch beigefügten Diskette befindet sich eine Textbausteindatei mit dem Namen TEXT9-3.TBS, in der Passagen für Antwortbriefe auf Bewerbungsschreiben gespeichert sind. Zudem ein Übungstext, der unter dem Dateinamen TEXT9-4.TXT gespeichert wurde. Der Übungstext ist in Textbausteine zu zerlegen, die der bestehenden Textbausteindatei hinzugefügt werden sollen. Im Anschluß ist ein individueller Text, der in der Abb. 9.3 dargestellt ist, aus den Textbausteinen zu montieren. Zur Bearbeitung dieser Übungsaufgabe sollten Sie das fünfte Kapitel dieses Buches kennen.

Herrn
Wilhelm Meisner
Hornstr. 10

1000 Berlin 44

                              Berlin, den 15.10.1989

Sehr geehrter Herr Meisner,

Sie haben sich auf unsere Anzeige beworben. Hierfür danken wir Ihnen.

Wir möchten Sie kennenlernen und bitten Sie, uns am 30.10.1989 zu be-
suchen. Alle Kosten, die Ihnen durch das Bewerbungsgespräch entstehen,
übernehmen wir.

Mit freundlichem Gruß

Abb. 9-3 Der fertig montierte Brief

Aufgabe: Laden Sie die Datei TEXT9-4.TXT von der Übungsdiskette und
zerlegen Sie diesen in folgende Textbausteine:

Bausteintext	*Bausteinname*
Sie haben sich auf unsere Anzeige beworben. Hierfür danken wir Ihnen.	*Bezug*
Wir haben Ihre Bewerbung sorgfältig geprüft. Leider gehören Sie nicht zu den Kandidaten, die wir in die engere Wahl ziehen konnten.	*Ablehnung*
Mit diesem Brief senden wir Ihnen Ihre Unterlagen zurück. Für Ihre nächste Bewerbung - bei einem anderen Unternehmen - wünschen wir Ihnen guten Erfolg.	*Unterlagen*

Abb. 9-4: Anzulegende Textbausteine

● Fügen Sie die neu angelegten Textbausteine den in der Datei TEXT9-
3.TBS gespeicherten Textbausteinen hinzu. Die Datei TEXT9-3.TBS befindet sich auf der Übungsdiskette.

Bausteintext	*Bausteiname*
Es haben sich mehrere Kandidaten beworben, so daß wir die Auswahl erst nach sorgfältiger Prüfung treffen können. Bitte gedulden Sie sich noch kurze Zeit.	*Zwischenbescheid*
Ihre Bewerbungsunterlagen sind noch nicht vollständig. Senden Sie uns bitte recht bald	*Vervollständigen*
Wir möchten Sie kennenlernen und bitten Sie, uns am zu besuchen. Alle Kosten, die Ihnen durch das Bewerbungsgespräch entstehen, übernehmen wir.	*Vorstellung*

Abb. 9-5: Bausteine der Datei TEXT9-3.TBS

- Montieren Sie mit Hilfe der Textbausteine den in Abb. 9-3 dargestellten Brief. Speichern Sie abschließend den Brief unter dem Dateinamen BRIEF.TXT und die zusammengeführten Textbausteine unter dem Dateinamen BEWERB.TBS.

9.3.1 Hinweise zum Vorgehen

Anlegen der Textbausteine:

- Der Text ist zu markieren und mittels des Befehls *Löschen* und durch Eingabe des Bausteinnames (z.B. *Bezug* für den ersten Textbaustein) als Textbaustein anzulegen.

Zusammenführen von Textbausteinen:

- Im Arbeitsspeicher befindliche Textbausteine werden über den Befehl *Übertragen Textbausteine Zusammenführen* einer bestehenden Textbausteindatei hinzugefügt. Nach Befehlsaktivierung ist das Laufwerk/Verzeichnis und der Dateiname der Textbausteindatei einzugeben (hier A:\TEXT9-3.TBS). Oder: Wahl des Laufwerks und des Dateinamens aus der mit *<F1>* erzeugten Liste.

Textbausteine speichern:

- Auswahl des Befehls *Übertragen Textbausteine Speichern* und Eingabe des Laufwerks/Verzeichnisses und des Dateinamens BEWERB.TBS.

HINWEIS:

Um den Bildschirm für die im nächsten Teil der Aufgabe durchzuführende Textmontage zu leeren, ist die Befehlsfolge *Übertragen Bildschirmlöschen Gesamt* zu aktivieren. Doch Achtung: auch die im Arbeitsspeicher befindlichen Textbausteine werden gelöscht. Damit Sie Ihnen zur Textmontage wieder zur Verfügung stehen, sind Sie, nachdem der Bildschirm geleert wurde, mit *Übertragen Textbausteine Dateiladen* wieder zu laden.

Montieren eines Textes:

- Der Cursor wird, gemäß Abbildung 9.3, dort positionieren, wo der Text erscheinen soll. Der Befehl *Einfügen* ist auszulösen und der gewünschte Textbaustein ist aus der mit *<F1>* erzeugten Liste auszuwählen und mit *<Return>* zu bestätigen. Oder: Nach der Cursorpositionierung den *Bausteinnamen* eingeben und die Taste *<F3>* auslösen.

- Dem montierten Text sind abschließend die individuellen Textpassagen wie Anschrift, Anrede und Datum hinzuzufügen.

9.4 Erstellen und Drucken eines Serienbriefs

Im Rahmen dieses Übungsbeispiels sollen Sie die Feldnamen der Steuerdatei TEXT9-5.TXT, mit deren Hilfe ein Serienbrief mit individuellen Anreden an unterschiedliche Adressaten geschickt werden kann, in einen Serientext einfügen. Der Grundtext des Serienbriefes (auf der Übungsdiskette in der Datei TEXT9-6.TXT gespeichert) soll zudem durch unterschiedliche Einfügetexte modifiziert werden. Im diesem Beispiel geht es darum, daß ein Sportverein an die Eltern seiner jugendlichen Mitglieder eine Benachrichtigung über die Konditionen und Modalitäten von Vereinsreisen zu unterschiedlichen Ferienlagern versendet. Zur Lösung dieser Aufgabe ist die Kenntnis des Kapitels 5 erforderlich. Die Abb. 9-6 zeigt die Ausfertigung eines Serienbriefs.

Herrn
Alfons Müller
Heimstr. 15

1000 Berlin 10

Berlin, den 15.10.1989

Ferienlager Sylt

Sehr geehrter Herr Müller

Sie haben Ihren Sohn Hans zum Ferienlager Sylt angemeldet.

Die Abfahrt erfolgt am 15.7.1989 um 9.30 Uhr. Treffpunkt vor dem Vereinsheim. Bitte seien Sie am Abreisetag pünktlich am vereinbarten Treffpunkt.

Als Anlage erhalten Sie einen Prospekt zum Ferienlager sowie ein Hinweisblatt, dem Angaben über mitzubringende Kleidungsstücke zu entnehmen sind.

Der Preis für das Ferienlager beträgt 700,-- DM. Im Preis sind die Kosten für Verpflegung, Übernachtung und An/Abreise enthalten.

Mit freundlichem Gruß

Abb. 9-6: Serienbrief

Der Serienbrief soll folgende variable Daten enthalten:

Die Adresse der anzuschreibenden Eltern ist aus der Steuerdatei zu entnehmen.

Es soll die Möglichkeit bestehen, das Datum des Anschreibens bei jedem Druck manuell in den Serienbrief einzufügen.

Die Anrede im Anschreiben erfolgt in Abhängigkeit vom Geschlecht des Adressaten, also "Sehr geehrter Herr" oder "Sehr geehrte Frau".

Im ersten Absatz des Anschreibens ist anzugeben, ob es sich um den Sohn oder die Tochter des Adressaten handelt, danach erfolgt die Angabe des Namens des Kindes.

Die Ferienlager finden auf Sylt, Sankt-Peter-Ording und Fehmarn statt. Die Eltern der Ferienlagerteilnehmer erhalten abhängig vom *Ort des Ferienlagers* eine Benachrichtigung über Treffpunkt und Uhrzeit der Abreise. Folgende Texte sind je nach Ferienlagerort in den Serienbrief einzufügen:

Einfügetext Sankt-Peter-Ording: "Die Abfahrt erfolgt am 19.7.1989 um 8.30 Uhr am Zentralen Omnibusbahnhof."

Einfügetext Fehmarn: "Die Anreise erfolgt mit dem Zug. Die Teilnehmer treffen sich am 14.7.1989 um 10.30 Uhr auf dem Bahnsteig 8 des Hauptbahnhofs."

Einfügetext Sylt: "Die Abfahrt erfolgt am 15.7.1989 um 9.30 Uhr. Treffpunkt vor dem Vereinsheim."

Grundlage des Serientextes ist das Standardschreiben FERIEN.TXT und die Steuerdatei BENACHR.TXT. Beide Dateien befinden sich auf der mitgelieferten Übungsdiskette.

Aufgabe: Fügen Sie in den Standardtext TEXT9-6.TXT die Feldnamen der Steuerdatei TEXT9-5.TXT ein, und drucken Sie die Serienbriefe.

Die Abb. 9-7 zeigt die Steuerdatei TEXT9-6.TXT.

Anrede;Name;Nachname;Strasse;PLZ;Ort;Lagerbez;Kindgeschlecht;Kindname
Herrn;Alfons;Müller;Heimstr. 15;1000;Berlin 10;Sylt;m;Hans
Frau;Irmela;Meyer;Hauptstr. 10;1000;Berlin 12;Sankt-Peter-Ording;w;Sonja
Frau;Marion;Schwarz;Lutherstr. 15;1000;Berlin 10;Fehmarn;w;Monika

---

Abb. 9-7: Steuerdatei

9.4.1 Hinweise zum Vorgehen

Erstellen des Serientextes:

- Standardtext laden, Befehl *Übertragen Laden* und Wahl des Laufwerks A und des Dateinamens TEXT9-6.TXT aus der mittels *<F1>* erzeugten Liste.

- *Einfügen der Kennungen in den Standardtext:*

Am Textanfang ist der Name der Steuerdatei anzugeben, aus der die variablen Daten in den Serientext eingefügt werden sollen. Eingeleitet wird die Angabe durch das öffnende Steuerzeichen « und beendet mit dem schließenden Steuerzeichen » (hier «STEUERDATEI TEXT9-5.TXT»). Zur Erinnerung: Die Steuerzeichen werden mit <Strg> + <A> bzw. <Strg> + <S> erzeugt. Beachten Sie bitte, daß, wenn Serientext und Steuerdatei sich nicht im selben Laufwerk/Verzeichnis befinden, vor dem Dateinamen der Steuerdatei das Laufwerk/Verzeichnis mit angegeben werden muß.

Damit das Datum beim Druck des Serienbriefs manuell eingegeben werden kann, ist eine «BESTIMMEN»- Anweisung, unterhalb der Angabe der Steuerdatei, in den Serientext einzufügen (hier:*«BESTIMMEN Datum=?Geben Sie das Datum ein»*). Die Variable *«Datum»* ist nach den Worten *Berlin, den* in den Text einzufügen.

Die folgenden Feldnamen sind an den entsprechenden Textpositionen in den Serientext einzufügen. Löschen Sie dazu die konkreten Angaben und ersetzen sie diese durch die Feldnamen (hier:*«Anrede»*, *«Name»*, *«Nachname»*, *«Strasse»*, *«PLZ»*, *«Ort»*, *«Lagerbez»*).

Damit die Anrede in Abhängigkeit vom Geschlecht entweder "Sehr geehrter Herr" oder "Sehr geehrte Frau" lautet, ist der Text hier bedingt einzufügen. Die Bedingung, von der die Anrede abhängt, steht in der Steuerdatei unter dem Feldnamen *Anrede.* Anders formuliert: Wenn Anrede = Herrn, dann soll in den Serientext die Zeichenfolge *"r Herr"* eingefügt werden, sonst ist die Zeichenfolge *"Frau"* einzufügen". Die Bedingung wird mit «AWENN» eingeleitet und mit «EWENN» beendet. In der Anrede ist ein «SONST» einzufügen (hier: *«AWENN Anrede="Herrn"»r Herr«SONST»Frau«EWENN» «Nachname»*).

Die Einfügung *Sohn oder Tochter* ist abhängig vom Inhalt des Feldes *Kindgeschlecht* in der Steuerdatei. Ist dieser *"m"* (= männlich), dann ist *"n Sohn"* einzufügen; sonst *"Tochter".* Die Anweisung: *«AWENN Kindgeschlecht="m"»n Sohn«SONST»Tochter»«EWENN» «Kindname»*)

Die Angabe der Abfahrt ist abhängig von dem Inhalt des Feldes *Lagerbez* und ebenfalls bedingt in den Text einzufügen. Die einzelnen Bedingungen können, jeweils durch «AWENN» eingeleitet und «EWENN» beendet, aneinandergereiht werden.

Die Abb. 9-9 zeigt den fertiggestellten Serientext.

«Steuerdatei TEXT9-5.TXT»
«BESTIMMEN Datum=?Geben Sie das Datum ein»
«Anrede»
«Name» «Nachname»
«Strasse»

«PLZ» «Ort»

                                                            Berlin, den «Datum»

Ferienlager «Lagerbez»

Sehr geehrte«AWENN Anrede="Herrn"»r Herr«SONST» Frau«EWENN» «Nachname»

Sie haben Ihre«AWENN Kindgeschlecht="m"»n Sohn«SONST» Tochter«EWENN» «Kindname»
zum Ferienlager «LAGERBEZ» angemeldet.

«AWENN Lagerbez="Sankt-Peter-Ording"»Die Abfahrt erfolgt am 19.7.1989 um 8.30 Uhr am
Zentralen Omnibusbahnhof.«EWENN»«AWENN Lagerbez="Fehmarn"»Die Anreise erfolgt mit
dem Zug. Die Teilnehmer treffen sich am 14.7.1989 um 10.30 Uhr auf dem Bahnsteig 8 des
Hauptbahnhofs.«EWENN»«AWENN Lagerbez="Sylt"»Die Abfahrt erfolgt am 15.7.1989 um
9.30 Uhr. Treffpunkt vor dem Vereinsheim.«EWENN» Bitte seien Sie am Abreisetag pünktlich
am vereinbarten Treffpunkt.

Als Anlage erhalten Sie einen Prospekt zum Ferienlager sowie ein Hinweisblatt, dem Angaben
über mitzubringende Kleidungstücke zu entnehmen sind.

Der Preis für das Ferienlager beträgt 700,-- DM. Im Preis sind die Kosten für Verpflegung,
Übernachtung und An/Abreise enthalten.

Mit freundlichem Gruß

Abb. 9-9:   Serientext mit eingefügten Kennungen

- Zum Drucken der Serienbriefe ist der Befehl *Druck Serienbrief Drucker*
  auszulösen.

9.5 Fortgeschrittene Formatierung, Tabellenerstellung

Der in der Datei TEXT9-8.TXT auf der Übungsdiskette gespeicherte Text
eines Lieferscheins ist unter Nutzung von Tabulatoren zu formatieren und
anschließend zu gestalten. Die Bearbeitung dieser Übung erfordert die Kenntnis
des sechsten Kapitel dieses Buches.

```
EISEN — BEHRENDT                    3000 HANNOVER 1


Eisen-Behrendt, Postfach 85, 1000 Hannover 1

Heizungsfirma
Ernst Bender
Badstraße 22

3000 Hannover 1


LIEFERSCHEIN Nr.2001                 Hannover, den 15.10.1989
```

Art.Nr.	Bezeichnung der Leistung/Lieferg	Menge und Einheit	Einzel preis DM	Betrag DM
9712	Winkel Nr. 80	47 St.	4,55	213,85
9816	Winkel Nr. 90	25 St.	3,76	94,00
7716	Verschraubungen	35 St.	12,27	429,45
7820	Verschraubungen	10 St.	33,55	335,50
6012	Schw. Rohr	45 m	2,87	129,15
6120	Schw. Rohr	30 m	3,67	110,10
8025	D-Hahn	12 St.	25,10	301,20
8325	D-Hahn	25 St.	13,50	337,50
8445	D-Hahn	10 St	17,40	174,00
				2124,75

Abb. 9-10: Der fertig formatierte Lieferschein

Aufgabe: Laden Sie die Datei TEXT9-7.TXT und setzen Sie Tabulatoren an
folgenden Positionen.

- Setzen Sie *Linkstabulatoren* zur Ausrichtung der ersten drei Spaltenüberschriften bei: *2,54 cm, 7,11 cm, 10,16 cm;* die letzte Spaltenüberschrift ist
an einem *Rechtstabultor* bei *15,24 cm* auszurichten.

- Setzen Sie die Tabulatoren zur Ausrichtung der Tabelle:
  Linkstabulator für die *Bezeichnungen* bei *2,54 cm*
  Linkstabulator für die *Mengenangaben* bei *7,62 cm*
  Dezimaltabulator für die *Einzelpreise* bei *11,43 cm*
  Dezimaltabulator für den *Betrag* bei *14,47 cm*

- Berechnen Sie den Gesamtbetrag mit Hilfe der Rechenfunktionen von Word.

- Formatieren Sie die Rechnung entsprechend der Abbildung.

HINWEIS:

Der formatierte Lieferschein ist unter dem Dateinamen TEXT9-9.TXT auf der Übungs-diskette zu finden.

9.5.1 Hinweise zum Vorgehen

Tabulatoren setzen:

- Der Cursor wird in dem zu formatierenden Absatz positioniert, und anschließend wird der Befehl *Format Tabulator Setzen* mit *<Alt> + <F1>* aktiviert. Im Zeilenlineal wird der Cursor auf die gewünschte Position gebracht und je nach Ausrichtung ein *L* (für Linkstabulator), ein *R* für Rechtstabulator, ein *V* für Vertikaltabulator oder ein *D* für Dezimaltabulator eingegeben. Der Vorgang wird wiederholt, bis alle Tabulatoren gesetzt sind und mit *<Return>* abgeschloßen.

Formatierung:

- *Zeichenformatierung:* Die Zeichen des Briefkopfs sind zu markieren, und der Befehl *Format Zeichen* ist zu aktivieren. Im Befehlsfeld *Fett* ist die Option *Ja* zu markieren, im Befehlsfeld *Schriftgrad 20* einzutragen oder aus der mit *<F1>* erzeugten Liste auszuwählen. Verfahren Sie analog bei den weiteren Zeichenformatierungen des Übungstextes. Die *Firmenbezeichnung des Adressfeldes* ist mit dem *Schriftgrad 6*, das Wort Lieferschein ist *Fett*, in *Großbuchstaben* und mit *Schriftgrad 14* auszuzeichnen.

- *Tabulator-Formatierung:* Zur *rechtsbündigen Ausrichtung* der *Ortsangabe* bzw. der *Datumsangabe* ist jeweils ein Rechtstabulators am Zeilenende zu setzen.

- *Vertikaltabulatoren:* Um vertikale Linien in die Tabelle Text einzufügen, ist der erste und zweite Absatz zu markieren, und an der Position *2,28 cm*, *6,86 cm*, *9,65 cm und 12,7 cm* ist jeweils ein *Vertikaltabulator* einzufügen. Dazu ist der Befehl *Format Tabulator Setzen* zu aktivieren, und die Tab-Stopps im Zeilenlineal sind durch Eingabe von *V (= Vertikaltabulator)* zu setzen.

- *Rahmen:* Die Umrahmung der Tabelle wird erzeugt, indem der erste und zweite Absatz der Tabelle markiert und über die Befehle *Format Rahmen* ein Rahmen erzeugt wird. Im Befehlsfeld *Rahmenart* ist die Option *Rahmen*, in den Befehlsfeldern *Rechts, Links, Oben und Unten* jeweils die Option *Ja* zu markieren.

Rechnen:

* *Berechnen der Betragssumme*: Sämtliche Werte der Betragsspalte sind mit Hilfe der Spaltenmarkierungsfunktion *<Umschalt>* + *<F6>* zu markieren und mit *<F2>* ist die Rechenfunktion aufzurufen. Der ermittelte Betrag wird an der Cursorposition (hier: *in der Betragsspalte unter der letzten Zeile*) mittels *<Einf>*-Taste in den Text integriert.

9.6 Druckformaterstellung; indirekte Textformatierung

Auf der diesem Buch beigefügten Diskette befindet sich der unformatierte Text eines Protokolls, das unter dem Dateinamen TEXT9-10.TXT abgelegt wurde. Dieses Protokoll ist mit Hilfe von Druckformatvorlagen, die zuvor erstellt werden, zu formatieren. Zum Bearbeiten dieser Übungsaufgabe benötigen Sie den Kenntnisstand des siebten Kapitels dieses Buches.

Protokoll:
über die Besprechung am 15.5.1989, 14.30 Uhr
in der Einkaufsabteilung

Anwesend:
Herr Dipl.-Kfm. Heuer, Geschäftsleitung
Frau Betriebswirtin (grad.) Müller, Einkaufsabteilung
Herr Schönbauer, Lagerverwaltung

Tagesordnung:
1.   Reduzierung des Lagerbestands der Frühjahrkollektion
2.   Einstellung Einkaufsassistent

Beginn:
14.40 Uhr

<u>**Besprechungsergebnis:**</u>

1. Zur Reduzierung des Lagerbestandes ist in der 40 Kalenderwoche eine Verkaufsaktion mit bis zu 50% reduzierten Preisen zu starten.

2. Nach sorgfältiger Diskussion der Qualifikation der einzelnen Bewerber fiel die Entscheidung auf Frau Monika Weber.

<u>**Schluß:**</u>
15.40 Uhr

Abb. 9-11: Das fertig formatierte Protokoll

Aufgabe: Das Protokoll ist wie in Abb. 9-11 dargestellt zu formatieren.

- Dazu erstellen Sie ein Zeichendruckformat, das die Auszeichnung der Überschriften *Fett, Unterstrichen* und den *Schriftgrad 14* bestimmt.

- Erstellen Sie sodann ein Absatzdruckformat, das die Einzüge der Absätze unter den Überschriften *"Tagesordnung"* und *"Besprechungsergebnis"* festlegt.

- Erstellen Sie weiterhin ein Bereichsdruckformat, demzufolge die Protokolle auf normalen DIN A4 Papier, in *drei Zentimeter* Abstand vom *rechten, linken, oberen und unteren Seitenrand* gedruckt werden sollen. Beim Druck ist die laufende Seitennumerierung mit auszugeben. Die Angabe der Seite ist zu zentrieren.

- Speichern Sie die Druckformate in der Druckformatvorlage PROTOK.DFV.

- Formatieren Sie nun den auf der Diskette befindlichen Text TEXT9-10.TXT mit den erstellten Druckformaten.

HINWEIS:

Der mit den Druckformaten formatierte Text und die Druckformatvorlage befinden sich ebenfalls auf der Übungsdiskette. Dateinamen: TEXT9-11.TXT bzw. TEXT9-11.DFV.

9.6.1 Hinweise zum Vorgehen beim Erstellen von Druckformaten

Vergabe des Druckformatnamens:

- Der Befehl *Muster Einfügen* wird gewählt. Anschließend erfolgt die Vergabe des bis zu zwei Zeichen umfassenden Tastenschlüssels und die Wahl der *Verwendung Zeichen, Absatz oder Bereich*, je nach Formatierungsart. Die *Variante* der gewählten Verwendung sowie eine *sinnstiftende Anmerkung*, z.B. für das Zeichendruckformat:

"Format Überschrift"

sind in den gleichnamigen Befehlsfeldern einzugeben.

Bestimmen der Druckformat-Formatierungsmerkmale:

- Der Befehl *Muster Format* wird gewählt. Für das jeweilige Druckformat sind die Formatierungsmerkmale gemäß Aufgabenstellung festzulegen. Bestimmt werden die Formatierungsmerkmale desjenigen Druckformats, das am Bildschirm markiert ist.

Speichern der Druckformate:

- Der Befehl *Muster Übertragen Speichern* wird aufgerufen. Der Dateiname PROTOK.DFV ist einzugeben und mit *<Return>* zu bestätigen.

Text mit Druckformaten auszeichnen:

- Der Text wird mit dem Befehl *Übertragen Laden* geladen. Der Text wird mit dem Befehl *Format Druckformat Verbinden* mit der Druckformatvorlage verbunden

- Die Zuweisung der Druckformate zum Text erfolgt, indem der Tastenschlüssel des Druckformats in Kombination mit der *<Alt>*-Taste betätigt wird *(<Alt> + <Tastenschlüssel>)*. Oder: Den Befehl *Format Druckformat Zeichen* bzw. *Absatz* oder *Bereich* aktivieren und das Druckformat aus der mit *<F1>* erzeugten Liste auswählen.

ANHANG

HINWEISE FÜR OS/2-ANWENDER

Die WORD-Version 5.0 ist ebenfalls unter dem Betriebssystem OS/2 ausführbar. Wenn Sie WORD unter OS/2-Anwendung einrichten, haben Sie die Möglichkeit, gleichzeitig mehrere WORD-Arbeitssitzungen zu starten und auch andere OS/2-Anwendungen auszuführen. WORD ist kein Programm, das unter dem Presentation Manager von OS/2 läuft. Es läßt sich aber so einrichten, daß der gesamte Bildschirm genutzt wird ("full screen") oder ein besonderes Textfenster eröffnet wird. Im folgenden wird beschrieben, wie Sie WORD unter OS/2 einrichten und starten können.

1 WORD als OS/2-Anwendung installieren

Nach dem Sie Ihren Computer gestartet haben, erscheint das Fenster "Programme starten". Um WORD als OS/2-Anwendung zu installieren, muß auf die Prompt-Ebene von OS/2 gewechselt werden, indem Sie die Optionen *"OS/2 full-screen command prompt"* bzw. *"OS/2 windowed command prompt"* aktivieren. Zur Aktivierung einer Option können Sie sowohl die Maus als auch die Tastatur benutzen. Nachfolgend ist das Vorgehen für beide Möglichkeiten beschrieben:

Auswahl mit der Maus

- "Doppelklicken" Sie auf der gewünschten Option, d.h. führen Sie den Mauszeiger auf die Option und drücken Sie zweimal schnell hintereinander die linke Maustaste, oder

- "Klicken" Sie auf der gewünschten Option, um diese zu markieren. Anschließend klicken Sie auf dem Befehl *Program* und im herunterklappenden Menü auf dem Befehl *Start*.

Auswahl mit der Tastatur

- Markieren Sie die gewünschte Option mit den *<Pfeiltasten>* zur vertikalen Cursorbewegung und aktivieren mit *<Return>*, oder

- Sie markieren die Option und wählen die Befehle *Program Start*, indem Sie die unterstrichenen Buchstaben in den Befehlswörtern eingeben.

Nach Auswahl der Option erscheint der OS/2-Prompt: [C:\]. OS/2 ist nun bereit, Befehle über die Tastatur entgegenzunehmen.

Sie können nun die Installation in der in Kapitel 1 beschriebenen Weise vornehmen, die bis auf einen Menüpunkt identisch verlaufen wird.

Dieser Menüpunkt betrifft die Möglichkeit, WORD sowohl als OS/2-Anwendung als auch als DOS-Anwendung unter OS/2 zu starten. Bestätigen Sie die Option *"Dies ist ein Dual-Boot System"*, wenn Sie über beide Möglichkeiten verfügen möchten. Andernfalls wählen Sie die Option *"Dies ist kein Dual-Boot System"*. Sie verfügen dann nur noch über die Möglichkeit, WORD als OS/2-Anwendung zu starten.

Nach erfolgter Installation kehrt das Installationsprogramm zurück zur Prompt-Ebene von OS/2. Sie können WORD jetzt, wie in Kapitel 1 beschrieben, starten. Mit *<Strg>* + *<Esc>* gelangen Sie zurück zum *"Presentation Manager"*.

2 WORD in eine Gruppe von Anwendungsprogrammen aufnehmen

OS/2 bietet die Möglichkeit, Anwendungsprogramme Gruppen zuzuordnen. Der Vorteil: Die Progamme sind schneller auffindbar. Nachfolgend wird beschrieben, wie Sie WORD der Gruppe "Textverarbeitung" zuordnen.

- Wählen Sie im *Start Programs*-Fenster die Befehle *Group Add*.

- In der Dialogbox mit dem Namen *Add a Group* vergeben Sie in diesem Beispiel den Gruppennamen *Textverarbeitung* und fügen diesen mit dem Befehl *Add* an.

- Unter diesem Gruppennamen können Sie WORD einordnen. Wählen Sie dazu die Befehle *Program Add*. Im Dialogfeld *Program Title* können Sie WORD eine von Ihnen gewünschte Bezeichnung geben, z.B. WORD5. Im Dialogfeld *Path and filename* geben Sie den Pfad- und Programmnamen ein:

C:\WORD5\WORD.EXE

- Mit dem Befehl *Add* erfolgt die Zuordnung zu der gewählten Gruppe.

3 Bestimmen des Ausführungsmodus von WORD

Sie können WORD unter OS/2 in einem Fenster oder im sogenannten *"full-screen"*-Modus starten. WORD ist jedoch nicht "fensterorientiert" konzipiert worden, was beispielsweise dazu führt, daß, wenn Sie WORD in einem Fenster starten, nicht der gesamte Bildschirm genutzt wird. Wenn WORD nach dem Starten zunächst in einem Fenster erscheint, sollten Sie die Einstellung dahingehend ändern, daß WORD im *"full screen"*-Modus betrieben wird und somit den gesamten Bildschirm nutzen kann.

- Wählen Sie die Befehle *Program Change*. Es erscheint eine Dialogbox mit dem Titel: *Change Program Information*.

- Klicken Sie auf dem Dialogfeld *Change*. Es erscheint eine weitere Dialogbox mit dem Titel: *How to Run the Program*.

- Markieren Sie die Option *Run the program full-screen* und bestätigen anschließend durch Klicken auf dem Dialogfeld *Enter*.

Das Textverarbeitungprogramm WORD ist nunmehr unter dem Namen WORD5 der Gruppe Textverarbeitung zugeordnet. Durch Doppelklicken auf dem Gruppennamen oder Betätigung der *<Return>*-Taste starten Sie WORD im *"full screen"*-Modus.

DER UMGANG MIT MS-DOS

Personal-Computer arbeiten in der Regel mit 2 Arten von externen Speichern:

- mit Disketten, die man in ein Laufwerk einlegen und daraus wieder entfernen kann,

- mit einer im Computer installierten Festplatte, die eine höhere Speicherkapazität als die Diskette bereitstellt und einen schnelleren Zugriff auf die Daten ermöglicht.

Der Vorteil der Festplatte, größere Datenmengen zu speichern, bedingt, daß eine bestimmte Ordnung festgelegt und eingehalten werden sollte. Ähnlich wie in einem Aktenschrank zur besseren Übersicht einzelne Fächer eingerichtet werden, läßt sich die Festplatte durch das Einrichten von Verzeichnissen einteilen. Das gelingt Ihnen mit Hilfe von Befehlen, die Ihnen das Betriebssystem DOS zur Verfügung stellt. Im folgenden wird skizziert, wie Verzeichnisse erstellt, gewechselt und gelöscht werden können.

Während des Formatierungsprozesses wird bereits das Stamm- oder Hauptverzeichnis eingerichtet. Es sprechen zwei Gründe dafür, über dieses Stammverzeichnis hinaus weitere Unterverzeichnisse anzulegen:

- die Anzahl der zu speichernden Dateien im Hauptverzeichnis ist begrenzt (Festplatte = 512 Dateien);

- mit Hilfe von Unterverzeichnissen läßt sich die Platte nach inhaltlichen Gesichtspunkten strukturieren.

Wenn Sie dem Hauptverzeichnis neue Unterverzeichnisse hinzufügen, ähnelt die Dateistruktur einem Baum, von dessen Stamm aus sich die einzelnen Äste verzweigen. In Analogie zu diesem Bild spricht man von einem "baumstrukturierten Dateisystem" oder einfach von einem "Dateibaum". Welche Unterverzeichnisse angelegt werden, hängt davon ab, wie der Personal Computer genutzt wird und welche Aufgabengebiete damit bearbeitet werden. Gehen wir davon aus, daß bislang nur das Stammverzeichnis existiert. Die erste Ebene der Unterverzeichnisse soll den Anwenderprogrammen vorbehalten sein; WORD stehe für das Textprogramm, CHART für das Grafikprogramm und MP für die Tabellenkalkulation. Die zweite Ebene der Unterverzeichnisse (SCHULUNG, KUNDEN, PROJEKT) soll die Dateien der Anwender enthalten.

1 Anlegen der Unterverzeichnisse

Nach Einschalten des Computers zeigt der sogenannte Prompt > in Verbindung mit dem Buchstaben C (*C>*) an, daß das Laufwerk C (die Festplatte) aktiv und das Betriebssystem DOS bereit ist, Befehle entgegenzunehmen.

Mit der Eingabe des Befehls md (=make direktory) können neue Unterverzeichnisse (directories) angelegt und entsprechend benannt werden:

Für die Ebene 1 (hier: Anwenderprogramme) geben Sie ein :

```
C>md WORD5              <Return>

C>md CHART              <Return>

C>md MP                 <Return>
```

Für die Ebene 2 (hier: Dateien zu bestimmten Anwenderprogrammen) können weitere Unterverzeichnisse angelegt werden:

```
C>md \WORD5\SCHULUNG    <Return>

C>md \WORD5\KUNDEN      <Return>

C>md \WORD5\PROJEKT     <Return>
```

Daraus ergibt sich ein Dateibaum, wie ihn Abb. A-1 zeigt.:

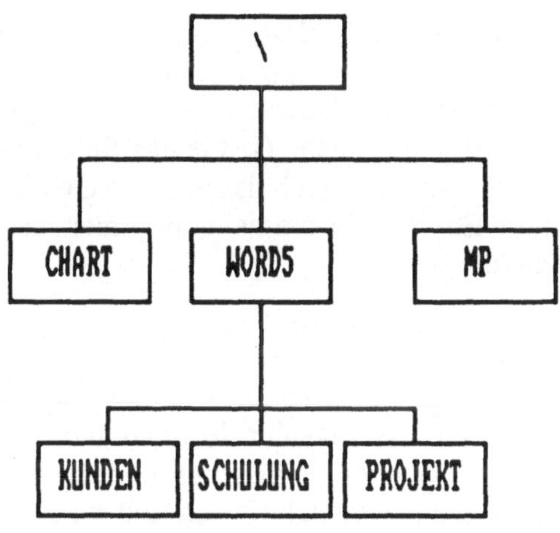

Abb. A-1: Dateibaum

2 Wechseln von Verzeichnissen

Nach Einschalten des Computers ist zunächst immer das Haupt- oder Stamm-verzeichnis das aktive. Um in eines der Unterverzeichnisse zu gelangen, ist auf die Eingabeaufforderung   C> der Befehl *cd* (= *c*hange *d*irectory) einzugeben.

Um vom Stammverzeichnis in das Unterverzeichnis \WORD5\SCHULUNG zu kommen, ist demnach wie folgt vorzugehen:

    C>cd \WORD5\SCHULUNG   *<Return>*

oder Schritt für Schritt:

    C>cd WORD5   *<Return>*

    C>cd SCHULUNG   *<Return>*

Vom Unterverzeichnis \WORD5\SCHULUNG zurück ins Stammverzeichnis gelangt man mit der Befehlseingabe:

    *C>cd *   *<Return>*

oder Schritt für Schritt:

   C>*cd* ..   *<Return>*

   C>*cd* ..   *<Return>*

Mit *dir* (= *dir*ectory) könnnen Sie sich den Inhalt von Verzeichnissen anzeigen lassen. Zum Beispiel wird Ihnen mit dem Befehl dir C:\WORD5\SCHULUNG das Unterverzeichnis mit Ihren Übungsdateien angezeigt. Das Laufwerk C: steht für die Festplatte, der "backslash" (\) für das Stammverzeichnis, WORD5 für den Namen des ersten Unterverzeichnisses und SCHULUNG für ein Unterverzeichnis der zweiten Ebene. Zusammengenommen ergibt sich daraus der "Pfad" des Dateiverzeichnisses.

3 Löschen von Verzeichnissen

Wenn Sie die Unterverzeichnisse wieder löschen wollen, geht das mit dem DOS-Befehl: *rd* (=*r*emove *d*irectory). Löschen können Sie Unterverzeichnisse immer nur von einem anderen Verzeichnis aus und wenn das Unterverzeichnis leer ist. Nehmen wir an, Sie haben Ihre Übungsdateien im Unterverzeichnis \WORD5\SCHULUNG auf der Festplatte gespeichert. Nachdem Sie gelernt haben, mit WORD umzugehen, beabsichtigen Sie, Ihre Übungsdateien wie auch das Unterverzeichnis zu löschen. Zu diesem Zweck gehen Sie wie folgt vor:

- Verzweigen Sie in das Unterverzeichnis \WORD5\SCHULUNG mit: *cd \WORD5\SCHULUNG*

- Löschen Sie alle Dateien mit dem DOS-Befehl *del*, indem Sie eingeben: *del *.**. Die Sicherheitsabfrage von DOS, ob Sie auch sicher sind, bestätigen Sie - nach vorheriger Überprüfung - mit *"J"*.

- Wechseln Sie mit: *cd* .. in das darüberliegende Verzeichnis.

- Löschen Sie das Unterverzeichnis: \WORD5\SCHULUNG mit dem Befehl: *rd SCHULUNG*

Sachwortverzeichnis